A **Study on the Theroy and Policy for**
Optimizating Allocation of Coal Resource

煤炭资源优化配置
理论与政策研究

（第二版）

经济管理出版社
ECONOMY & MANAGEMENT PUBLISHING HOUSE

图书在版编目(CIP)数据

煤炭资源优化配置理论与政策研究/赵国浩等著.
—2版.—北京:经济管理出版社,2017.2
ISBN 978—7—5096—4966—4

Ⅰ.①煤…　Ⅱ.①赵…　Ⅲ.①煤炭资源—资源配
置—研究—中国　Ⅳ.①F426.21

中国版本图书馆 CIP 数据核字(2017)第 043550 号

出版发行:**经济管理出版社**

北京市海淀区北蜂窝 8 号中雅大厦 11 层

电话:(010)51915602　　　邮编:100038

印刷:玉田县昊达印刷有限公司　　　经销:新华书店

组稿编辑:杜　菲　　　　　责任编辑:杜　菲
技术编辑:黄　铄　　　　　责任校对:郭　佳

720mm×1000mm/16　　　19 印张　　　340 千字
2017 年 2 月第 1 版　　　2017 年 2 月第 1 次印刷

定价:68.00 元

书号:ISBN 978—7—5096—4966—4

课题组成员

课题组组长：

赵国浩（教授、博导，山西财经大学管理科学与工程学院）

课题组成员：

郭淑芬（教授，山西财经大学管理科学与工程学院）

李　红（副教授，山西财经大学管理科学与工程学院）

苗敬毅（教授，山西财经大学管理科学与工程学院）

李　玮（副教授，太原理工大学文法学院）

杨国华（讲师，山西财经大学管理科学与工程学院）

闫新华（博士生，山西财经大学统计学院）

张华明（博士生，山西财经大学统计学院）

高文静（博士生，山西财经大学统计学院）

张　曦（讲师，山西财经大学管理科学与工程学院）

宋俊平（讲师，山西财经大学管理科学与工程学院）

李静娜（硕士生，山西财经大学管理科学与工程学院）

翟燕妮（硕士生，山西财经大学管理科学与工程学院）

王冬梅（硕士生，山西财经大学管理科学与工程学院）

胡雪棉（硕士生，山西财经大学管理科学与工程学院）

毛建功（硕士生，山西财经大学 MBA 教育学院）

张　文（硕士生，山西财经大学 MBA 教育学院）

前　言

　　能源是人类赖以生存繁衍、社会得以繁荣进步的重要物质基础，也是国民经济发展和人民生活水平提高的重要基础资源。中国是煤炭资源大国，煤炭的储量居世界第一，石油和天然气储量相对不足，这种"富煤，少气，贫油"的能源结构决定了煤炭资源在中国国民经济中占有重要的战略地位。2007 年中国一次能源生产中，原煤的产量占 76.6%；2008 年占 70.2%。煤炭资源作为中国能源安全的基石与支柱，在中国社会经济发展中发挥了巨大的作用。而且，伴随中国经济的增长，工业化和城镇化的快速发展，在今后很长一段时间内，这种局面不会有大的改变。

　　然而，在利用这些储量丰富的煤炭资源过程中，中国低利用率、低回采率的现象一直比较严重，与经济社会可持续发展的要求相悖。随着国民经济的持续快速增长，一方面会造成对能源需求的日益增加；另一方面则是煤炭资源作为自然界中一种有限、稀缺的可耗竭性资源，其不断的开采利用无疑会导致最终可采储量为零，从理论上讲无法实现可持续利用。因此，研究如何使煤炭资源尽可能延长可开采期，如何实现煤炭资源的优化配置，尽可能满足较长时期内人类经济社会发展的需要有着重要的意义。

　　煤炭资源优化配置问题是管理科学和经济学中的一类重要的最优化问题。目前，中国煤炭资源在实行有偿使用试点过程中，资源的配置方式仍然是以政府为主导的计划经济手段，如何在煤炭资源的配置中更大地发挥市场的作用，实现煤炭资源的最优化配置，是值得深入研究和探讨的重大问题。以煤炭资源优化配置为研究对象，对煤炭资源优化配置问题进行梳理并做定量分析研究，构建煤炭资源市场价值的定价机制，并将管理科学和系统科学的理论与方法应用到煤炭资源优化配置实践中，促进适合中国特色社会主义市场经济运行的煤炭资源合理开发利用长效管理机制的建立与完善，为建立资源节约型和环境友好型的和谐社会提供科学决策理论依据，充实和拓展管理科学和系统科学的理论方法与应用范畴，具有重要理论与方法创新性和实践价值。

　　本书是国家自然科学基金项目（编号 70873079）、国家自然科学基金项目

（编号 70941022）和山西省自然科学基金项目（编号 2009011021－1）阶段性成果之一。是以六个子项目研究报告为载体整理成章，而依托项目发表的学术论文集合为附录。

第一章　煤炭资源需求预测模型研究。为了追求合理利用煤炭资源，保证中国经济的健康发展，煤炭资源需求的预测必不可少。近年来，不同学者采用各种不同的技术方法对煤炭需求进行预测，其研究成果具有一定的可借鉴性。人工神经网络是一门新兴的边缘科学，在复杂系统的建模问题上表现出了它的优越性。作为人工神经网络的一种——BP 神经网络具有高速计算和学习的特性，具有理论上逼近任意非线性连续函数的能力，在信息不充分的条件下，在预测等方面能取得很好的应用效果。本章阐述了 BP 神经网络的基本原理，针对传统 BP 网络结构和算法的不足，提出 BP 神经网络模型的改进方法，给出基于 BP 神经网络的煤炭需求预测模型，模拟出未来煤炭的需求量，通过MATLAT6.5 编程进行实证分析与检验。基于 BP 神经网络的煤炭需求预测，为煤炭需求的研究提供了一种新的工具，同时也为煤炭资源合理开发利用与优化配置提供了决策依据。

第二章　煤炭资源开采规模优化研究。实现资源节约、生产集约的可持续发展道路已成为中国社会经济可持续发展的一项重要的战略任务。确定煤炭资源合理的开采规模、实现可持续开采和利用，已经得到政府和学术界的广泛关注。本章在阐述相关理论的基础上，首先从煤炭资源地区的开采规模出发，运用无限策略博弈分析中的古诺寡头模型，对开采规模决策进行博弈分析。煤炭企业从自身利益出发决定开采量的做法，既不能使个体利益最大化也不能使整体利益最大化，只有各企业相互联合起来以整体利益最大化作为开采规模决策依据，效率才会更高，这就是煤炭资源整合的政策导向。通过对煤炭资源开采规模影响因素如价格、开采率、成本、技术等及其相互关系的分析，引入煤炭资源开采伴生的生态环境作为约束条件，为煤炭资源合理开采规模研究奠定了一定的理论基础和依据；利用线性规划模型对煤炭资源开采规模进行了模型构建与优化。其研究结论对煤炭资源的优化配置具有一定的理论依据和现实指导作用。

第三章　煤炭资源承载力评价及对策研究。随着国民经济的持续快速增长，中国对煤炭资源需求日益增加，传统的高度开采、高度排放、低度利用的能源开发利用模式不但造成了严重的煤炭资源浪费和环境破坏，更难以满足经济发展的需求，煤炭行业生存危机凸显。在《中华人民共和国国民经济和社会发展第十一个五年（2006～2010 年）规划纲要》中，明确提出把单位国内生产总值能源消耗降低20％左右作为经济社会发展的主要目标之一，表明在节约型社会、和谐社会构建的进程中，节能减排已经成为社会经济建设中的一个重要主题。中国在经济快速增长、城镇化与工业化仍高速发展的阶段，走资源节约的道路，无疑成为中国亟待破解的一个焦点问题。本章以可持续发展为指导思想，以资源承载力理论为基础，提出煤炭资源承载力的概念和内涵，分析中国煤炭资源开采和利用的现状；采用理论和实践相结合及定性和定量相结合的方法，建立煤炭资源承载力的评价指标体系以及评价方法，构建煤炭资源承载力的计算模型，对煤炭资源承载力评价进行实证分析，提出提升中国煤炭资源承载力的对策和建议，对于中国煤炭资源的可持续发展具有较好的指导作用。

第四章　煤炭资源综合利用系统建模及对策研究。长期以来，中国对煤炭资源的过度开发及不合理利用使得许多矿区面临各种生态退化、环境污染问题，严重阻碍了社会经济的发展。推进节能减排、高效利用煤炭资源，主要问题在于能否实现煤炭资源的综合利用。把煤炭资源的综合利用作为一项系统工程，运用系统分析方法对煤炭资源综合利用加以剖析研究，以便更合理地利用煤炭资源，有效改善矿区生态环境状况，促进煤炭工业可持续发展。本章阐述了煤炭资源综合利用的现状以及存在的问题，运用系统分析方法，建立了煤炭资源综合利用系统模型，为预测、检验和评价煤炭资源综合利用的效益提供了一个工具，对矿区构建煤炭资源综合利用循环经济系统具有重要的理论意义和实用价值。同时以山西省煤炭资源综合利用为研究案例，从资源管理的角度与构建煤炭产业链视角出发，提出完善煤炭资源综合利用的技术方法，以促进煤炭企业循环经济发展或拓宽与煤炭相关联的产品链，这将有利于实现煤炭资源的综合利用及煤炭矿区的可持续发展，进而提出山西省煤炭资源综合利用的对策建议，促进煤炭工业可持续发展。其研究成果对山西乃至全国煤炭资源实现综合利用以及煤炭矿区的可持续发展具有重要意义。

第五章　基于可持续发展的山西煤炭企业发展模式研究。在未来相当长的时期内，中国的煤炭资源生产及消费格局不会有太大变化，仍将保持以煤为主的能源结构。但煤炭企业传统的粗放开采和低效利用发展模式造成了严重的煤炭资源浪费和生态环境破坏，照此模式将难以满足经济社会持续发展的需求。山西是煤炭资源蕴藏大省和煤炭资源开发大省，同时也是中国最重要的煤炭生产基地，2007年山西煤炭产量为6.3亿吨，约占全国总产量的25％，调出量占全国各省调出总量的75％。研究山西煤炭企业的可持续发展模式有着重要的战略意义。本章依据可持续发展的相关理论，采取企业微观运作与政府宏观政策相结合的方法，从分析山西煤炭企业发展现状和煤炭资源开发利用的现状入手，着重研究两个内容。第一是煤炭企业可持续发展的战略定位，首先分析山西煤炭企业可持续发展的必要性，再通过分析研究《山西省煤炭工业"十一五"发展规划》等发展规划探索指导煤炭企业科学发展的指导思想，明确山西煤炭企业走可持续发展道路的战略定位。第二是基于可持续发展的煤炭企业合理开发与利用煤炭资源的运作模式。从循环经济发展模式和煤炭资源综合利用模式的角度探讨煤炭企业走可持续发展道路的技术和实践路径；提出煤炭企业走可持续发展的政策建议。煤炭企业应在提升采煤技术、加大资源整合、发展循环经济等方面综合构建可持续发展之路，政府应在政策指导、试点研究、对外交流等方面加速推进煤炭企业可持续发展，其研究成果对山西省煤炭企业实现可持续发展提供有益借鉴。

第六章　山西省煤炭运销集团竞争力研究。山西省煤炭运销集团作为山西省煤炭流通领域的大型企业集团，它的发展不仅关系着企业进一步做大做强的问题，关系着全省乃至全国众多煤炭产、运、销、需企业的切身利益问题，关系着山西煤炭工业的整体利益和山西新型能源和工业基地建设的大局，甚至关系到国家的能源安全战略。对山西省煤炭运销集团竞争力进行研究具有非常重要的现实意义。本章运用企业竞争力的概念及其相关理论，对山西省煤炭运销集团的竞争力现状及存在问题进行剖析，通过对山西省煤炭运销集团竞争力内部间接来源及外部来源等因素进行较深入的分析，提出了培育夯实核心业务、推动资源整合、推进组织变革、促进企业文化建设、加强战略合作等对策建议，对山西省煤炭运销集团竞争力提升具有一定的借鉴和指导意义。

附录精选了几篇反映课题组成员围绕课题研究内容在学术期刊上发表的学术论文。

本书基于课题研究阶段性成果尚未形成完整体系，研究内容也是涉及课题研究内容的部分子课题，尽管研究深度不够，但对课题研究内容有相当部分的涉及，进一步深入研究成果将在其后续著作中奉献给读者。

本书所用数据资料，除了几年来课题组成员研究成果外，还引用了公开出版物（见参考文献），这里特向有关作者表示致谢。课题组成员自知学识有限，书中难免有不足之处，恳请广大同仁不吝赐教。

目 录

第一章　煤炭资源需求预测模型研究

一、绪　论

（一）中国煤炭资源概述

煤炭是世界上储量最多、分布最广的常规能源。20 世纪 90 年代以来，世界煤炭产量在 44 亿～48 亿吨之间，在世界一次性能源生产和消费总量中约占 30％，是世界经济发展的重要动力支柱。中国是煤炭消费大国，煤炭在中国一次能源消费中的比例高达 75％以上，高于全球平均水平的 1 倍以上。根据 BP 能源数据整理，2006 年全球煤炭探明储量排名如表 1－1 所示，美国以 2466 亿吨储量稳居第一，俄罗斯以 1570 亿吨储量列第 2 位，中国和印度分别为 1145 亿吨和 924 亿吨，分别位居第 3 和第 4。作为煤炭资源大国，中国理应把煤炭作为主要的能源之一，以保证国家的能源安全。但是，煤炭资源是有限的一次能源，而且，在现有技术和经济条件下，大量使用煤炭已使中国环境遭受严重污染，因此，从国家能源战略角度考虑，如何使用煤炭资源，怎样促进能源消费结构合理化，是一个重要问题。

表 1－1　2006 年全球煤炭探明储量排行榜

排名	国家	探明储量（百万吨）	所占份额（%）	储采比（R/P）
1	美国	246643	27.1	234
2	俄罗斯	157010	17.3	＞500
3	中国	114500	12.6	48
4	印度	92445	10.2	207
5	澳大利亚	78500	8.6	210

续表

排名	国家	探明储量（百万吨）	所占份额（%）	储采比（R/P）
6	南非	48750	5.4	190
7	乌克兰	34153	3.8	424
8	哈萨克斯坦	31279	3.4	325
9	波兰	14000	1.5	90
10	巴西	10113	1.1	·>500

资料来源：国际能源网。

　　煤炭资源支撑着我国国民经济的发展，是国家经济发展的命脉。自进入 20 世纪 80 年代末期我国国民经济高速增长以来，煤炭在一次能源消费中的比重一直在 2/3 以上。80% 以上的煤炭消费用于国民经济的主体——生产建设。因此可以说，煤炭产业支撑着国民经济的高速发展。煤炭作为中国的基础能源，在中国经济与社会发展中起着重要的作用。随着国民经济的逐步提升，中国能源消费总量也在逐年增加，从 1990 年的 987.03Mtce[①] 增加到 2006 年的 2446.82Mtce，年均增长 6.42%。其中煤炭消费总量从 752.12Mtce 增至 1627.14Mtce，年均增长 20.07%。图 1—1 显示了 1990 年以来中国煤炭消费量占能源消费量比重的情况。

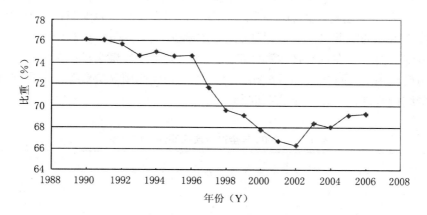

图 1—1　煤炭消费量占能源消费量的比重

----

① Mtce：百万吨煤当量或百万吨标煤。

在我国境内，煤炭资源丰富，品种齐全，分布范围广。除上海市外，在其他 30 个省（区、市）都有探明储量。储量超过 1000 亿吨的为晋（占 27%）、蒙（占 21%）、陕（占 16%）三省（区），约占总保有储量的 64%。储量在 100 亿~1000 亿吨的省（区）依次为新、黔、宁、皖、滇、豫、黑、鲁、冀。上述 12 省（区）占全国保有储量的 95%。

受资源储备与传统能源结构的限制，煤炭历来是中国最主要的能源之一，煤炭产量超过了世界总产量的 1/3。自 1990 年以来，我国煤炭产量一直居世界首位，2006 年煤炭产量达 23.8 亿吨。新中国成立以来，煤炭在一次能源生产结构中一直占 70% 以上。进入 21 世纪，中国煤炭消费需求大幅度增长，煤炭产量以年均近 2.0 亿吨的速度增长①，煤炭在能源生产和消费结构中的比例有了新的提高。

中国以煤炭为主的能源资源结构决定了国民经济和社会发展现状。在可以预见的未来，煤炭仍将是中国的主体能源。煤炭资源对于中国社会经济持续快速健康发展至关重要。要合理利用煤炭资源，保证中国国民经济的健康发展，煤炭需求的预测是不可缺少的。

（二）能源及煤炭需求预测研究背景及意义

能源是人类赖以生存、社会得以进步的重要物质基础，同时也是国民经济发展和人民生活水平提高的重要物质基础。技术越进步，社会越发展，经济越发达，人类对能源的需求就越大，对能源的依赖就越强。

中国是一个发展中国家，长期以来社会经济保持着持续、稳定、快速的发展。对能源的需求也在不断增加。煤炭是中国的主要能源，在国民经济中占有重要的战略地位，在未来相当长的时间内，煤炭依然是中国的主要能源资源。新中国成立 60 多年来，煤炭在一次能源生产和消费结构中一直占 70% 左右，为实现中国经济持续快速发展提供了保障。目前，中国正处在重化工业阶段，国民经济进入了高速发展期，国内能源需求将在一个较长时期内保持快速增长势头。预测能源未来需求有积极意义。

从国际上看，尽管随着石油、天然气和水电等清洁能源消费的快速增长，煤炭在能源生产和消费结构中所占比例将有所下降，但中国煤炭资源丰富，石油和天然气资源相对匮乏且开发利用较晚，对煤炭的需求可能仍将占较大比例。从国内看，尽管石油、天然气、水电和新能源需求和消费会迅速增加，但

---

① 中国矿业网（www.chinamining.com.cn）。

预计未来煤炭在中国能源消费结构中仍将占据第一。根据国家能源中长期规划，21 世纪头 20 年煤炭在我国能源结构中的主体地位不会改变，估计 2020 年依然会占到 60％以上①，具有不可替代性。煤炭是不可再生资源，开发必须以既满足当代人的需要，又不损害后代人利益为基本原则，煤炭资源的可持续供应，对全国经济社会长期稳定、健康发展都有举足轻重的影响。

但是，煤炭资源是不可再生的，目前中国煤炭资源现状不容乐观，可以说处于"总量大，可采量少，采出量更少"的尴尬局面。同时中国煤炭能源的发展历经着"供不应求—政策放松—无计划生产—政策限制—供不应求……"的怪圈。长期以来，由于缺乏科学的规划，供需失衡的矛盾一直影响着煤炭工业和国民经济的健康发展。要想充分合理地利用煤炭资源，保证中国或某一地区的经济快速、健康地发展，就必须准确预测其煤炭需求量，以保持煤炭的供需基本平衡。

近些年来，国内一些专家和研究单位曾采用不同的方法对中国的煤炭需求做过大量研究工作，但由于采用的方法和所取的基础数据不同，预测结果差异较大，且预测精度不高。在关于煤炭需求预测的方法选择上，也仍然存在着一定的不足，需要寻找更准确、更科学、更有效的预测方法。

本章在对中国煤炭现状进行分析的基础上，对目前应用较广的 BP 神经网络预测方法进行改进和优化，并据此分析和界定影响煤炭需求的经济因素，建立煤炭需求的预测模型，对中国未来煤炭需求进行预测。

对中国煤炭资源的需求进行分析及预测，不仅有利于煤炭资源供需矛盾问题的解决，保障国民经济的可持续稳定发展，更有利于保障中国能源的战略安全，具有重大的经济、社会价值。

（三）能源及煤炭需求预测国内外的研究现状

在中国，煤炭资源相对于石油和天然气更丰富，自然资源禀赋的这种特点，决定了中国以煤炭为主的能源消费结构。这种能源消费结构与世界主流是不对称的。半个多世纪以来，世界大多数国家已完成以煤炭为主的消费模式向石油的转化，现在正朝着石油向更优质的天然气，乃至新能源的时代迈进。1950 年煤炭在世界一次能源消费结构中占 75.7％，1970 年下降到 30.5％，出于这个原因，国际上直接对煤炭需求研究的文献不多。但可以借鉴对能源需求预测的研究来探讨煤炭需求预测。

---

① 《国家中长期科学与技术发展规划纲要（2006～2020 年）》，《国务院公报》，2006 年 9 月。

国外真正对能源问题进行系统研究，始于 20 世纪 70 年代。70 年代石油危机后，因机械工业的迅速发展，能源紧缺才日益表现出来，能源在经济系统中的重要作用才被充分关注。国内有关能源消费的理论研究，比国外起步晚了10 年左右，始于 20 世纪 80 年代。能源需求预测在实际应用中有多种方法，比较常用的有以下几种：

1. 弹性系数法

弹性系数法是根据国内生产总值增长速度与能源消费增长之间的关系来预测能源消费总量。

2. 回归模型法

建立的回归模型，有一元、二元和多元回归模型。

3. 投入产出法

投入产出法是 20 世纪 30 年代提出的经济数量分析方法。其主要内容是编制棋盘式的投入产出表和建立相应的线性代数方程体系，构成一个模拟现实的国民经济结构和社会产品再生产的经济数学模型，综合分析和确定国民经济各部门间错综复杂的联系和再生产的重要比例关系。

4. 灰色预测模型法

灰色预测模型的概念是中国学者邓聚龙教授于 1982 年首先提出的，并建立了灰色系统理论。

5. BP 神经网络预测法

BP 神经网络是目前发展的一种神经网络。它由输入、输出以及一个或多个隐层组成。有关理论已经证明了任何一个非线性映射都可以用一个三层前向网络很好的逼近。

6. MedPro 终端能源需求模型法

MedPro 终端能源需求模型是由法国专家开发的，它是在 MEDEE 能源需求模型的基础上开发的，在计算机窗口方式下使用的。

7. 分部门能源消费需求预测模型法

该模型是为了直接预测在一定经济发展速度以及一定技术进步条件下的能源需求量而建立的。

国外一些学者还做了关于煤炭等能源方面的其他研究。Seung-Hoon Yoo 利用时间序列建模技术研究了韩国煤炭消费和经济增长之间的因果关系，结果发现煤炭消费与经济增长之间存在双向因果关系。Kulshreshtha 和 Parikh 利用向量自回归模型研究了印度四个主要耗能部门煤炭需求与价格和收入变量之间的关系。此外还有一部分文献研究了原油需求或其他能源，如汽油需求与价格之间的关系，其中 Cooper 在 Nerlove 部分调整模型的基础上建立了一个多元回归模型，利用该模型对 23 个国家原油需求的短期和长期价格弹性进行了估计，Baltagi 和 Griffin 研究了 OECD 国家的汽油需求，Garbacz 研究了中国台湾地区的汽油需求。较早时期 Ramanathan 对印度的研究，Bentzen 对丹麦的研究，Eltony 和 Al-Mutairi 对科威特的研究，以及近年来 Denisard 和 Rodrigo 对巴西的研究都证实汽油需求与宏观经济变量之间存在长期协整关系。

国内学者对煤炭资源相关问题做了研究，取得了较为丰富的成果。郭云涛分析了中国煤炭消费状况、变化特点和当前煤炭需求增长速度迅猛、供应紧张的原因，用能源消费弹性系数法和主要耗能部门测算法预测了国内煤炭需求，并对全国现有和在建煤矿供应能力做了调查分析。李世祥等人建立了中国煤炭需求函数回归模型，并对煤炭需求进行了预测。王立杰选取对煤炭生产消费有直接影响的指标为变量，运用灰色理论，建立煤炭需求量的灰色预测模型。宁云将复合小波神经网络用于煤炭需求预测。李德波、叶旭东等人采用分部门能源消费需求预测法对 2010 年和 2020 年的全国煤炭需求进行了预测。

煤炭需求预测的方法还有季节性（周期）变化法、情景分析法、组合预测法以及系统动力学法等。

综上所述，目前国内外学者对煤炭需求预测已经进行了较深入的研究，对本章有很大的启示与帮助。本章在前人的理论基础上，基于 BP 神经网络在经济学领域中应用的启发，希望从数学、经济学的角度建立预测模型，从而预测煤炭需求。

（四）人工神经网络的发展及研究现状

神经网络的研究始于 20 世纪 40 年代初，至今已有半个多世纪的历史。早在 20 世纪初，人们就已经发现人脑的工作方式与现在的计算机是不同的。人脑是由大量基本单元（称为神经元）经过复杂的相互连接而形成的一种高度复杂的、非线性的、并行处理的信息处理系统。

人工神经网络方法是建立在现代神经科学研究成果基础上的一种抽象的数学模型，它反映了大脑功能的若干基本特征，但并非逼真的描写，只是某种简化、抽象和模拟。人工神经网络的基本思想就是从仿生学角度模拟人脑神经系统的运作方式，使机器具有人脑那样的感知、学习和推理能力。它将控制系统看成是由输入到输出的一个映射特性，从而完成对系统的建模和控制，它使模型和控制的概念更加一般化。人工神经网络是借鉴人脑的结构和特点，通过大量简单处理单元（神经元或节点）互连组成的大规模并行分布式信息处理和非线性动力学系统。它高度综合了计算机科学、信息科学、生物科学、电子学、物理学、医学、数学等众多学科，具有独特的非线性、非凸性、非局域性、非定常性、自适应性和容错性。它还具有巨量并行性、结构可变性、高度非线性、自学习性和自组织性等特点。因此，它能解决常规信息处理方法难以解决或无法解决的问题。理论上讲基于神经网络的控制系统具有一定的学习能力，能够更好地适应环境和系统特性的变化，非常适合于复杂系统的建模和控制，特别是当系统存在不确定性因素时，更体现了神经网络方法的优越性。

从人脑的生理结构出发来研究人的智能行为，模拟人脑信息处理的过程，即人工神经网络的研究，自 20 世纪 40 年代以来，它的发展经历了一条由兴起、萧条和兴盛三个阶段构成的曲折道路。

早在 1943 年心理学家 W. McCulloch 与数学家 W. Pitts 在数学生物物理学会刊 *Bulletin of Mathematical Biophysics* 上发表文章，总结了生物神经元的一些基本生理特征，给出了形式神经元的数学描述与结构，提出了形式神经元模型（简称 MP 模型），从此开创了神经科学理论研究的时代。他们的神经元模型假定遵循一种所谓"有或无"（all-or-none）规则。如果如此简单的神经元数目足够多和适当设置突触连接并且同步操作，McCulloch 和 Pitts 证明这样构成的网络原则上可以计算任何可计算函数。这是一个有重大意义的结论，有了它就标志着神经网络和人工智能学科的诞生。

1949 年生理学家 D. O. Hebb 出版了 *The Organization of Behavior*（行为组织学）一书，他在该书中提出了改变神经元连接强度的 Hebb 规则，至今仍在各种神经网络模型中起着重要的作用。他认为学习过程是在突触上发生的，突触的联系强度随其前后神经元的活动而变化。根据这一假设提出的学习规则为神经网络的学习算法奠定了基础，使神经网络的研究进入了一个重要的发展阶段。20 世纪 50 年代开始对人工智能网络系统进行的研究，是神经网络研究的第一次高潮。

1954 年 Minsky 在 Princeton 大学撰写了题目为 *Theory of Neural-Analog Reinforcement Systems and Its Application to the Brain-Model Problem* 的"神经网络"博士论文。1961 年他又发表了早期关于人工智能（AI）的优秀论文 *Steps toward Artificial Intelligence*，此论文的后半部分包含了当今神经网络的大部分内容。1967 年 Minsky 出版了 *Computation：Finite and Infinite Machines* 一书，这是第一本以书的形式扩展了 McCulloch 和 Pitts 在 1943 年的研究结果。

1958 年，计算机科学家 Frank Rosenblatt 定义了一个神经网络结构，称为感知器（Perceptron），首次把神经网络理论付诸工程实践。这是第一个真正的人工神经网络。当时，人们对神经网络的研究过于乐观，认为只要将这种神经元互连成一个网络，就可以解决人脑思维的模型问题。

但是，1969 年 M. Minsky 和 S. Papert 共同发表的 *Perceptron*（感知器）一书，严格论证了简单线性感知器功能的局限性，一度使神经网络的研究处于低潮。书中利用数学证明了单层感知器所能计算的根本局限，提出感知器的处理能力有限，甚至连 XOR（异或）这样的问题也不能解决，并在多层感知器的总结中，论述了单层感知器的所有局限性在多层感知器中是不可能被全部克服的。此时人们降低了对神经网络研究的热情，从而使神经网络研究进入了萧条时期。

但在此期间，一些人工神经网络的先驱仍然致力于这一研究，美国波士顿大学的 Stephen Grossberg 和 Gail Carpenter 提出了自适应共振理论（ART 网），他们提出了一些概念，包括一个兴奋神经元周围的其他神经元被强烈抑制等，都有一定的价值。后来，他们又发展了 ART1 和 ART2，分别针对二进制输入和连续输入的情况。芬兰的 T. Kohonen 提出了自组织映射网络模型（SOM），K. Fukushima 提出了神经认知网络理论，J. Anderson 提出了 BSB（盒中脑）模型，P. Werbos 提出了 BP 理论，B. widrow 发展了 Adaline 模型。这些为神经网络的进一步研究与发展奠定了理论基础。

在整个低潮时期，很多研究工作是一些生物学家、生理学家和其他研究者进行的。直到 1982 年，美国加州州立理工学院物理学家 John J. Hopfield 博士发表了一篇十分重要的文章，提出 Hopfield 神经网络模型（HNN 模型）。Hopfield 网络是神经网络发展历史上的一个重要里程碑。Hopfield 神经网络属于反馈神经网络，它采用反馈连接，考虑输出与输入在时间上的传输延迟，所表示的是一个动态过程，需要用差分或微分方程来描述，因而 Hopfield 网络是一种由非线性元件构成的反馈系统，其稳定状态的分析比前向神经网络要复杂。Hopfield 证明了在一定条件下网络可达到的稳定状态，他不仅讨论了离散的输出情况而且还讨论了连续变化时的情况，从而可以解出一些联想记忆问题和计算优化问题。因此，Hopfield 博士开创了神经网络用于联想记忆和优化计算的新途径，有力地推动了神经网络的发展，点亮了人工神经网络复兴的火炬，引发了神经网络研究的又一次热潮。

1985 年，Hinton 和 Sejnowsky 等人提出了 Boltzmann 模型，首次采用了多层网络的学习算法，在学习中采用统计热力学模拟退火技术，保证整个系统趋于全局稳定点。1986 年 Remelhart 和 Mcllelland 等人提出了并行分布处理的理论，同时，Werbos 和 Parker 独立发展了多层网络的 BP 算法，这是目前最普遍的网络，广泛用于实际问题的求解。

中国学术界大约在 20 世纪 80 年代中期才开始关注神经网络领域，有一些科学家起到先导的作用，如中科院生物物理所科学家汪云九、姚国正和齐翔林等人；北京大学非线性研究中心在 1988 年 9 月发起举办了研讨会 Beijing International Workshop on Neural Networks：Learning and Recognition，a Modern Approaeh. INNS 秘书长 Szu 博士在会议期间作了神经网络的一系列讲座。从这时起，中国有些数学家和计算机科学家开始对这一领域产生兴趣，开展了一定的研究工作。

在此后的十余年中，神经网络的理论研究取得了许多重大进展，提出了不少有效的人工神经网络模型计算理论，主要有以下几种：误差反向传播（Error Back Propagation，BP）模型，它是一种广泛应用的网络，用于检测及自控等；B. Kosko 提出了双向联想记忆网络，它是最早用于学习的网络；1988年美国加州大学的蔡少堂等人提出了细胞神经网络模型，与一般神经网络一样，它是一个大规模非线性模拟系统，同时又具有细胞自动机的动力学特性。进入 20 世纪 90 年代后，神经网络的研究热潮仍然高涨，各种模型和算法纷纷出台，其中比较著名的是 CNN 网络，这是 L. O. Chua 等人在 Hopfield 网络的基础上发展的局部连接网络，这种网络在视觉初级加工上得到广泛的应用。此外，神经元模拟软件和神经元芯片也不断提出。同时，伴随着神经元网络的发展还出现了一些边缘学科，如计算神经元、信息论和计算机科学等。

神经网络的发展已到了一个新时期，它涉及的范围正在不断扩大，其应用渗透到各个领域。在连接主义模式下，进化与学习结合的思想正在迅速发展，神经计算、进化计算正成为其发展的一个重要方向。1994 年廖晓昕对细胞神经网络建立了新的数学理论与基础，得出了一系列结果，如平衡态的全局稳定性、区域稳定性、周期解的存在性和吸引性等，使该领域取得了新的进展。P. Werbos 通过混沌、独立子系统的数学技术来理解人的认知过程，建立新的神经信息处理模型和框架。日本学者 Amari. S 将微分流形和信息集合应用于人工神经网络的研究，探索系统化的新的神经信息处理理论基础，为人工神经网络的理论研究开辟了一条崭新的途径。神经网络理论有极强的数学性质和生物学特征，尤其是在神经科学、心理学和认识科学等方面提出了一些重大问题，是向神经网络理论研究的新挑战，也是它发展的机会。21 世纪神经网络理论日益变得更加外向，不断产生具有重要意义的概念和方法，推进神经网络向更高阶段发展。

如今，神经网络的应用已渗透到模式识别、图像处理、非线性优化、语音处理、自然语言理解、自动目标识别、机器人、专家系统等各个领域，并取得了令人瞩目的成果。神经网络理论业已成为涉及神经生理科学、认识科学、数理科学、心理学、信息科学、计算机科学、微电子学、光学、生物电子学等多学科的新兴的、综合性的前沿学科。

从众多应用研究领域取得的丰硕成果来看，人工神经网络的发展具有强大的生命力。当前存在的问题是智能水平还不高，许多应用方面的要求还不能得到很好的满足；网络分析与综合的一些理论性问题（如稳定性、收敛性的分析，网络的结构综合等）还未得到很好的解决。随着人们对大脑信息处理机理认知的深化，以及人工神经网络智能水平的提高，人工神经网络必将在科学技术领域发挥更大的作用。

在神经网络的实际应用中，$80\% \sim 90\%$ 的神经网络模型都采用 BP 网络及其变化形式。BP 网络采用误差反向传播算法（Error-Back-Propagation），是神经网络中最有效、最活跃的一种方法。对于经济类数据进行分析与建模一直是一个比较棘手的问题。由于数据受多方面人为因素、自然因素的影响，导致这些数据具有极大的非规律性与随机性，利用其进行分析与统计往往比较困难，为非常规方法能够解决的问题。通过前人的研究与分析，已初步确定了影响煤炭需求的因素，从中可以发现：各影响因素同样具有以上特点。所以，必须找到一种切实有效而又能准确统计、分析数据，最终能够得到因素之间的相互关系，建立预测模型的算法。而神经网络是一种适宜处理具有残缺结构和能够分析含有错误成分的算法，它能够在信息含糊、不确定、不完整、存在矛盾及假象等复杂环境中处理分析数据；并且神经网络所具有的自学能力，使得传统数学算法应用最为困难的有效数据获取工作，能转换为网络的结构调节过程，从而大大方便了各种不同应用对象的建模与分析，进而可以对一些复杂问题作出合理的判断决策以及有效的预测和估计。BP 神经网络是非线性的前馈式网络，具有很好的非线性映射能力。理论已证明，只要有足够的隐含层和隐含层节点数，BP 神经网络可以逼近任意的非线性映射关系，且不需要建立数学解析式模型。它主要是根据所提供的原始数据，通过训练和学习，找出输入和输出之间的内在联系，从而求得问题的解答，而不是依靠对问题的先验知识和规则，所以具有很好的适应性。因此本章选用 BP 神经网络来建立煤炭需求预测模型。

二、BP 神经网络的一般原理及改进

经过近 20 年的完善与发展，迄今为止，人工神经网络的模型已有数十种之多。其中最常用的网络模型为 BP 神经网络。BP 神经网络采用的是 Back-Propagation（反向传播算法）；它是为了解决多层前向神经网络的权系数优化而提出来的，所以，BP 算法也通常暗示着神经网络的拓扑结构是一种无反馈的多层前向网络。故而，有时也称为无反馈多层前向网络。这一算法是 D. Rumelhart 等人于 1986 年在 PDP（并行分布处理）理论中提出的。其结构是多层前馈网络，它的算法称为误差反向传播算法，简称 BP 算法。这种算法可以对网络中各层的权系数进行修正，故适用于多层网络的学习。BP 算法是目前应用最广泛的神经网络学习算法之一，是自动控制中最有用的学习算法。

（一）人工神经网络的一般原理

1. 神经网络构成的基本原理

（1）人工神经元模式。神经网络是由大量简单处理单元组成，通过可变权值连接而成的并行分布式系统。神经元是人工神经网络的基本处理单元，它是一个多输入—单输出的非线性器件，其结构如图 1－2 所示。

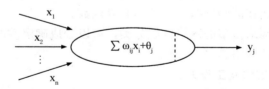

图 1－2　神经元的一般描述

在图 1－2 中，X_i 为输入信号；ω_{ij} 表示从第 i 个神经元到第 j 个神经元的连接权值；θ_j 为第 j 个神经元的阈值。设 s_j 为外部输入信号，y_j 为输出信号，在上述模型中第 j 个神经元的变换可描述为：

$$y_j = f(\sum_i \omega_{ij} x_i - \theta_j + s_j) \tag{1.1}$$

这里采用的非线性函数 f（x）可以是阶跃函数、分段函数及 Sigmoid 型函数。

（2）连接权值。人工神经网络的处理单元间相互连接，所有的连接构成一个有向图。每一个连接对应于一个实数，称为连接权值，或称为权重。权值的集合可看做是长期记忆。可以用权矩阵 W 来表示网络中的连接模式，W 中的元素是 w_{ij}。连接权值的类型一般分为激发和抑制形式，正的权值表示激发连接；相反，负的权值表示抑制连接。权值的连接方式是人工神经网络的特征描述。

（3）神经网络状态。在时刻 t，每一个神经元都有一个实数值，称为神经元状态，也叫做神经元的激励值，用 X_i 表示神经元 u_j 的状态，用 X（t）表示神经网络的状态空间。在各种不同的神经网络类型中，状态空间可以作各种不同的假设。状态空间可能是连续的，也可能是离散的；可能是有界的，也可能是无界的；可能在一个实数区间上取值，也可能取有限值；最常见的情形是取二值，即 0 和 1 两种状态，或 −1 和 1 两种状态，亦或是取连续实数值。

（4）神经网络的输出。对于每一个神经元都有一个输出，并通过连接权值将输出传送给其相连的处理单元，输出信号直接依赖于处理单元的状态或激励值。这种依赖性通过输出变换函数 f_i 对应处理单元 u_j 的作用来表示。假如用 Z_j（t）来定义 t 时刻神经元 u_j 的输出，那么：

$$Z_j（t）=f_j [x_j（t）] \tag{1.2}$$

或写成向量的形式：

$$Z（t）=f [X（t）] \tag{1.3}$$

这里，Z（t）是神经网络的输出向量，f 定义为状态向量与每一个分量的对应函数。一般是在区间（0，1）上的有界函数。

按人工神经网络模型的网络性能分类，可以分成确定性的、随机性的、连续型的和离散型的网络。

2. 神经网络结构及工作方式

除单元特性外，网络的拓扑结构也是神经网络（Neural Network）的一个重要特性，按网络的拓扑结构分类，人工神经网络可分成三类：

（1）相互连接的网络。其中任意神经元之间都可能有连接，信息在神经元之间可以反复传递，造成网络状态的不断变化。系统整体从某一初始状态开始，经过不断的变化过程，最后进入某一平衡状态、周期振荡或其他状态。

（2）分层前馈型网络。其神经元分层排列，分为输入层、隐含层和输出层。各神经元接收前一层的输入，并输出给下一层，没有反馈（见图 1−3）。节点分为两类：输入单元和计算单元，每一计算单元可有任意多个输入，但只有一个输出（它可以耦合到任意多个其他节点作为其输入）。前馈型网络可分为不同的层，每一层的神经元只接收前一层神经元的输入，输入层接收外界的输入模式。输入模式经过各层神经元的响应处理变为输出层的输出。最常用的前馈神经网络就是 BP 神经网络（Backpropagation Neural Network）和 RBF 径向基函数网络（Radial Basis Function Neural Network）。

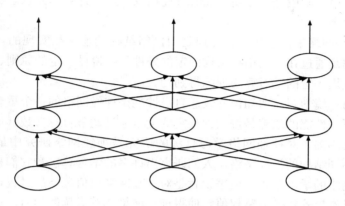

图 1－3　具有一个隐层的前馈型网络

（3）反馈型网络。如图 1－4 所示，该网络是在分层前馈型网络基础上，将网络的输出反馈到网络的输入，反馈可以将全部输出反馈，也可以将部分输出反馈。

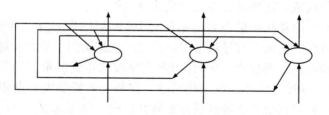

图 1－4　单层全连接反馈型网络

所有节点都是计算单元，同时也可接收输入，并向外界输出。最典型的反馈神经网络就是 Hopfield 神经网络。从作用效果来看，前馈型网络主要是函数映射，可用于模式识别和函数逼近。按对能量函数的所有极小点的利用情况，可将反馈型网络分为两类：一类是能量函数的所有极小点都起作用，主要用做各种联想存储器；另一类只利用全局极小点，它主要用于求解优化问题。

3. 神经网络的学习方法

一个神经网络仅仅具有拓扑结构还不能称为具有智能特性，必须有一套完整的学习、工作规则与之配合。人工神经网络的工作过程可分为以下两个阶段：第一个阶段是学习期，此时各计算单元状态不变，各连线上的权值通过学习来修改；第二阶段是工作期，此时各连接权固定，计算单元状态变化以达到某种稳定状态。

BP神经网络中信息处理、传递是由网络结构的连接权实现的，而连接权值的大小则是通过在一定拓扑结构固定的条件下，遵循一定的原则、按照一定的方式、应用一定的学习算法训练得到的。

通过向环境学习获取知识并改进自身性能是神经网络的一个重要特点。在一般情况下，性能的改善是按某种预定的度量通过调节自身参数（如权值）随时间逐步达到的。对神经网络学习算法的研究是神经网络研究中最核心的部分。对于不同结构的神经网络，人们研究出许多的学习算法和它们相对应。

神经网络的学习过程一般来说就是对神经网络权值调整的过程，数据网络能够根据样本模式逐渐调整权值，使得神经网络具有卓越的学习、记忆和处理信息的能力。

神经网络的学习方法有两大类：有导师学习和无导师学习。对于有导师学习，神经网络的输出和希望的输出进行比较，然后根据两者之间的差的函数（如差的平方和）来调整网络的权值，最终使其函数达到最小。对于无导师学习，当输入的样本模式进入神经网络后，网络按照预先设定的规则（如竞争规则）自动调整权值，使网络最终具有模式分类等功能。

神经网络学习算法中最著名的是针对BP网络的误差反向传播学习算法，也就是梯度算法。它属于有导师学习，其原理就是从误差平方和对网络权值的梯度方向来修改网络的权值，从而使BP网络较快达到所希望的学习效果。当然，BP网络的梯度算法还存在一些问题，如易陷入局部极小点和收敛速度慢等。因此，人们对梯度算法的改进方案研究也成为热点问题。

4. 几种典型的神经网络

神经元的激活函数不同、拓扑结构不同、网络的学习算法、构成神经网络的方式不同，则神经网络对信息处理的方法和能力亦不同。下面介绍几种典型的神经网络。

（1）多层前向神经网络（Multilayer Feedforward Neural Network，MFNN）。这是目前应用较多的一种神经网络结构。它由输入层、若干隐含层、输出层构成，各层神经元之间无连接。神经元以不同的非减函数，如Sig-

目前，人工神经网络正处于由简单的并行处理模型机制的研究到对其变换能力、变化机理进行深入的和严格意义上的数学理论分析的研究，许多学者正在对神经网络结构的整体能力和限制进行深入的理论分析与探讨。

（二）BP 神经网络的基本原理

BP 神经网络采用 Widrow-Hoff d 学习规则（误差校正学习算法），也称最小均方差算法（Least Mean Square，LMS），可用于非线性神经元的学习过程，是一种单向传播的多层前向神经网络，全称为误差反向传播模型。BP 神经网络由若干层神经元组成，除了有输入层和输出层外，还有一层或多层隐含层，同层节点间无任何联结，每个节点都是单个神经元，神经元的激活函数通常为 Sigmoid 型函数。由于同层节点间无任何耦合，因此，每一层的神经元只接收前一层神经元的输入，每一层神经元的输出只影响下一层神经元的输出。

BP 神经网路由输入层、隐含层和输出层构成，每层由许多并行运算的简单神经元组成，这些神经元类似于生物神经系统的神经元，网络层与层之间的神经元采用全互联方式，同层神经元之间无相互联结，虽然单个神经元的结构简单，功能有限，但大量神经元构成的网络系统所能实现的功能却是极其丰富的。

BP 神经网络的输入节点和输出节点是由问题本身决定的，关键在于隐含层的层数和隐含层节点数的确定。对 BP 神经网络的优化就包含了隐含层层数和节点数的选择。隐含层处于输入层与输出层之间，作为输入模式的内部表示，即对一类输入模式中所含的区别于其他类别的输入模式的特征进行抽取，并将抽出的特征传递给输出层，由输出层对输入模式的类别作最后的判别。因此，把隐含层称为特征抽取层。这一特征抽取的过程，实际上也就是对输入层与隐含层之间权值进行"自组织化"的过程。在网络的训练过程中，各层之间的权值起着"传递特征"的作用。各权值从初始的随机值逐渐演变，最终达到能够表征输入模式特征的过程，就是"自组织化过程"。

BP 神经网络通常是指基于误差反向传播算法（BP 算法）的多层前向神经网络，采用有导师训练方式。多层前向神经网络具有如下特点：①能够以任意精度逼近任何非线性映射，给复杂系统的建模带来了一种新的非线性的表达工具；②能够同时处理定量知识和定性知识，能以模式信息表示系统的知识，并以事例为基础进行学习推理；③它可以学习和自适应未知信息，如果系统发生了变化可通过修改网络的联结值而改变控制效果；④分布式信息存储与处理结构具有一定的容错性，因而构造出来的系统可以具有相当好的鲁棒性；⑤多输入多输出的结构模型，可方便地用于多变量控制系统，由于具有分布特性，所以多层神经网络的系统特别适合处理比较复杂的问题。因此 BP 神经网络是目前应用最广泛的神经网络模型。其基本的运算原理是：通过它的学习规则即通过反向传播（BP）来调整网络的权值和阈值使网络误差的平方和最小，这是通过最速下降法不断调整网络的权值和阈值来实现的。BP 神经网络具有强大的非线性映射能力和泛化功能，任一连续函数或映射均可采用三层网络加以实现。

BP 网络的学习规则是按照有导师示教的方式进行学习的，即通过 P 个实际的映照对 $(X_1，Y_1)$，$(X_2，Y_2)$，…，$(X_p，Y_p)$ 提供给网络后，神经元的激活值从输入层经隐含层向输出层传播，在输出层的各神经元获得输出值。之后，按减少希望输出与实际输出误差的方向，逆传回去，从输出层经各隐含层逐层修正各连接权值和阈值，最后回到输入层。随着这种误差反向传输修正的不断进行，网络对 P 个实际的映照对 $(X_1，Y_1)$，$(X_2，Y_2)$，…，$(X_p，Y_p)$ 响应的正确率不断上升，直到映照获得成功（即网络的全局误差小于预先给定的允许误差）。训练后得到的连接权，对其他不属于 $P_1＝1，2，…，p$ 的子集进行测试，其结果仍能满足正确映射。这就是 BP 网络可以对未知样本进行预测的原因。

BP 神经网络的学习过程可分为两个阶段：第一阶段为前向传播阶段（或称为正向传播过程），即给出输入信息通过输入层经隐含层处理并计算每个单元的实际输出值；第二阶段为误差反向传播阶段（或称为反向传播过程），若在输出层未得到期望的输出值，则逐层递归地计算实际输出与期望输出之间的差值（即误差），以便根据此误差值调节权值，即对每一权重计算出接收单元的误差值与发送单元的激活值的积。BP 算法认为，网络中所有单元都对输出误差有着或大或小的"责任"，这种对误差所负的责任由输出层开始经各连接逆向传播，直到输入层为止。在这个过程中，逐层修改各节点（单元）的阈值以及相邻层单元之间的权值。

BP 神经网络的结构图如图 1—6 所示。

BP 神经网络不仅有输入层节点，输出层节点，而且有一层或多层隐含节点。对于输入信息，首先向前传播到隐含层的节点上，经过各单元的激活函数（又称作用函数、转换函数）运算后，把隐含节点的输出信息传播到输出节点，最后给出输出结果。

网络的学习过程由正向传播和反向传播两部分组成。在正向传播过程中，每一层神经元的状态只影响下一层神经元网络。如果输出层不能得到期望输

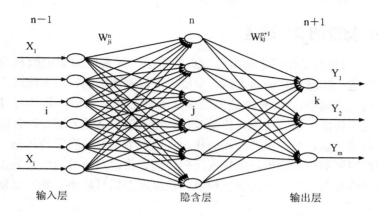

图 1—6　BP 神经网络结构图

出，就是实际输出值与期望输出值之间有误差，那么转向反向传播过程，将误差信号沿原来的连接通路返回，通过修改各层神经元的权值，逐次地向输入层传播去进行计算，再经过正向传播过程，这两个过程的反复运用，使得误差信号最小。实际上，误差达到人们所希望的要求时，网络的学习过程就结束了。

为了清楚起见，规定相关的符号及意义见表 1—2。

表 1—2　符号及含义

符号	代表的意义
n	当前层数
j	当前层的节点号
i	前一层（n−1 层）的节点号
k	下一层（n+1 层）的节点号
W_{ji}^{n}	当前层节点 j 与前一层节点 i 的连接权
W_{kj}^{n+1}	下一层节点 k 与当前层节点 j 的连接权
Out_{j}^{n}	当前层节点 j 的活化输出
Out_{i}^{n-1}	前一层节点 i 的活化输出
Net_{j}^{n}	当前层节点 j 从前一层所有神经元得到的净输入
T_{j}	输出层节点 j 的期望输出
$F(\cdot)$	网络某层节点的传递函数
$F'(Net_{j}^{n})$	网络第 n 层节点 j 的传递函数导数

（三）标准的 BP 算法

BP 算法的目的是使网络输出层节点的输出与其对应的期望值相等或在一定范围内接近。当网络结构固定后，只能通过调整网络的权值来使网络输出值与期望值的误差减小。BP 算法是采用梯度下降法调整权值，其学习过程由正向传播和反向传播组成。在正向传播过程，输入信号从输入层经隐含层逐层处理，并传向输出层，每一层神经元的状态只影响下一层神经元的状态。如果在输出层不能得到期望的输出，则转入反向传播，将误差信号沿原来的连接通路返回，通过修改各层神经元的连接权值，使得误差信号减小，如此反复，直到达到误差要求。

BP 算法的神经元所用的传递函数必须是处处可导的，均采用 S 型函数，选用 S 型函数作为 BP 网络的输出函数，其原因是[1][2]：S 型函数输出曲线两端平坦，中间部分变化激烈。从形式上看具有"柔软性"；从生理学角度看，一个人对远远低于或高于他智力和知识水平的问题，往往很难产生强烈的思维反应；从数学角度看，S 型函数具有可微分性。正是因为 S 型函数更接近于生物神经元的信号输出形式，所以选用 S 型函数作为 BP 网络的输出函数。同时 BP 算法本身也要求网络的输入输出函数是可微分的，S 型函数不但具有可微分性，而且具有饱和非线性特征，这又增强了网络的非线性映射能力。S 函数的一个重要特征是：其导数可用它的自身来表示。它的导数为：

$$f'(x) = f(x)[1-f(x)] \tag{1.7}$$

一般使用 Sigmoid 函数，包括 log-sigmoid 函数和 tan-sigmoid 函数，能将 $(-\infty, +\infty)$ 的输入分别映射到区间 $(0, 1)$ 和 $(-1, +1)$ 中。

传统 BP 神经网络的 log-sigmoid 函数和 tan-sigmoid 函数分别为：

$$f(x) = \frac{1}{1+e^{-x}} \tag{1.8}$$

$$f(x) = \frac{e^x - e^{-x}}{e^x + e^{-x}} \tag{1.9}$$

log-sigmoid 函数和 tan-sigmoid 函数的图像分别如图 1-7 和图 1-8 所示。

---

① 王强：《工业产品的计算机视觉识别与检测算法研究》，北京航空航天大学博士学位论文，2000 年。

② 邱忠文：《玻璃器皿模具号的计算机视觉识别》，广西师范大学硕士学位论文，2000 年。

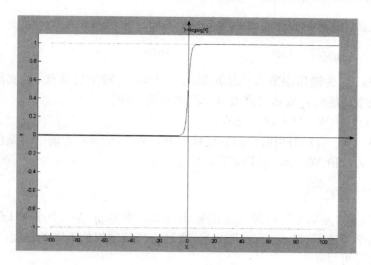

图 1－7　log-sigmoid 函数

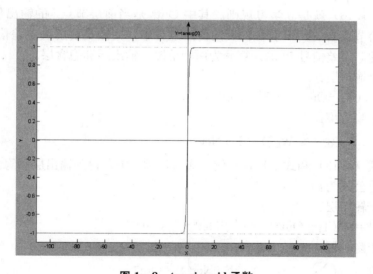

图 1－8　tan-sigmoid 函数

当 Sigmoid 函数的输入落在区间（－0.6，0.6）中时，输出的变化率就非常小。具体采用哪一种转换函数，要根据输入/输出关系而定。当输出值不含有负值时，采用 log-sigmoid 函数；当输出值含有负值时，采用 tan-sigmoid 函数。这些转换函数反映了单个神经元的响应特性，即输入/输出关系。人工神经网络的非线性映射能力正是来源于此。

在学习过程中，误差函数（在训练过程中称为训练误差）E 定义为输出层节点 j 的期望输出与实际输出的均方误差，即：

$$E = \frac{1}{2} \sum (T_j - Out_j)^2 \tag{1.10}$$

式中：T_j 为输出层节点 j 的期望输出；Out_j 为输出层节点 j 的实际输出。

在网络训练时，要随时修改节点间的权值，使：

$$W_{ji}(t) = W_{ji}(t-1) + \Delta W_{ji} \tag{1.11}$$

式中：$W_{ji}(t)$ 为当前时刻的连接权值；$W_{ji}(t-1)$ 为前一时刻的连接权值；ΔW_{ji} 为权值 $W_{ji}(t)$ 的修正量，定义为：

$$\Delta W_{ji}^n = -\eta \frac{\partial E^n}{\partial W_{ji}^n} \tag{1.12}$$

式中：E^n 为第 n 层神经元总的输出误差；参数 η 是一个小于 l 的调节系数，称为学习速率（Learning Rate），通过它来控制权值下降的速度。

经推导可得[①]：

$$\Delta W_{ji}^n = \eta \delta_j^n Out_i^{n-1} \tag{1.13}$$

式（1.13）就是 δ 学习规则。其中 Out_i^n 是当前层节点 i 的输出信号，它要传送给节点 j，在 BP 算法的反向传播过程中，关键是要解决误差信号 δ_j^n 的求解问题。误差信号 δ_j^n 的计算分为两种情况：输出层和隐含层。

对于输出层：

$$\delta_j^n = (T_j - Out_i^n) \times F'(Net_j^n) \tag{1.14}$$

对于隐含层：

$$\delta_j^n = \sum (\delta_k^{n+1} \times W_{kj}^{n+i}) \times F'(Net_j^n) \tag{1.15}$$

将式（1.13）和式（1.14）代入式（1.12）中，得到输出层和隐含层的权修正计算公式为：

对于输出层：

$$\Delta W_{ji}^n = \eta (T_j - Out_j^n) \times F'(Net_j^n) \times Out_i^{n-1} \tag{1.16}$$

对于隐含层：

$$\Delta W_{ji}^n = \eta (\sum \delta_k^{n+1} W_{kj}^{n+1}) \times F'(Net_j^n) \times Out_i^{n-1} \tag{1.17}$$

从权修正计算公式可以看出权值的变化与传递函数的导数成正比，这说明传递函数的导数越大的节点，其连接权越需要调整。

当传递函数 F（·）采用 Sigmoid 函数时，其导数形式为：

---

① 赵正琦：《BP 网络优化及其在流体测量中的应用研究》，北京化工大学硕士研究生学位论文，2000 年。

$$F'(\cdot) = F(\cdot) \times [1 - F(\cdot)] \qquad (1.18)$$

又因为 $F(Net_j^n) = Out_j^n$，则有：

$$F'(Net_j^n) = (1 - Out_j^n) \times Out_j^n \qquad (1.19)$$

由上可知，不同层 δ 的含义不同，网络第 n 层的 δ 可以由第 n+1 层的 δ 值求出，将误差信号 δ 逐层向前传播。误差反向传播算法（BP 算法）也正是由此而得名。

标准的 BP 算法的程序框图如图 1—9 所示。

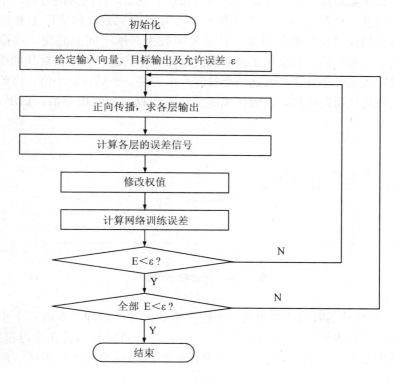

图 1—9 标准 BP 算法的程序框图

（四）BP 神经网络存在的问题

BP 神经网络是一种前馈型网络。它仅提供许多具有简单处理能力的神经元的复合作用，使网络具有复杂的非线性映射能力而没有反馈，因此它不属于一个非线性动力学系统，而只是一个非线性映射。网络是根据 Widrow-Hoff

规则，使用优化中的最普通的梯度下降算法，对问题的识别具有很强的功能，对于复杂的非线性模型仿真从理论上来说其误差可以达到任意小的程度。由于其理论上的完整性和应用的广泛性，BP神经网络具有重要的意义，但是它仍然存在一些缺点。

（1）传统BP网络既然是一个非线性优化问题，这就不可避免地存在局部极小问题，即不能保证收敛到全局最小点。从数学观点看来，误差反向传播采用梯度下降法，其学习过程是一个非线性优化过程，所以不可避免地会遇到优化过程中最常见的局部极小问题。网络的极值通过沿局部改善的方向一小步一小步进行调整，力图达到使误差函数E最小化的全局解，但实际上常得到的是局部极小值。对于复杂的网络，其误差函数为多维空间的曲面，就像一个碗，其碗底是最小值。但是这个碗的表面是凹凸不平的，因而在对其训练过程中，可能陷入某一小谷区，而这一小谷区产生的是一个局部极小值，由此点向各方向变化均使误差增加，以致使训练无法逃出这一局部极小值，如图1—10所示。

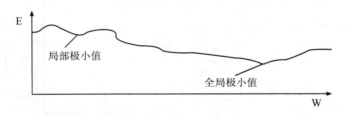

图 1—10　局部极小值图

（2）BP算法的收敛速度很慢，可能会浪费大量的时间。有时一个十分简单的问题，往往也要学习几百次甚至上千万次才有可能收敛。在学习过程中，迭代算法次数很多，学习速度慢，易出现一个长时间的误差平坦区，即出现平台。

导致BP算法学习过程收敛速度慢的原因主要有以下两个方面：

①固定的学习率 η 和惯性因子 α。BP算法本质上是优化计算中的梯度下降法，利用误差对权值、阈值的一阶导数信息来指导下一步的权值调节方向，以求达到最终误差最小。BP算法中网络参数每次调节的幅度均以一个与网络误差函数或其对权值导数大小成正比的固定学习率 η 进行。这样在误差曲面较平坦处，由于这一偏导数值较小，因而权值参数的调节幅度也较小，以致需要

经过多次调整才能将误差函数曲面降低；而在误差曲面较高曲率处，偏导数较大，权值参数调节的幅度也较大，以致误差函数最小点附近发生过冲现象，使权值调节路径变为锯齿形，难以收敛到最小点，导致 BP 算法收敛速度慢。为保证算法的收敛性，学习率必须小于某一上限。这就决定了 BP 算法的收敛速度不可能很快。而且越接近极小值，由于梯度变化值逐渐趋于零，算法的收敛就越来越慢。

②学习过程中的"假饱和"现象。所谓"假饱和"现象，是指在学习过程中误差在一定的时间范围内，并不随学习次数的增加而减小，而过了这段时间以后，误差才明显下降的现象。学习一旦进入"假饱和"状态，需要较长的时间才能摆脱这种状态。"假饱和"或"平台"现象的产生不仅与神经元的总输入有关，而且与神经元的作用函数直接相关。因为导致"平台"现象的最直接的原因是神经元作用函数的导数值很小，使权值修改量很小。显然，如果能在神经元的总输入偏离阈值较远时，改变神经元作用函数的斜率，使其增大，发生"平台"现象的可能就会大大降低。

（3）用 BP 算法所得到的网络性能较差，网络结构选择不一。网络过大，在训练中效率不高，而且还会由于过拟合造成网络性能脆弱，容错性下降，浮点溢出，而太小的网络可能根本不收敛。在实际应用中，网络结构人为性较大，缺乏规则指导。

（4）隐含层的层数和隐单元的个数的选取至今尚没有一个统一的规律，在许多实际应用中基本上是采用试凑法和一些经验公式。

（5）BP 网络的学习，记忆具有不稳定性。一个训练结束的 BP 网络，当给它提供新的输入模式时，将破坏已有的用于记忆的连接权矩阵，从而导致已经记忆的学习模式的信息（通过学习已具备的能力）完全消失。这种现象是目前的算法所固有的，是必然的，是无法避免的。此时，必须将原有的学习模式与新加入的学习模式放在一起重新训练网络。

多年来，研究人员针对以上问题提出了大量的算法改进方案，如改进激活函数、改进误差函数、修改一般化误差、动量法、改进的最速下降法（自适应学习算法）、改进的共轭梯度法、随机迭代法、随机搜索算法、模拟退火算法和遗传算法、通过局部极小判别式判断网络是否陷入局部极小值等。

针对 BP 神经网络存在的问题，需要对其做必要的改进，以加快收敛速度，达到最优化。本章将其放在第四节中，针对具体要解决的煤炭需求预测问题，结合仿真进行阐述。

三、煤炭资源需求分析

（一）煤炭资源在中国能源消费结构中的地位

对中国而言，煤炭一直是主要的一次能源。在未来相当长的一段时间内，煤炭作为中国主要的能源消费形式不会改变。中国经济强劲的发展势头以及重工业化、城市化的进程也会进一步拉动煤炭需求的上升，因此，对中国煤炭需求进行预测对整个中国经济来说至关重要，同时，它也能对能源战略的制定、环境质量的评估预测起到参考作用。

煤炭是世界上储量最多、分布最广的常规能源。20世纪90年代以来，世界煤炭产量在44亿～48亿吨，在世界一次性能源生产和消费总量中约占30%，是世界经济发展的重要动力支柱。据统计，当前煤炭衍生物可生产2.5万种工业产品，钢铁、电力、化工及民用工业都离不开煤炭的支持。作为世界上最大的发展中国家，能源问题一直是中国国民经济和社会发展中的热点和难点。

新中国成立60年来，尽管能源消费结构发生了重大变化，但是煤炭始终是中国的主要能源。在一次性能源中，中国目前已经形成了以煤为主，以石油、天然气、一次电力（水电、核电、新能源发电）等多能互补的能源生产体系。从能源系统自身构成要素上看，由不同形式能源的储量、探明状况、开采条件等所决定，在中国能源生产和消费中煤炭都占绝对主导地位。专家预测，在21世纪前30年内，煤炭在中国一次能源构成中仍将占主体地位。煤炭是中国目前最安全、最经济、最可靠的能源。随着高新技术的推广应用，煤炭生产成本正在并将继续降低；洁净煤技术已取得重大突破，这都将使煤炭成为廉价、洁净、可靠的能源。目前，世界石油价格居高不下，煤炭的成本优势更加明显。据预测，到2020年中国石油供需缺口将更大，全靠进口不仅需要动用大笔外汇，而且受制于人，加大能源安全供应的隐患。从这个意义上讲，煤炭在未来中国国民经济中的地位将更为重要。另外，新能源在相当长的时期内还无法成为中国能源的主力军。以太阳能、核能为代表的新能源在能源结构中所占比重还非常低，走向规模化、产业化还需较长时间，目前在很大程度上还属小规模试营。从这个角度讲煤炭作为传统能源在相当长的一段时间内仍将占据能源消费的主流。

　　20 世纪 50 年代，煤炭在能源结构中所占的比例大于 90%；20 世纪 60 年代以后，由于发现和开发新的石油基地，石油在能源消费结构中的比重上升，到 1980 年达到了 20.76%，但是煤炭在能源消费结构中仍然占到 72.15%。而其他资源，如石油和天然气等，很多都需要进口，对外依存度很高。

　　从世界范围内看，煤炭能源的消耗量占总能源消耗的比例近年下降很快，从 1950 年的 57.7% 下降到 2002 年的 25.49%。我国 1953 年为 94.33%，到 2008 年，一次能源消费中，煤炭下降为 70.2%，但仍然占着相当大的比例。近 20 多年来，煤炭在能源消费结构中一直持续在 70% 左右，具体见表 1—3 与图 1—11。这足以说明煤炭对中国经济的发展有着举足轻重的作用。

表 1—3　能源消费总量及构成

年份	能源消费总量（万吨标准煤）	占能源消费总量的比重（%）			
		煤炭	石油	天然气	水电、核电、风电
1978	57144	70.7	22.7	3.2	3.4
1979	58588	—	—	—	—
1980	60275	72.2	20.7	3.1	4.0
1981	59447	72.7	20.0	2.8	4.5
1982	62067	73.7	18.9	2.6	4.9
1983	66040	74.2	18.1	2.4	5.3
1984	70904	75.3	17.4	2.4	4.9
1985	76682	75.8	17.1	2.2	4.9
1986	80850	75.8	17.2	2.3	4.7
1987	86632	76.2	17.0	2.1	4.6
1988	92997	76.2	17.0	2.0	4.7
1989	96934	76.1	17.1	2.1	4.7
1990	98703	76.2	16.6	2.1	5.1
1991	103783	76.1	17.1	2.0	4.8
1992	109170	75.7	17.5	1.9	4.9
1993	115993	74.7	18.2	1.9	5.2
1994	122737	75.0	17.4	1.9	5.7

续表

年份	能源消费总量 （万吨标准煤）	占能源消费总量的比重（%）			
		煤炭	石油	天然气	水电、核电、风电
1995	131176	74.6	17.5	1.8	6.1
1996	138948	74.7	18.0	1.8	5.5
1997	137798	71.7	20.4	1.7	6.2
1998	132214	69.6	21.5	2.2	6.7
1999	133831	69.1	22.6	2.1	6.2
2000	138553	67.8	23.2	2.4	6.7
2001	143199	66.7	22.9	2.6	7.9
2002	151797	66.3	23.4	2.6	7.7
2003	174990	68.4	22.2	2.6	6.8
2004	203227	68.0	22.3	2.6	7.1
2005	223319	68.9	21.0	2.9	7.2
2006	245669	69.3	20.8	2.8	7.1

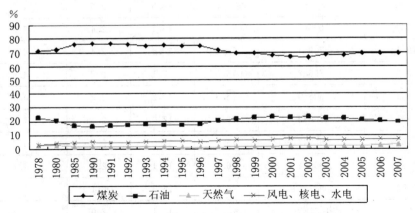

图1—11 1978～2007年中国能源消费结构图[①]

①《中国统计年鉴》（www. stats. gov. cn/tjsj/ndsj/2008/indexch. htm），2009年6月25日。

　　煤炭在中国一次能源生产和消费结构中一直占主导地位。1949～2003 年生产原煤 355 亿吨，消费商品煤 345 亿吨；1980～2003 年，生产原煤 268 亿吨，消费商品煤 261 亿吨[①]，为国民经济持续快速发展提供了保障。从中国一次能源生产、消费结构变化分析，煤炭在能源生产、消费结构中共发生了四次明显的阶段性变化。

　　第一阶段为 1949～1976 年的稳定下降阶段。由于中国石油资源的开发取得了突破性进展，尤其是 20 世纪 60 年代以后，石油生产和消费比例逐年上升，煤炭所占比例一直处于下降时期，煤炭产量比例由 1949 年的 96.29％，下降到 1976 年的 68.5％，达到历史最低点，消费比例由 1953 年的 94.31％下降到 69.9％。同期，石油生产比例由 0.72％上升到 24.7％，达到历史最高点，消费比例由 1953 年的 3.79％上升到 23.0％，仅次于石油消费比例的历史最高点 23.8％（2000 年）。这期间煤炭与石油在能源生产、消费结构中互为消长关系。

　　第二阶段为 1977～1996 年的稳定上升阶段。1996 年的煤炭产量与消费量所占比例分别达到 75.2％和 71.5％，比 1976 年分别上升了 6.7 和 4.8 个百分点；同期，石油产量与消费量所占比例分别为 17％和 18％，比 1976 年分别下降了 7.7 和 5 个百分点。

　　第三阶段为 1997～2000 年的快速下降阶段。2000 年煤炭产量与消费量所占比例分别为 72.3％和 67.3％，下降了 2.9 和 4.2 个百分点。同期，石油产量与消费量所占比例分别为 18.1％和 23.8％，上升了 1.1 和 5.8 个百分点。

　　第四阶段为 2001～2008 年的快速上升阶段。1998 年以来煤炭产量与消费量持续增长，尤其是 2001 年以来，煤炭产量、消费量快速增长，2006 年的煤炭产量比 2001 年增长了 10 亿吨左右，煤炭消费量也增长了 10 亿吨左右。

　　综上分析，结合中国富煤、少气、贫油的能源资源赋存特点，在未来相当时间内，中国煤炭在一次能源生产和消费结构中仍将居主导地位。

（二）中国煤炭资源的现状特点

1. 中国煤炭资源总量丰富但有效供给能力不足，且人均占有量少

　　中国国土面积为 960 万 km²，含煤面积为 55 万 km²，煤炭资源总储量为 5.06 万亿吨，其中埋深小于 1000 米的煤炭地质储量为 2.60 万亿吨。2000 年

---

　　① 中国宏观经济信息网（http://www.macrochina.com.cn/xspd/20061220082875.shtml, 2006－12－2)。

底，煤炭探明保有储量 10077 亿吨，其中经济可采储量为 1145 亿吨，占世界经济可采储量的 11.62%，仅次于美国和俄罗斯，位居世界第三（见表1-4）。

表1-4 2000年世界煤炭经济可采储量排名前十位的国家

排名	国家	煤炭经济可采储量（亿吨）	所占比例（%）
1	美国	2499.94	25.37
2	俄罗斯	1570.10	15.93
3	中国	1145.00	11.62
4	印度	843.96	8.56
5	澳大利亚	820.90	8.33
6	德国	660.00	6.69
7	南非	496.20	5.03
8	乌克兰	341.53	3.46
9	哈萨克斯坦	340.00	3.45
10	波兰	221.60	2.24

据统计，2000 年以前全国统配煤矿有精查储量保证的仅占总规划能力的 47.8%，尚无精查储量保证的为 52.2%；2001～2020 年有精查储量保证的仅占总规划能力的 21.3%，尚无精查储量保证的为 78.7%；国营地方煤矿的精查储量保证程度更低，分别为 54% 和 18.3%。如果进一步考虑到矿井生产能力的增长、矿井的合理服务年限要求、储量备用系数及矿井的现实回采率等指标计算，全国统配煤矿的实际服务年限平均为 35～38 年，地方煤矿仅 28～30 年。因此可供建井利用的后备精查储量的严重不足，将导致今后一段时间内煤炭增产与矿井接替的紧张状况。

2003 年，国土资源部公布了按照与国际惯例接轨的国家标准对中国《煤炭储量表》进行套改的结果。套改后，全国共有煤炭资源矿区 6019 个，查明全国煤炭资源储量为 9970.82 亿吨，其中煤炭基础储量 3468.80 亿吨（含煤炭储量 2040.35 亿吨），煤炭资源量 6505.02 亿吨。从以上总量数据看，中国煤炭资源相对丰富，占世界煤炭资源量的 11%，居世界第三位。中国人均能源消费和储量大大低于世界人均水平。据统计，1980 年，中国人均能源量相当于世界人均水平的 30%，1994 年上升为 46%，而美国 1994 年人均能源消费量相当于世界人均水平的 5.46 倍，日本相当于 2.69 倍，高收入国家相当于

3.45 倍，中等收入国家在 1 倍左右。但是，由于中国的人口数量多，中国人均查明的煤炭储量仅为 770 吨，为世界平均水平的一半。而中国人均原煤储量相当于世界人均水平的 45%。所以，中国煤炭资源相对丰富，而人均占有量少。

2. 煤炭资源在空间与种类上赋存不平衡

中国煤炭资源在地理分布上表现极不均衡，具有东少西多、南少北多的特点。在中国 31 个省（市、自治区）中，除了上海市以外，其他地区均有煤炭储量。在全国 2220 个县中，大约有 60% 的县有煤炭资源。北方 17 个省（市、自治区）的煤炭资源储量占到了全国的 93.5%，南方的 14 个省（市、自治区）的煤炭资源储量只占到全国的 6.5%；西部煤炭资源储量占全国的 43%，东部仅占 15%（见表 1—5）。

表 1—5　中国煤炭资源地区分布　　　　　单位:%

地区	煤炭资源地区分布		资源探明率
	占资源总储量	占探明保有储量	
华北	39.90	48.95	24.44
东北	1.34	3.30	48.92
华东	4.44	5.90	26.47
中南	2.61	3.27	24.91
西南	5.80	8.61	29.56
西北	45.90	29.98	13.01

中国煤炭资源大部分分布在西北地区，其中晋、陕、蒙三省（区）的预测煤炭资源量为 2.18 万亿吨，占全国煤炭资源总量的 83.9%，是中国煤炭资源最为集中的地区。中国煤炭资源的几个重要的分布区表现为南北、东西分带，昆仑山—秦岭—大别山一线以北的北方地区，已发现煤炭资源占全国的 90.3%（包括东北三省和内蒙古东部地区），而北方地区的煤炭资源又主要集中在太行山—贺兰山之间的地区，占北方地区的 65% 左右，形成了包括山西、陕西、宁夏、河南及内蒙古中南部的富煤地区（华北富煤区的中部和西部）。新疆占北方地区已发现资源的 12.4%，为中国又一个重要的富煤地区（西北富煤区的西部），秦岭—大别山一线以南的中国南方地区，已发现资源只占全国的 9.6%，而其中的 90.4% 集中在川、贵、云三省（区），形成以贵州西部、

四川南部和云南东部为主的富煤地区（华南富煤区的西部）。在东西分带上，大兴安岭—太行山—雪峰山一线以西地区，已发现资源占全国的 89％，而该线以东仅占全国的 11％。煤炭种类在数量和分布表现为极不平衡。除褐煤占已发现资源的 12.7％以外，在硬煤中，低变质烟煤所占的比例为总量的 42.4％，贫煤和无烟煤占 17.3％，而中变质烟煤，即传统上称为"炼焦用煤"的数量却较少，只占 27.6％，而且大多为气煤，占中变质烟煤的 46.9％，肥煤、焦煤和瘦煤则较少，分别占中变质烟煤的 13.6％、24.3％和 15.1％。

3. 煤炭资源回采率、利用率低，资源破坏严重

中国煤炭资源的回采率、利用率均很低，煤矿点多面广，资源破坏严重。全国煤炭平均回采率在 30％左右，其中小型煤矿回采率一般为 10％～15％，一些大中型矿井资源回采率也不高。某些煤炭企业为了追求企业经济效益，将薄煤层、地质构造比较复杂的煤炭资源弃之不采，特厚煤层仅采一层，是煤炭回采率低的重要原因之一。1949～2002 年，中国累计产煤 321 亿吨，根据有关煤炭资源专家的初步估计，煤炭资源储存量在 1000 亿吨以上。据统计，2005 年中国的能源消费量折合 5500 万吨标准煤，其中万元 GDP 能耗为 0.81 吨标准煤，大概是世界平均水平的 2 倍多。从能源的产出效率来看，2003 年中国每吨标准煤的产出效率仅相当于日本的 10.3％、欧盟的 16.8％、美国的 28.6％。这就相当于用一个较高的煤炭资源消耗来获得一个较低的经济与社会效益。

4. 煤炭资源需求及开发利用结构

自 20 世纪 90 年代中后期以来，中国的工业化、城镇化明显加快，随着国民经济的发展和人民生活水平的提高，从大自然索取的资源也越来越多，特别是对煤炭的需求，其消费明显呈现上升的势头。煤炭生产因此有了很大发展。1980 年全国产煤 6.1 亿吨。近几年来，中国煤炭的生产量都达到 20 亿吨左右，2006 年煤炭产量达到了 23.8 亿吨，比 2005 年煤炭产量 22.0 亿吨增加了 1.8 亿吨，增长了 8.18％。中国煤炭的主要用户是电力用煤、冶金用煤、建材用煤和化工用煤，它们占全国用煤量的 89.3％左右。

目前，中国经济高速发展，能源需求增长过快，造成煤、电、油供应紧张，煤炭资源呈现供不应求局面，2006 年环球能源网发布信息称中国能源消费位居世界第二，占世界能源消费总量的 15.8％，原煤产量位居世界之首，2006 年能源消费总量 24.6 亿吨标准煤，其中煤炭占 69.3％，石油占 20.8％，天然气占 2.8％，其他再生能源占 7.1％（见图 1－12）。中国煤炭资源在东部、中部开发利用程度较高；煤炭生产多年来一直占能源供应总量的 70％左右，占矿业生产总量的50％，此外煤炭资源大多埋藏较深，开采条件不理想，主要以矿井方式开采，开采深度一般在500～600m，只有东部省份的部分老矿区开采深度达到800～1000m，约60％的统配煤矿实现了机械化采煤，综合机械化采煤只占世界水平的35％。目前矿井的现实回采率平均只有35％～40％，有84％的原煤要经铁路运输，并占铁路货运总量的40％以上，在国内煤炭消费构成中，80％以上用于直接燃烧。东部地区煤炭资源开采外部条件较好、储量丰富的矿井大多已经开发，只有极少数尚待开发，西部地区特别是晋、陕、蒙西地区煤炭资源丰富，煤质优良，煤层埋深浅且稳定，构造简单，开发潜力相对较大。

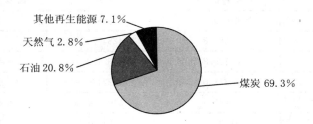

图1－12 2006年中国能源消费结构图

（三）煤炭资源需求的特点

煤炭资源作为中国的主要能源，其需求具有以下特点：

1. 煤炭消费量增长的同时，在能源消费结构中占有的比重下降

1979～2006年，中国煤炭消费总量增长，但是煤炭消费在能源消费结构中的份额却在下降。20世纪50年代煤炭占能源消费的90％以上；60年代后，随着石油产量的增加，石油消费比重迅速上升，煤炭消费比重由1960年的93.9％下降到1980年的72.2％；80年代以后，煤炭消费比重又开始上升，1990年上升到76.2％；进入90年代，中国调整了过去自我平衡的能源政策，积极参与国际能源市场，大量进口石油、天然气等优质能源，鼓励煤炭出口，拉开了中国能源消费结构优化的序幕，煤炭在一次能源消费中的比重明显下降，由1990年的76.2％下降到2003年的68.4％；但是在2004～2006年，煤炭消费量在能源消费中份额出现了上涨，分别为68.0％、68.9％和69.3％。

2. 煤炭消费结构发生剧烈变化

国内煤炭消费向电力、建材、冶金和化工4个主要耗煤行业集中，居民生活用煤逐步下降。2003 年四大主要耗煤行业累计消费煤炭 12.8 亿吨，较 1985 年的 3.7 亿吨净增 9.1 亿吨；占全国煤炭消费量的比重也由 1985 年的 45.3％ 上升到 2003 年的 80.5％，特别是发电及供热用煤增长速度快、幅度大，年均 增长 8.8％。居民生活用煤量呈下降趋势，占全国煤炭消费量的比重由 1980 年的 18.9％下降到 2005 年的 4.0％。各部门煤炭消费中，工业部门是最重要 的部门，工业部门煤炭消费数量比例持续上升，由 1980 年的 71.8％上升到 2005 年的 93.48％（见表 1—6），特别是 2000 年后工业消费总量增长较快。

表 1—6 按行业分的煤炭消费量　　　　　　　　　　　单位：万吨

年份	消费总量	工业	城乡居民生活消费
1980	61009.5	43848.4	11574.0
1981	60583.8	42847.0	12089.4
1982	64125.8	45607.3	12457.0
1983	68713.0	49221.0	13064.1
1984	74968.3	54029.7	13983.0
1985	81603.0	58613.3	15624.0
1986	86015.1	62651.4	15821.7
1987	92799.0	68774.9	16486.0
1988	99353.9	73907.2	17525.0
1989	103427.0	78564.4	17043.0
1990	105523.0	81090.9	16700.0
1991	110432.0	86358.7	16452.0
1992	114084.8	92250.5	14781.0
1993	120919.5	99310.2	14515.0
1994	128532.2	107769.9	13047.0
1995	137676.5	117570.7	13530.0
1996	144734.4	123885.9	14399.0
1997	139248.0	121671.0	12238.0
1998	129492.2	114952.4	8884.0
1999	126365.3	112757.3	8408.0
2000	132000.0	119300.7	7907.0
2001	126211.3	113608.0	7830.0

年份	消费总量	工业	城乡居民生活消费
2002	136605.5	124195.4	7603.0
2003	169232.0	156168.5	8175.0
2004	193596.0	180135.2	8173.2
2005	216557.5	202444.1	8738.9

3. 煤炭使用效率提高

主要表现为万元 GDP 煤炭消费数量不断下降。1978 年万元 GDP 煤炭消费数量为 11.15 吨标准煤，2003 年为 3.13 吨标准煤，平均每年下降 10.65％。

（四）煤炭资源需求的影响因素

影响煤炭需求的因素是多种多样的，如煤炭价格、消费者习惯、技术革命、产业增长、工业结构、其他能源（如石油、天然气、水电、核能等）的供应与价格等。本书将煤炭需求的影响因素归结为以下几点：

1. 经济增长

一般而言，能源需求与经济发展是密切相关的。煤炭作为一种重要的能源，其需求量在很大程度上受国民经济发展水平的影响。随着人均 GDP 的增长，不仅全社会的能源总量会随之增加，而且能源消费结构也会发生相应的变化。

在过去的 20 年里，已经有许多研究来考察能源（包括煤炭）需求与经济增长的关系。整体发现表明能源需求与经济增长之间具有强相关。但事实是，这并不能简单地意味着是因果关系，只能说从能源需求到经济增长之间的关系可能会很好，或者从经济增长到能源需求之间的关系很好。目前，有许多文献支持能源消费与经济增长之间的双向或单向因果关系，特别是发现在我国台湾地区从经济增长到煤炭需求之间只存在单向因果关系，但是专门研究煤炭消费与经济增长的因果关系的还是不多。

经济增长是推动能源消费总量增长的首要因素，一般可以用能源消费弹性系数（能源消费弹性系数是指能源消费总量增长速度与国民生产总值增长速度之间的比值）和国民生产总值（GDP）的增长率来表示。所谓能源消费弹性系数，是指能源的增长率与经济增长率之比。如果用 $\Delta Y/Y$ 表示经济增长率，用 $\Delta E/E$ 表示能源消费的增长率，则能源消费弹性系数为：

$$K = (\Delta E/E) / (\Delta Y/Y) \qquad (1.20)$$

能源消费弹性系数定量反映经济增长对能源消费增长的影响。不同国家或同一个国家不同经济发展阶段其能源消费弹性系数差异较大。通常情况下，发展中国家经济发展初期能源消费弹性系数比较大，大于或接近于1。发达国家能源消费弹性系数比较小，小于或接近于0.5。本节中，具体用煤炭消费弹性系数来反映经济增长对煤炭消费增长的影响。

2. 能源消费结构

能源消费结构反映了整个能源消费量中各种能源所占的比例关系。中国是世界上极少数几个以煤炭作为主要能源的国家之一，煤炭在一次能源消费结构中的比例高达70％左右，优质能源特别是天然气所占比例明显偏低，仅为世界平均水平的1/10。据测算，煤炭的利用效率要比石油、天然气低得多。如工业锅炉，煤炭的利用效率一般为55％～70％，而石油、天然气的利用效率可以达到50％～85％；联合循环发电机组发电，天然气的热效率要比煤炭的热效率高出10多个百分点。这样，以煤炭为主的能源消费不但造成能源利用率低，能耗指数高，而且环境污染严重。

石油、天然气以及水能、核能和新能源对煤炭具有较强的替代性。根据原地矿部和煤炭部对全国煤炭、石油、天然气和水资源进行预测和评价，认为中国能源资源总量可达40017亿吨，其中煤炭占90％以上。因此，从国内石油、天然气资源的供应能力和国际市场的获取能力以及其他能源的开发技术与进程分析，在可以预见的未来，煤炭较难被有效地替代。

但是，随着经济的不断发展，人民生活的逐步改善，对环境保护的日益重视，优化能源结构、提高优质能源在一次能源消费结构中的比例，是中国未来能源发展的必然趋势。因此，在能源需求预测过程中必须考虑到未来优化能源结构，能耗指数的降低对能源需求的影响。

3. 煤炭价格

据经济学理论，对一种物品的需求量大小主要取决于该物品的价格以及该物品与其替代品的比价关系或互补品的价格水平。中国长期以来对煤炭实行价格管制，致使煤炭价格偏低，对煤炭的补贴实际上也以隐蔽的形式转移给了消费者，消费者既能从市场上获得廉价的煤炭，又没有节能的压力和积极性。中国的能源消费中从绝对量上看煤炭的消费数量一直在增长，从相对量上看煤炭的消费比重一直在70％左右，固然与中国的经济增长和能源结构有关，但也不能不说这和中国煤炭价格偏低是有着直接关系。

按照一般的需求理论，价格是影响需求量的不可缺少的因素。煤炭价格与煤炭需求是息息相关的。不管什么原因导致，当煤炭价格上涨时，受利益驱动，用煤企业及个人会增加煤炭替代品的使用量，从而减少煤炭的需求量。同样，当煤炭价格较低时，煤炭需求量会增加。

4. 投资

从煤炭消费流向分析中不难发现，进入 20 世纪 90 年代以来，生产建设用煤一直占煤炭消费总量的很大比重。这种消费格局表明，煤炭需求属于引致需求。而作为引致需求，其增长显然会随投资的增长而增长，投资的波动引发煤炭需求的波动，而且两者之间呈较为显著的正相关关系。煤炭生产中所说的投资包括煤炭工业固定资产投资额和采掘业总人工费用。其中，总人工费用由采掘业工人总数和采掘业的人均工资决定。

5. 煤炭生产量和煤炭消费增长率

煤炭需求量必然与煤炭生产量相关。煤炭生产量多时，煤炭价格较低，煤炭需求量会相对较多；当煤炭生产量少时，煤炭的价格便会较高，煤炭购买者会选择煤炭的替代品，煤炭需求量就会变少。煤炭需求量用煤炭的消费量来表述，煤炭消费增长率反映了煤炭消费量的趋势。把煤炭消费增长率考虑进煤炭需求的影响因素是正确的。

6. 其他影响因素

煤炭需求的影响因素是多种多样的，除了以上的影响因素之外，还有很多其他因素。

（1）人口增长与城市化。人口数量、结构变化及城乡分布与社会经济发展密切相关，人口增长与城市化直接影响产业和就业结构、城市化率和能源消费结构等。随着城市人口的不断增长，生活能源消费总量和品种将发生较大变化。

（2）科技进步与节能。自中国改革开放以来，坚持科技创新和科技进步，并制定了相应的节能政策，使煤炭消费强度大幅度下降。近年来依靠技术进步，加强管理，采用新技术、新工艺、新材料、新设备，逐步淘汰高能耗低效设备，取得了较明显的节能效果。根据历年《中国统计年鉴》数据分析，2004年单位 GDP 能源消耗为 1978 年的 9.13%，万元 GDP 煤炭消耗由 1978 年的11.15 吨下降到 2004 年的 0.97 吨。

（3）经济结构调整。中共十五大已明确提出要对经济结构进行战略性调整，主要包括对产业结构、产品结构、技术结构、企业组织结构和地区布局结构进行整体性和结构升级性调整，并注重经济成长质量的调整，而不仅在于经济总量一时的扩大；着眼于全面提高国民经济整体素质和效益，优化结构，改进技术，改善环境，调整布局，合理配置资源，促进经济良性循环，提高经济运行效率和增长质量。这种调整必然带来对能源结构调整的要求，直接对煤炭的生产和消费发展趋势产生重大影响。

（4）经济体制变革。在计划经济时代，资源完全通过计划来配置，企业不关心经营的好坏，有困难找政府，经济增长是粗放型的；进入市场经济以后，企业成为独立法人，产品有无市场决定着企业的生存，减少消费、降低成本是企业占领市场的普遍规律，因此，在转型期间，能源利用率和节能率会大幅度提高，总的消费量也可能降低，这一点已被实践证明。苏联和东欧等国变为市场经济以后，能源消费量下降了30％～50％。

中国已进入改革的关键时期，经济体制和经济增长方式正在实行根本性的转变，市场机制增强，煤炭消费出现下降也符合一般规律。但由于中国采用了渐进改革的方式，国民经济得到了持续、稳定、快速的发展，国民经济中的市场经济成分已占相当大的份额，目前煤炭消费下降只是挖掘了节能潜力，今后煤炭消费仍将随国民经济的持续增长而保持增长态势。经济体制改革对中国煤炭消费的影响主要表现为产业结构调整、节能降耗和煤炭质量提高。

（5）国际能源贸易。国际能源市场对中国煤炭市场的主要影响表现在大量进口石油和煤炭出口困难两方面。国际能源市场供大于求，石油和煤炭价格虽然在个别时期有所波动，但总的趋势是下降的。利用国外廉价石油和天然气，对于加快中国经济发展十分有利，中国及时调整了能源政策，20世纪90年代开始大量进口石油，并同外资合作，开发国外油田，对于中国的石油市场和煤炭市场都产生了重大影响；同时，世界煤炭过剩，澳大利亚等主要煤炭出口国竞争力很强，对中国的煤炭出口增加了巨大压力。

（6）生态环境保护。加强生态环境保护是中国的一项基本国策，同时又是实施可持续发展战略的中心内容之一。众所周知，全球性的四大公害：大气烟尘、酸雨、温室效应和臭氧层破坏，随着经济快速发展已经严重影响到人类的生存条件。世界环保问题已经引起国际社会的高度重视。由于大气污染与能源生产和利用有着直接的关系，尤其是煤炭的开发利用是烟尘、酸雨和温室效应的主要根源，就是臭氧层的破坏亦和煤炭开采过程中排放的甲烷有很大关系。因此加强环境、生态保护不能不对中国煤炭的生产、利用、消费带来严重挑战，并且是对煤炭消费市场起着持久性制约作用的最重要因素之一。

（7）国家政策方针。政府政策对煤炭需求也有着重要的影响。新中国成立以来，国家对煤炭的方针政策总的来说可分为促使煤炭供应和限制煤炭盲目生产两类。在计划经济时期，由于煤炭供不应求，国家所采取的政策基本上都是鼓励增产，保障煤炭供应；改革开放以来，煤炭供应由紧张转向缓和，进而转向生产过剩，供大于求，国家对煤炭生产总量采取宏观调控措施，限制企业盲目增产。

　　影响煤炭需求的因素还远不止以上这些。为了经济预测的准确性，只选择其中的主要影响因素，并且这些影响因素可以量化、可在历年的《中国统计年鉴》或其他参考文献中找到切实可靠的数据。所以，最终将煤炭需求的影响因素归纳为：GDP 增长率、煤炭消费弹性系数、煤炭占能源消费的比重、燃料购进价格指数、煤炭生产量、煤炭消费增长率、煤炭工业固定资产投资、采掘业工人数量、采掘业工人的工资。这些影响因素的历史数据在建立煤炭资源需求预测模型中将作为输入变量。

四、基于 MATLAB 的 BP 神经网络煤炭需求预测模型

　　BP 神经网络的理论和煤炭需求的影响因素都已经清楚，在前三节的基础上，本节将建立基于 BP 神经网络的煤炭需求预测模型。

　　由于 BP 神经网络在函数估计和数值处理方面的优势，因而选择 BP 神经网络进行煤炭需求预测。但 BP 神经网络存在一定的缺陷，在第二节中已做了详细表述，本节会针对以前提到的不足，对其进行一定的调整，最终确定出合适的网络结构和网络算法来实现煤炭需求的预测。

　　本节采用的 BP 神经网络模型是在 MATLAB 环境下，采用 MATLAB 神经网络工具箱中的函数编程求解的。

　　基于 BP 神经网络进行的煤炭需求预测其步骤如图 1－13 所示。

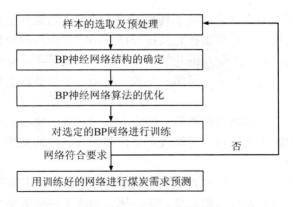

图 1－13　BP 神经网络进行煤炭需求预测的步骤

（一）MATLAB 简介

MATLAB 是由美国 Mathworks 公司于 1982 年推出的一套高性能的用于数值计算和图形处理的计算系统环境，除了具备卓越的数值计算能力外，它还提供了专业水平的符号计算、文字处理、可视化建模仿真和实时控制等功能。在学术界和工业界都得到了广泛的应用。MATLAB 具有程序可读性强、程序简单等特点，尤其是在编写含矩阵运算的复杂程序时，能给用户提供极大的方便。MATLAB 的基本数据单位是矩阵，它的指令表达式与数学、工程中常用的形式十分相似，故用 MATLAB 来解算问题要比用 C、FORTRAN 等语言简捷得多。概括地讲，整个 MATLAB 系统由两部分组成，即 MATLAB 内核及辅助工具箱，两者的调用构成了 MATLAB 的强大功能。MATLAB 语言以数组为基本数据单位，包括控制流语句、函数、数据结构，输入输出及面向对象等特点的高级语言，它具有以下主要特点：

（1）运算符和库函数极其丰富，语言简洁，编程效率高。MATLAB 除了提供和 C 语言一样的运算符号外，还提供广泛的矩阵和向量运算符。利用其运算符号和库函数可使其程序相当简短，两三行语句就可实现几十行甚至几百行 C 或 FORTRAN 的程序功能。

（2）既具有结构化的控制语句（如 for 循环、while 循环、break 语句、if 语句和 switch 语句），又有面向对象的编程特性。

（3）图形功能强大。它既包括对二维和三维数据可视化、图像处理、动画制作等高层次的绘图命令，也包括可以修改图形及编制完整图形界面的、低层次的绘图命令。

（4）功能强大的工具箱。其工具箱可分为两类：功能性工具箱和学科性工具箱。功能性工具箱主要用来扩充其符号计算功能、图示建模仿真功能、文字处理功能以及与硬件实时交互的功能。而学科性工具箱则专业性较强，如优化工具箱、统计工具箱、控制工具箱、小波工具箱、图像处理工具箱、通信工具箱等。

（5）易于扩充。除内部函数外，所有 MATLAB 的核心文件和工具箱文件都是可读可改的源文件，用户可修改源文件和加入自己的文件，它们可以与库函数一样被调用。

此外，MATLAB 作为国际公认的、最优秀的数学应用软件，它集数值分析、矩阵运算、信号处理和图形显示于一体，构成了一个方便的、界面友好的用户环境。其相继推出的工具箱为各领域的研究提供了有力的工具，借助于它们可以直观、方便地进行分析、计算及仿真工作。MATLAB之所以功能强大也是因为它提供的许多工具箱，如信号处理（Signal Processing）、控制系统（Control System）、图像处理（Image Processing）、最优化（Optimization）、神经网络（Neural Network）[1]等工具箱。其中神经网络工具箱以神经网络理论为基础，用MATLAB语言构造出典型神经网络的激活函数，如S形、线性等激活函数，使设计者对所选网络输出的计算变成对激活函数的调用。另外，根据各种典型的修正网络权值的规则，加上网络的训练过程，用MATLAB编写出各种网络设计与训练的子程序，网络的设计者则可以根据自己的需要去调用工具箱中有关神经网络的设计训练程序，使自己从烦琐的编程中解脱出来，提高开发效率。神经网络工具箱为训练神经网络提供了帮助，并且可以利用它提供的函数对网络进行初始化、仿真和训练，并通过变化的图形观察其动态训练过程。同时还可以按照个人的需要建立自己的神经网络模型，应用其工具箱作为参考，更好地发挥神经网络的功效，将其应用到各个领域中去。

（二）样本选取及数据预处理

根据第三节中煤炭需求影响因素的确定，给出建立BP神经网络所需的历史数据，如表1—7所示。

表1—7　1990～2006年煤炭消费量及其影响因素

年份	a (%)	b	c	d (万吨)	e (万人)	f (元/人)	g (万元)	h	i	j (万吨)
1990	104.1	110.7	76.2	107988	882	3269	306680	−2.51	−12.57	107988
1991	109.1	112.9	76.1	108740	905	3376	362432	1.03	4.34	110432
1992	114.1	116.4	75.7	111638	898	3661	391325	−0.37	−4.68	114085
1993	113.7	136.7	74.7	115067	932	4080	421187	0.14	1.89	120919
1994	113.1	118.0	75.0	123990	915	5461	385740	0.14	1.43	128532
1995	109.3	108.7	74.6	136073	932	6764	458714	0.49	5.85	133730
1996	110.2	110.2	74.7	139669	902	7603	589505	0.28	3.32	141440
1997	109.1	109.3	71.7	137282	868	7774	657104	−0.67	−7.52	133270
1998	107.9	99.1	69.6	125000	721	6962	472355	0.07	0.65	140810
1999	107.6	100.9	69.1	104500	667	6392	421932	−0.56	−4.10	127930
2000	108.9	115.4	67.8	129921	597	7357	554547	0.26	2.44	127040

续表

年份	a (%)	b	c	d (万吨)	e (万人)	f (元/人)	g (万元)	h	i	j (万吨)
2001	108.1	100.2	66.7	116078	561	8727	466135	0.21	2.09	132710
2002	109.5	100.1	66.3	138000	558	10446	674181	0.99	12.82	165870
2003	110.6	107.4	68.4	172200	481	15621	1032311	0.76	11.34	188290
2004	110.4	109.7	68.0	199232	491	17220	1618235	0.27	4.07	191120
2005	111.0	115.0	68.9	220472	498	22403	2882277	0.26	3.30	226310
2006	111.8	104.5	66.5	238174	682	26925	3320891	0.49	5.75	255140

注：a 为 GDP 增长率；b 为燃料购进价格指数；c 为煤炭占能源消费的比重；d 为煤炭生产量；e 为采掘业工人数量；f 为采掘业工人的工资；g 为煤炭工业固定资产投资；h 为煤炭消费增长率；i 为煤炭消费弹性系数；j 为煤炭消费量。下同。

资料来源：历年《中国统计年鉴》。

　　BP 神经网络需要一个训练集和一个评价其训练结果的测试集，其中训练集用于训练网络、调整网络权值，以使网络误差达到指定的要求，而测试集用来评价训练好的网络性能。

　　网络训练的样本集应是可信度高的、权威性的评价结果，这里采用1990~2006 年的煤炭消费量及其影响因素，数据均来自《中国统计年鉴》。1991~2005 年的样本数据作为 BP 神经网络的训练样本，在网络训练好以后，再以2006 年的数据作为测试样本，用来检测程序及网络的准确性。

　　因为所有收集的数据往往不是在同一个数量级，将所收集的数据映射到［0，1］之间，进行归一化处理。适当的预处理可以提高神经网络对未学习数据的正确应答能力，是提高预测精度所必需的。归一化的具体作用是归纳统一样本的统计分布性。神经网络是以样本在事件中的统计分布率来进行训练（概率计算）和预测的，归一化是统一在 0~1 的统计概率分布。由于煤炭消费弹性系数和煤炭消费增长率有正有负，所以先将其加 100%，再进行归一化处理。本节采用：

$$p_1 (i,:) = \log_{10} [p (i,:)] / 10 \tag{1.21}$$

归一化有利于提高神经网络的训练速度，保证网络对样本具有足够的输入敏感性和良好的拟合性。

　　归一化后的数据如表 1—8 和表 1—9 所示。其中 K、L 分别表示 GDP 每增加 1%煤炭消费量是原来的百分之几和煤炭消费是上年的百分之几。

表1－8　输入归一化数据

年份	A	B	C	D	E	F	G	K	L
1990	0.2017	0.2044	0.1882	0.2033	0.2945	0.3514	0.5487	0.1989	0.1942
1991	0.2038	0.2053	0.1881	0.2037	0.2957	0.3528	0.5559	0.2004	0.2018
1992	0.2057	0.2066	0.1879	0.2045	0.2953	0.3564	0.5593	0.1998	0.1979
1993	0.2056	0.2136	0.1873	0.2057	0.2969	0.3611	0.5624	0.2001	0.2008
1994	0.2053	0.2072	0.1875	0.2083	0.2961	0.3737	0.5586	0.2001	0.2006
1995	0.2039	0.2036	0.1873	0.2114	0.2969	0.3830	0.5662	0.2002	0.2025
1996	0.2042	0.2042	0.1873	0.2140	0.2955	0.3881	0.5770	0.2001	0.2014
1997	0.2038	0.2039	0.1856	0.2137	0.2939	0.3891	0.5818	0.1997	0.1966
1998	0.2033	0.1996	0.1843	0.2097	0.2858	0.3843	0.5674	0.2000	0.2003
1999	0.2032	0.2004	0.1839	0.2021	0.2824	0.3806	0.5625	0.1998	0.1982
2000	0.2037	0.2062	0.1831	0.2114	0.2776	0.3867	0.5744	0.2001	0.2010
2001	0.2034	0.2001	0.1824	0.2064	0.2749	0.3941	0.5669	0.2001	0.2009
2002	0.2039	0.2000	0.1822	0.2140	0.2747	0.4019	0.5829	0.2004	0.2052
2003	0.2044	0.2031	0.1835	0.2223	0.2682	0.4194	0.6014	0.2003	0.2047
2004	0.2043	0.2040	0.1833	0.2292	0.2691	0.4236	0.6209	0.2001	0.2017
2005	0.2045	0.2061	0.1838	0.2340	0.2697	0.4350	0.6460	0.2001	0.2014
2006	0.2048	0.2019	0.1823	0.2377	0.2834	0.4430	0.6521	0.2002	0.2024

表1－9　输出归一化数据

年份	1991	1992	1993	1994	1995	1996	1997	1998
输出	0.5043	0.5057	0.5082	0.5109	0.5126	0.5151	0.5125	0.5149
年份	1999	2000	2001	2002	2003	2004	2005	2006
输出	0.5107	0.5104	0.5123	0.5220	0.5275	0.5281	0.5355	0.5407

（三）网络结构的确定

当网络类型选定之后，首先要解决的问题就是确定网络的拓扑结构，建立合理的网络结构，为解决煤炭需求预测奠定良好的基础。这一问题的实质就是确定网络的层数和各层的节点数。

BP神经网络的输入层和输出层是与外界联系的接口，这两层的神经元个数即节点数一般取决于实际问题，不能自由选取。网络结构中可以改变的只是隐含层的层数和节点数。基于 BP 神经网络的煤炭需求预测模型，其输入层为煤炭需求的各影响因素，即 GDP 增长率、燃料购进价格指数、煤炭占能源消费的比重、煤炭生产量、煤炭消费增长率、煤炭工业固定资产投资、煤炭消费弹性系数、采掘业工人数量、采掘业工人的工资，共 9 维。将其用 X_1，X_2，…，X_9 表示。模型要解决的问题确定了，即煤炭的需求量为多少，则 BP 神经网络的输出层节点数也确定了。输出层只有一个神经元，即为煤炭需求预测量。

BP 神经网络的输入、输出层已确定，接下来只有 BP 网络隐含层结构的确定。而网络隐含层结构的选择要从隐含层层数和隐含层节点数两个方面来综合考虑，并且还要与所要解决的实际问题联系起来。

1. 隐含层层数的选择

BP 网络是通过简单的非线性函数多次复合来实现复杂的函数映射关系，它的信息处理能力也是来自于非线性函数的多次复合。一般来说，网络层数越多，则所实现映射关系越复杂，对复杂的关系就越适应，网络输出的精度就越高，但收敛速度则降低。Kolmogorov 定理证明了任意一个连续函数或映射关系可以精确地由一个三层 BP 神经网络实现。因此，在目前的情况下，最常用的是包含一个隐含层的三层 BP 神经网络。也有采用包含两个隐含层的四层 BP 神经网络。隐含层层数的选择，是网络优化必须考虑的一个重要问题。鉴于缺乏详细的理论指导，在本节中采用实验的方法研究隐含层层数、训练误差、估计误差的关系。隐含层层数的确定将与隐含层节点数的确定结合起来在下文中具体分析。

2. 隐含层节点数的选择

隐含层节点数目设置成多少为好，在理论上尚无规律可循。从神经网络的原理来说，它的信息处理是在大量神经元中并行而又有层次性地进行的，作为神经网络培训后所记住的知识，就是以权的形式保持在节点与节点之间的联系中。从这个角度上看，似乎节点数越多越好，但在实际应用中并非如此。经过反复的实验和研究，发现隐含层节点数的选择与具体问题有关，与所解决问题的复杂性有关。但是问题的复杂性无法量化，因而也不能有很好的解析式来确定隐含层的节点数。在不同的情况下可能选择不同的隐含层节点数，有时节点数多的网络并不比节点数少的网络效果好。隐含层节点数与实际问题的要求、输入输出节点的多少都有直接关系。一般来说网络隐含层节点数太少，网络将不能建立复杂的映射关系，使网络培训不出来或不能识别以前没有的样本，且容错性差；而节点数过多，又使网络学习时间过长，误差也不一定最小，因此 BP 网络应有一个最佳隐含层节点数。

下面有几个公式可供参考：

$$h=\sqrt{N+O}+a \tag{1.22}$$

$$h=\log_2 N \tag{1.23}$$

式中：h 为隐含层节点数；N 为输入层节点数；O 为输出层节点数；a 为 0～10 的整数。公式（1.22）当 a 取从 0～10 的整数时，确定了隐含层节点数的大致取值范围，公式（1.23）可用来确定隐含层节点数的取值下限。两公式也可适用于多隐含层网络。

一般选取隐含层节点数主要有两种途径：构造法和删除法。构造法是设计神经网络结构的一种常用方法。它是从较小的网络开始，先设置较少的隐含层节点数，如果网络输出误差不满足条件，则逐渐增加其节点数，直至网络输出误差不再有明显地减少。删除法与其相反，是以一个较复杂的网络作为开始，先给网络一个较大的隐含层节点数，如果网络输出误差不满足条件，则逐渐删除隐含层节点，直至合适。

在本节中，N＝9，O＝1，则以公式（1.22）求得 h 为 4～14 的整数，公式（1.23）求得 h 的最小值为 4，与公式（1.22）不矛盾。参考以上，本节对隐含层节点数的选取进行研究。考虑到单隐含层网络的层数较少，相对双隐含层网络来说，其非线性映射能力较弱。所有对于同一个问题，单隐含层网络所需要的隐含层节点就较多，以增加网络的可调参数。同理，双隐含层网络的隐含层节点数就可以少一些。为此，对单隐含层和双隐含层网络的隐含层节点数的选取分别采取不同的策略。对于单隐含层网络，因为其需要较多的隐含层节点数，所以用删除法。先根据公式（1.22）求得 h 的取值范围，选取 h 最大值 14，对网络进行训练，若网络输出误差不满足要求，则减少节点数，直到误差满足要求为止。对于双隐含层网络，因其所需隐含层节点数较少，所以用构造法，先依据公式（1.23）选取一个较小的节点数，逐渐增加其数值，直到网络输出误差满足要求。如此，得到的隐含层节点数就比较适合，网络的泛化能力也较好。

本节中为了分析的全面性，将隐含层层数（一个或两个隐含层）和隐含层节点数（4～14 的整数）的不同组合放在一起，对各个网络进行训练，比较其训练误差和估计误差。

首先用表 1－8 和表 1－9 中的样本数据对单隐含层不同隐含层节点数的 BP 神经网络进行训练，训练次数为 5000 次，得到各网络的训练误差（即输出层的期望输出与实际输出的均方误差）和估计误差（即输出层 2006 年的期望输出与实际输出的均方误差）如表 1－10 所示。

表 1-10　单隐含层 BP 网络不同节点数下的训练误差及估计误差

隐含层节点数	训练误差	估计误差
4	3.76E−04	1.14E−04
5	5.78E−04	1.95E−03
6	2.08E−05	4.78E−05
7	8.56E−05	5.70E−04
8	1.40E−05	1.22E−06
9	4.71E−05	1.56E−05
10	2.01E−05	3.70E−05
11	1.30E−04	3.46E−04
12	1.16E−04	2.61E−05
13	3.33E−04	1.83E−03
14	3.50E−04	1.64E−03

经训练，发现单隐含层节点数较小时，其训练误差较大。随着节点数的增多，训练误差逐渐变小。当节点数为某一适合的数值时，训练误差最小。此后训练误差又随着节点数的增多变大。

单隐含层不同节点数的 BP 网络训练误差散点如图 1-14 所示。从图中可以看出，当隐含层节点数为 8 时，网络的训练误差最小，为 1.40E−5。所以当选择单隐含层 BP 神经网络时，网络结构为 9-8-1。

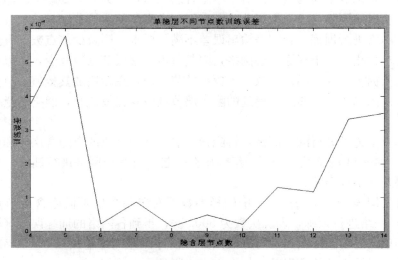

图 1-14　单隐含层不同节点数 BP 网络的训练误差

下面给出部分网络的训练结果图。

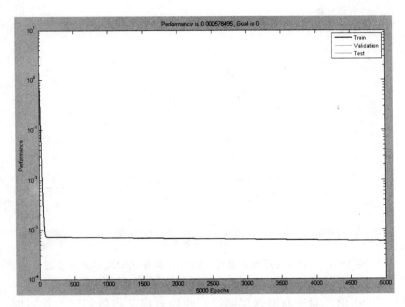

图 1—15　单隐含层节点数为 5 时 BP 网络的训练误差及步数

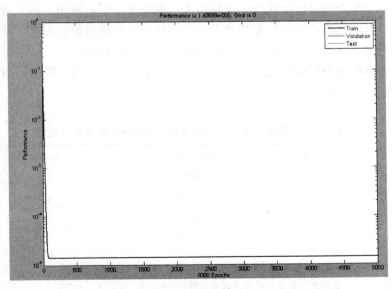

图 1—16　单隐含层节点数为 8 时 BP 网络的训练误差及步数

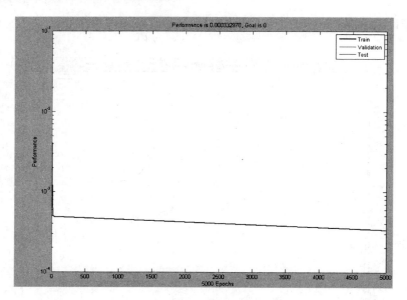

图 1—17   单隐含层节点数为 13 时 BP 网络的训练误差及步数

赵正琦[①]指出，对于双隐含层网络：两隐含层节点数相同或接近时，网络的培训效果要比两隐含层节点数相差较大时好。对于双隐含层网络，其两个隐含层的节点数应尽量取得接近。这是因为，两隐含层节点数相差较大时，网络对于各隐含层权值的调整幅度相差太大，容易引起网络培训的震荡，从而使网络培训的效果变差。所以对双隐含层网络节点进行选取的时候，要尽量使其两个隐含层节点数相同或相近。表 1—11 给出了双隐含层网络不同节点数下的训练误差和估计误差。

表 1—11   双隐含层网络不同节点数下的训练误差及估计误差

（第一、二隐含层节点数）	训练误差	估计误差
（4，4）	3.05E—04	6.73E—04
（5，5）	2.61E—04	1.13E—03
（6，6）	1.11E—04	3.55E—04
（7，7）	8.96E—05	6.73E—04

---

① 赵正琦：《BP 网络优化及其在流体测量中的应用研究》，北京化工大学硕士学位论文未发表，2000 年。

续表

(第一、二隐含层节点数)	训练误差	估计误差
(7, 8)	1.71E−05	3.31E−05
(7, 9)	9.57E−05	1.01E−04
(7, 10)	1.31E−04	9.62E−04
(7, 11)	5.67E−04	4.38E−04
(8, 7)	2.84E−05	6.75E−05
(8, 8)	1.01E−05	3.26E−06
(8, 9)	3.12E−05	1.25E−07
(8, 10)	2.34E−04	6.71E−04
(9, 7)	3.77E−05	1.59E−04
(9, 8)	1.57E−05	1.12E−05
(9, 9)	4.84E−05	1.63E−05
(9, 10)	1.90E−04	5.83E−04
(9, 11)	8.43E−04	3.16E−03
(10, 8)	7.72E−05	6.02E−04
(10, 9)	4.29E−05	2.30E−04
(10, 10)	4.99E−05	7.61E−05
(10, 11)	8.18E−05	3.58E−04
(10, 12)	5.53E−05	3.26E−04
(11, 9)	6.00E−05	1.64E−04
(11, 10)	7.67E−05	7.50E−04
(11, 11)	7.04E−05	2.72E−04
(11, 12)	1.24E−04	3.26E−04
(11, 13)	5.03E−04	1.87E−03
(12, 12)	3.22E−05	1.47E−04
(13, 13)	3.39E−05	4.86E−04
(14, 14)	5.64E−05	7.82E−04

在训练过程中发现，网络的训练误差与节点数大致呈 U 形变化。网络的训练误差也是当隐含层节点数选取合适时，达到最小；远离最佳值，网络的训练误差变大。双隐含层的节点数选为（8，8）时，网络的训练效果最好。

同时，由训练可以看出，无论是单隐含层还是双隐含层，当节点数较少时，估计误差都比较大，随着节点数的增多，网络估计误差逐渐减小，当节点数增加到一定数值后，随着节点数的增多，估计误差逐渐变大。如此说明，BP 网络存在一个最佳节点数，在此节点数下，网络的估计误差可以达到最小，即网络的泛化能力最强。

将单隐含层和双隐含层网络进行比较，当其均取最佳隐含层节点数时，双隐含层的 BP 神经网络的训练误差和估计误差均比单隐含层的网络要小。说明双隐含层网络的输出精度和泛化能力要比单隐含层网络好。增加 BP 神经网络的隐含层层数，网络对复杂的映射关系就更适应，网络的输出精度就更高。但是，隐含层层数的增加伴随着训练时间的增多、训练速度的减慢。所以在选择网络结构的时候，要同时考虑精度和时间。两个网络的训练误差分别为 1.40E−5 和 1.01E−5，相差不大。单隐含层网络完全满足了训练精度的要求。此时，就可以选择单隐含层网络，以求较快的训练速度，同时节约了计算机的内存。

本节中所要解决的实际问题是较简单的非线性映射关系，所以网络的隐含层层数选为单层，节点数结合以上网络训练，选为 8。

（四）网络传递函数的选择

BP 神经网络的传递函数又称活化函数，神经元的非线性特性正是通过它而得以实现的。在确定了 BP 神经网络的结构之后，还需要选择和确定网络中隐含层和输出层节点的传递函数。传递函数的选择直接影响网络的映射复杂性和算法的收敛速度及训练误差。

第二节中提到，标准 BP 网络一般采用 S 形函数作为传递函数。其表达形式为：

$$F（x）=\frac{1}{1+e^{-x}} \tag{1.24}$$

为了调节 BP 网络的收敛速度，在公式（1.24）中引入参数 T，使其表达式变为：

$$F（x）=\frac{1}{1+e^{-x/T}} \tag{1.25}$$

当 T 取不同的值时，Sigmiod 函数的曲线是不同的，当 T 分别取 0.5、1、2、4 时，相应的 Sigmiod 函数曲线如图 1−18 所示。

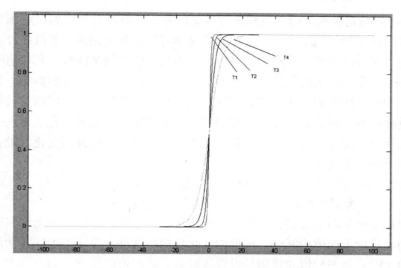

图 1－18　不同 T 值下的 Sigmiod 函数曲线

当神经网络选定 Sigmiod 传递函数后，就可以得到合适的非线性增益 $F'(x) = \dfrac{dy}{dx}$。当输入由 $-\infty$ 增加到 0 时，增益由 0 增加到最大；当输入由 0 增加到 $+\infty$ 时，增益由最大降低到 0。即当输入为小信号时，正好落在函数到增益区内，其增益较大，信号通过传递函数可以得到较大输出；反之，当输入为大信号时，则落在两边的低增益区内，信号通过传递函数得到较小输入。Sigmiod 函数曲线如果越陡峭，其增益将会越大，网络的收敛速度越快。由图 1－18 可以看出较小的 T 值对应较陡的曲线，则 BP 网络的收敛速度也较快。由此可以通过选取较小的 T 值来增加传递函数 F（x）的陡峭性，即增加 $F'(x)$ 的值。F（x）越陡峭，$F'(x)$ 的值就越大，网络的收敛速度越快，就克服了 BP 神经网络收敛速度慢的缺点。

（五）BP 算法的优化及训练函数的确定

标准 BP 神经网络采用非线性梯度优化算法，不可避免地存在局部极小值问题，而且其迭代算法次数甚多使得学习效率低，需要很长时间才能收敛，因此有必要对其进行优化。

常用 BP 算法的优化主要有以下几种：

1. 附加动量法

标准的 BP 算法实质上是一种简单的快速下降静态寻优算法，在修正

w (k)时，只是按照 k 时刻负梯度方式进行修正，而没有考虑到以前积累的经验，即以前时刻的梯度方向，从而常常使学习过程发生振荡，收敛缓慢。为此有人提出了改进算法——附加动量法。附加动量法使网络在修正其权值时，不仅考虑误差在梯度上的作用，而且考虑在误差曲面上变化趋势的影响，其作用如同一个低通滤波器，它允许忽略网络上微小的变化特性。利用附加动量法可能滑过极小值。该方法是在反向传播的基础上在每个权值的变化上加入一项正比于前次权值变化量的值，并根据反向传播法来产生新的权值变化。带有附加动量因子的权值调节公式为：

$$\Delta w_{ij} (k+1) = (1-mc) \eta \delta_i x_j + mc \Delta w_{ij} (k) \tag{1.26}$$

式中：k 为训练次数；mc 为动量因子，一般取 0.95。

附加动量法的实质是将最后一次权值变化的影响，通过一个动量因子来传递。当动量因子取值为 0 时，权值的变化仅根据梯度下降法产生；当动量因子取值为 1 时，新的权值变化则是设置为最后一次权值的变化，而以梯度下降法产生的变化部分则被忽略掉了。这种方法所加入的动量项实质上相当于阻尼项，它减小了学习过程的振荡趋势，从而改善了收敛性。它降低了网络对误差曲面细节的敏感性，有效地抑制网络陷入局部极小。

2. 自适应学习率法

学习速率决定每一次循环中所产生的权值变化量。大的学习速率可能导致系统的不稳定，但小的学习速率将会导致学习时间较长，可能收敛速度很慢，不过能保证网络的误差值不跳出误差表面的低谷而最终趋于最小误差值。所以在一般情况下，倾向于选取较小的学习速率以保证系统的稳定性。学习速率的范围一般选取在 0.01~0.7。

对于每一个具体的网络都存在一个合适的学习速率。但对于较复杂的网络，在误差曲面的不同部位可能需要不同的学习速率。为了减少寻找学习速率的训练次数以及训练时间，人们提出自适应学习速率，使网络的训练在不同的阶段自动设置不同学习速率的大小。

自适应学习率法有利于缩短学习时间。标准 BP 算法收敛速度慢的一个重要原因是学习率选择不当。在标准 BP 算法中学习率是一个固定的常数，而且它的值将直接影响到网络的训练时间。如果选择得太大，会降低网络的稳定性；如果选择得过小，会导致过多的训练时间。如果学习率在训练的过程中得到适当的变化，又使得它的值不会过大，就可以加快网络的训练速度，而且确保网络的稳定性。自适应调整学习率的改进算法：

$$\eta(k+1)=\begin{cases}1.05\eta(k),& \text{当 E}(k+1)<E(k)\\0.7\eta(k),& \text{当 E}(k+1)>1.04E(k)\\\eta(k),& \text{其他}\end{cases}\qquad(1.27)$$

该算法是这样实现的，首先计算出网络的输出误差，然后在每次训练后，利用此时的学习率计算出网络的权值和阈值，并且计算出网络此时的输出误差。如果此时的输出误差与前一时刻的输出误差的比值大于预先给定值，那么就减少学习率；反之，就增加学习率。

在 MATLAB 中，针对 BP 算法的优化，提供了多种训练函数，如有动量的梯度下降法、有自适应 LR（Lagrangian Relaxation：拉格朗日松弛法）的梯度下降法、有动量和自适应 LR 的梯度下降法、LM（Levenberg-Marquaudt）法等。对于特定的问题，很难确定哪种训练算法最好。这取决于问题的复杂性、训练样本数、网络权值个数以及期望误差等很多因素。

因此，用各训练函数分别对网络进行训练，在综合考虑训练误差、估计误差及训练时间的基础上，最终确定最合适的训练函数。各训练函数下网络的训练结果如表 1—12 所示。

表 1—12　不同训练函数下 BP 网络的训练结果

训练函数	函数名称	训练误差	估计误差	训练步数
Traingd	梯度下降法	1.03E—04	8.50E—04	5000
Traingdm	有动量的梯度下降法	9.82E—05	1.28E—04	55
Traingda	有自适应 LR 的梯度下降法	9.98E—05	2.87E—04	2530
Traingdx	有动量和自适应 LR 的梯度下降法	9.99E—05	2.74E—04	591
Trainlm	Levenberg-Marquaudt 法	6.70E—05	3.90E—07	1

由训练结果可以看出，训练函数 Trainlm 的训练效果最好。由于各训练函数均为 BP 算法的优化，所以各函数是各有所长。各训练函数下网络的训练误差相差不是很大，但是，LM 的估计误差却远远低于其他训练函数。这说明使用 LM 优化方法的 BP 网络泛化能力较好。同时 LM 优化方法仅用了一步就达到了网络的要求，从而使学习时间大大缩短。

本书和前人的研究结果达成一致。一般来说，网络具有几百个权值时，采用 LM 算法收敛速度最快[1]。对于中型网络，在多数情况下，LM 算法是第一选择。

---

[1]　黄万杰：《基于 BP 神经网络改进算法的库存控制策略》，重庆大学硕士学位论文未发表，2003 年。

不同训练函数下网络的训练结果如图1－19至图1－23所示。

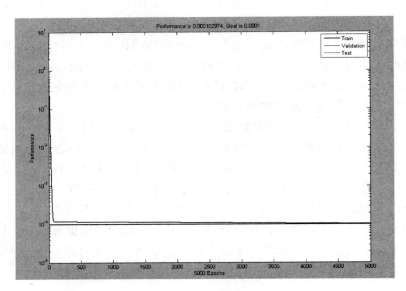

图1－19　Traingd 网络训练结果图

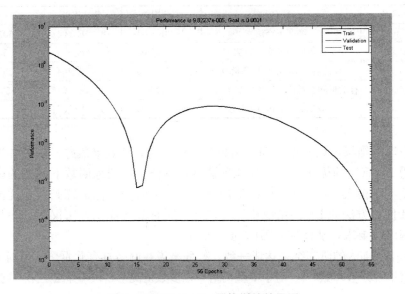

图1－20　Traingdm 网络训练结果图

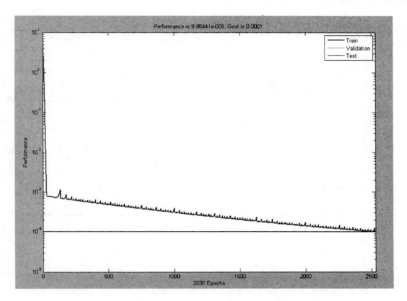

图 1－21　Traingda 网络训练结果图

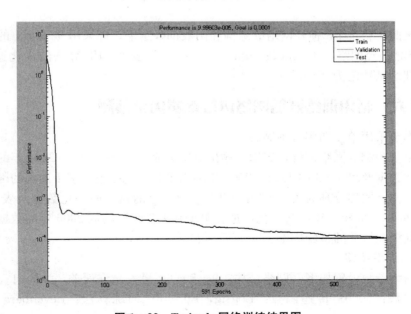

图 1－22　Traingdx 网络训练结果图

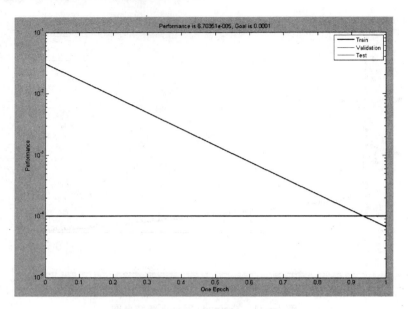

图 1－23　Trainlm 网络训练结果图

至此，整个 BP 神经网络的结构和函数都确定了。即采用 9－8－1 的单隐含层 BP 神经网络，传递函数 Sigmiod 中引入 T 参数，BP 算法的优化选 LM 法，训练函数定为 Trainlm。

（六）利用训练好的网络进行煤炭需求预测

本节采用单步和多步预测。

单步预测的网络训练，其输入输出分别为表 1－8 中 1990～2004 年的输入归一化数据及表 1－9 中 1991～2005 年的输出归一化数据。多步预测的网络训练，其输入输出分别为表 1－8 中 1991～2000 年的输入归一化数据及表 1－9 中 1996～2005 年的输出归一化数据。单步和多步预测均取 2006 年的数据作为网络训练完毕后的检验样本。

1. 训练网络

网络参数设置如下：网络结构：9－8－1；最大允许误差：0.0001；最大学习次数：5000；传递函数：Logsig，Purelin；训练算法：Levenberg-Marquaudt。

经过训练后，BP 神经网络收敛。将训练好的 BP 神经网络权值及阈值保存，以便进行接下来的需求预测。训练结果如图 1－24 和图 1－25 所示。

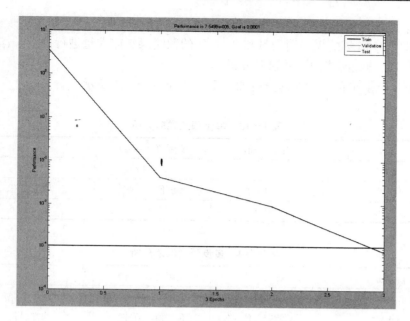

图 1—24 单步网络训练结果图

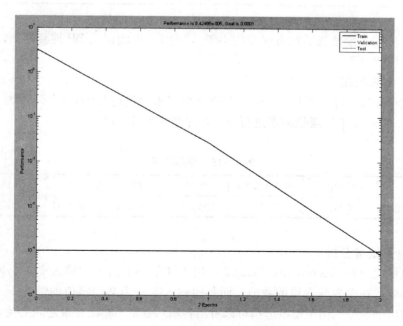

图 1—25 多步网络训练结果图

2. 误差分析

采用 2006 年的煤炭消费量和 2006 年的预测煤炭需求量进行比较，作单步和多步 BP 神经网络预测的误差分析。

单步、多步预测的误差分析如表 1—13 和表 1—14 所示。

表 1—13　单步预测误差分析

年份	实际归一值	实际值（万吨）	
2006	0.5407	255140	
年份	预测归一值	预测值（万吨）	均方误差
2006	0.5428	255890	2.21E—6

表 1—14　多步预测误差分析

年份	实际归一值	实际值（万吨）	
2006	0.5407	255140	
年份	预测归一值	预测值（万吨）	均方误差
2006	0.5374	253582	5.45E—6

单步和多步预测的均方误差均小于 0.0001，由此说明 BP 神经网络训练成功，可用于预测。

3. 需求预测

用单步 BP 神经网络对 2007 年的煤炭需求量进行预测，用多步神经网络对 2007～2011 年的煤炭需求进行预测，结果见表 1—15。

表 1—15　预测结果　　　　　　　　　　　　单位：万吨

年份	2007（单步）	2007（多步）	2008	2009	2010	2011
预测值	270520	276832	287695	291583	339805	337836

4. 灵敏度分析

灵敏度分析（Sensitivity Analysis）用于评估一个给定的输入变量对网络输出的影响。在改变该变量的数值，而其他输入变量为某固定值的情况下，检测网络输出的改变。由灵敏度分析可以看出各输入变量与输出变量之间的关系。

本节中 BP 神经网络共有 9 个输入，下面对其进行灵敏度分析。

变量的变化值定为 0.2、0.25、0.3、0.35、0.4、0.45、0.5、0.55、0.6、0.65。首先令 GDP 增长率变化，其他输入变量不变，如表 1—16 所示。

表 1—16　GDP 增长率的灵敏度分析数据

A	B	C	D	E	F	G	K	L
0.2	0.2019	0.1838	0.2340	0.2697	0.4350	0.6460	0.2001	0.2014
0.25	0.2019	0.1838	0.2340	0.2697	0.4350	0.6460	0.2001	0.2014
0.3	0.2019	0.1838	0.2340	0.2697	0.4350	0.6460	0.2001	0.2014
0.35	0.2019	0.1838	0.2340	0.2697	0.4350	0.6460	0.2001	0.2014
0.4	0.2019	0.1838	0.2340	0.2697	0.4350	0.6460	0.2001	0.2014
0.45	0.2019	0.1838	0.2340	0.2697	0.4350	0.6460	0.2001	0.2014
0.5	0.2019	0.1838	0.2340	0.2697	0.4350	0.6460	0.2001	0.2014
0.55	0.2019	0.1838	0.2340	0.2697	0.4350	0.6460	0.2001	0.2014
0.6	0.2019	0.1838	0.2340	0.2697	0.4350	0.6460	0.2001	0.2014
0.65	0.2019	0.1838	0.2340	0.2697	0.4350	0.6460	0.2001	0.2014

将数据输入先前训练好的网络，得到新的一组输出值。做出 GDP 增长率与煤炭需求预测新数值的变化图，如图 1—26 所示。从图中可以看出，GDP 增长率与煤炭需求量总体上呈正相关，这在直观上也是可以理解的。

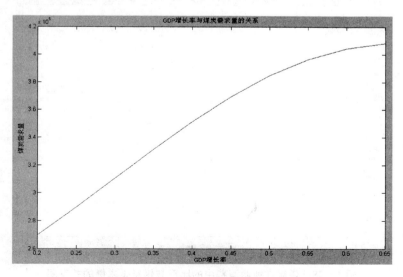

图 1—26　GDP 增长率与煤炭需求量的关系图

下面分别对其他8个变量进行灵敏度分析，其过程与 GDP 增长率的灵敏度分析一样，所以只给出图示。

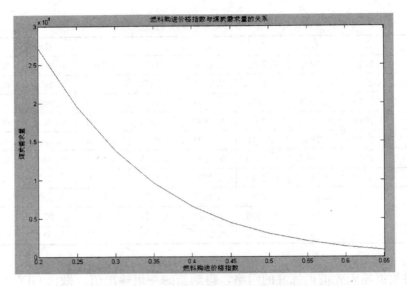

图 1—27　燃料购进价格指数与煤炭需求量的关系图

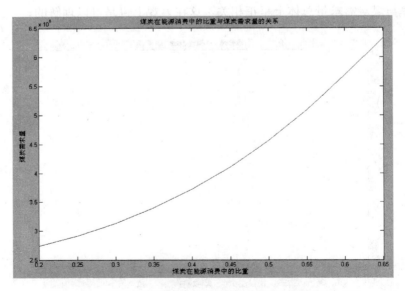

图 1—28　煤炭在能源消费中的比重与煤炭需求量的关系图

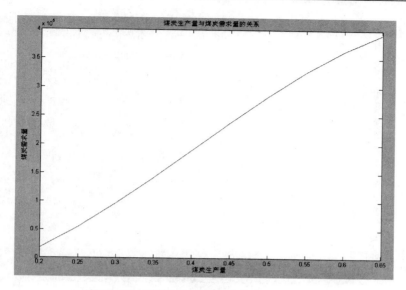

图1—29　煤炭生产量与煤炭需求量的关系图

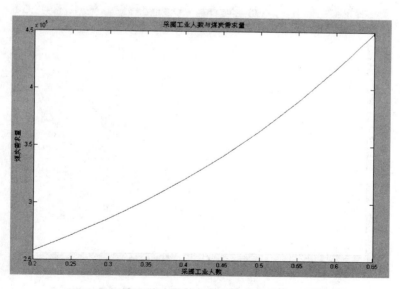

图1—30　采掘业工人人数与煤炭需求量的关系图

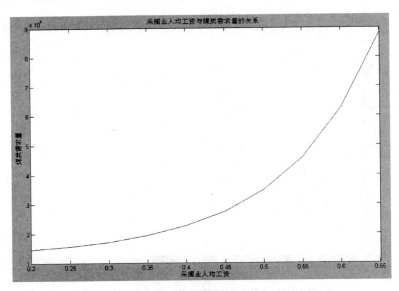

图 1—31　采掘业工人人均工资与煤炭需求量的关系图

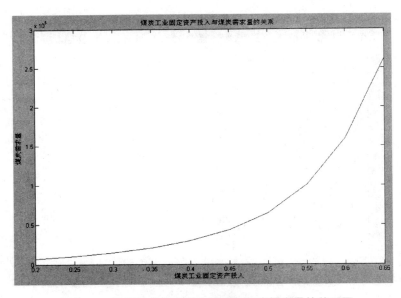

图 1—32　煤炭工业固定资产投资与煤炭需求量的关系图

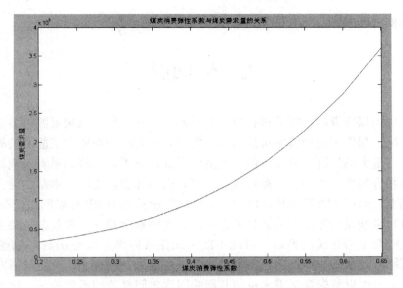

图 1—33　煤炭消费弹性系数与煤炭需求量的关系图

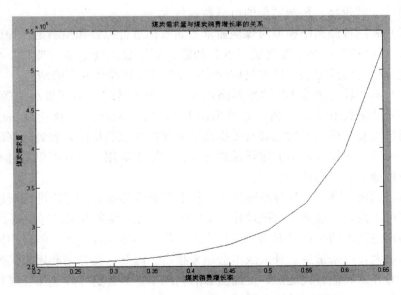

图 1—34　煤炭消费增长率与煤炭需求量的关系图

从图 1—26～图 1—34 可以直观地看出各变量与煤炭需求量的相关性。但是 BP 神经网络有一个很难克服的缺点，就是无法说明为什么各变量与煤炭需求量是如此的关系。这有待今后研究的深入进行。

五、本章小结

对中国煤炭资源的需求进行分析及预测，不仅有利于煤炭资源供需矛盾问题的解决，保障国民经济的可持续稳定发展，更有利于保障中国能源的战略安全，具有重大的经济、社会价值。预测结果准确与否，直接关系着宏观调控的科学性和合理性，为煤炭资源管理提供基础资料和决策支持。本章在前人研究的基础上，运用 MATLAB 软件建立了煤炭需求预测的 BP 神经网络模型。

（1）影响煤炭需求的因素是多方面的，各因素之间存在着复杂的关系，不是线性或简单的非线性关系。因此不能用线性或简单非线性函数来描述。BP 神经网络对复杂的非线性问题具有较好的描述能力，应用 BP 神经网络方法通过样本学习可以掌握煤炭需求量与其影响因素之间复杂的函数关系。这种函数关系与传统的高度简化了的函数关系相比更加接近实际。因此，BP 神经网络预测的精度就较高，预测结果的可靠性就较大。

（2）利用神经网络模型对煤炭需求原始数据进行拟合和预测是一种比较新的方法。BP 神经网络的隐含层节点数和隐含层层数的确定是一难点。本章通过定性分析与实验方法，针对具体问题，确定出 BP 神经网络的结构。

（3）本章针对传统 BP 神经网络训练速度慢、易陷入局部极小值等缺点，在 Sigmiod 函数中引入 T 值，并且采用 Levenberg-Marquart 优化算法进行改进，通过实验证明该方法能够有效提高训练速度和预测精度，收到较好的预测结果，可以作为煤炭需求的定量预测方法在实际中应用，并且可以通过补充新的历史数据，来提高预测精度。

（4）运用 MATLAB 神经网络工具箱不需要像传统方法那样进行烦琐的编程，它可以高效、准确、快捷地建立 BP 神经网络对煤炭需求进行预测。

（5）由预测结果可以看出中国煤炭需求量呈逐年上升趋势，但是中国煤炭资源总量大，可采量少，开采成本会越来越高。因此，在开采利用煤炭的同时需要大力开发其他替代能源，提高能源的利用率。只有这样才能保证煤炭能源的供求平衡，实现经济的稳定发展。

第二章　煤炭资源开采规模优化研究

一、绪　论

（一）煤炭资源开采规模优化研究背景和意义

1. 煤炭资源开采规模优化研究背景

煤炭当做燃料使用至少有两千年的历史。1000～1200 年以后，煤炭的开采逐步得到了发展，并开始用于工业，成为建筑材料和冶金工业的燃料。到1550 年，英国已成为世界上最大的产煤国，年产量达到 20 万吨。18 世纪由产业革命引致手工业大发展，煤炭成为主要能源，蒸汽机的发明和应用使社会生产力得到惊人的大幅度增长。19 世纪初，电的发明并逐步广泛应用于生产和生活，把社会生产力又推向了一个更新的阶段。当前煤炭仍然是人类社会的重要能源。在今后相当长的一段时间里，煤炭在人类生活中仍将继续发挥着重要作用。

中国是世界上经济发展最快的国家之一，能源对经济社会发展的支撑作用越来越显著。但是，由于中国长期单纯追求经济增长速度和产出规模，忽视产品质量和经济效益，形成了以高消耗、高投入、高排放、低收益为特征的粗放型经济增长方式，直接导致了在经济、社会发展和能源利用过程中，资源消耗多、生态环境恶化、水土流失严重、化石燃料日益枯竭等问题，向可持续发展提出了严峻的挑战。

由于自然禀赋，煤炭在中国的能源资源结构中占有绝对优势，今后一个时期第一能源的地位不会改变。

（1）国内外能源供求格局的变化导致了煤炭能源地位日益突出。进入 21世纪，世界能源领域开始了自 20 世纪 70 年代以来的新一轮危机。"9·11"之后，以石油为核心的世界能源问题变得更加敏感和复杂。以美国为首的资本主义强国开始了以石油为主的新一轮能源争夺。自美国的网络经济泡沫破灭后，经过短暂的沉寂，世界的实体经济得到了迅猛发展，增加了对石油、矿产等初级产品的需求，引发了资源性产品价格的迅速上涨。加上世界政治经济时局不稳，金融市场上投机资金活跃，资源品价格一涨再涨①。

国际能源署（IEA）认为，在2030年前世界能源的使用将保持稳定增长，化石燃料仍将是最基本的能源，且90％以上的能源需求增长将由化石燃料来满足。在化石燃料需求中，煤炭需求预计每年以1.4％的速度增长，但煤炭在世界能源中的比例仍有少量的下降，即从2000年的26％下降到2010年的24％，然后大体保持这个比例。在2030年以前，发展中国家和转型经济国家的工业煤炭消费量每年将分别增长1.2％和1.3％，这些增长量将由重型制造业特别是钢铁工业来支持，而经济与合作发展组织国家的工业、民用和服务行业煤炭需求量将不断下降。预计发展中国家和转型经济国家的煤炭需求最为强劲，主要因为煤炭资源丰富，而且生产成本较低。有些国家将会因为缺乏油气资源而支持煤炭的消费，特别是中国和印度。这样，就使得煤炭在越来越多的国家增加了竞争力，煤炭资源对世界经济发展的贡献和地位日益突出。中国2007年全年煤炭开采及洗选业的投资额就达1805亿元，比2006年增长23.7％。同时，全年煤炭消费量达到25.8亿吨，比2006年增长7.9％②。

（2）中国实现可持续发展有赖于煤炭能源的有力支撑。有史以来，人类对能源的利用和人类文明的进步密切相关，特别是以瓦特发明的蒸汽机为代表的工业革命以来，能源技术的飞速发展和能源大规模的使用，推动了经济、社会的巨大进步，能源已经渗透到社会和经济生活的方方面面。据官方统计，自1978年以来，中国GDP以年均9.4％的速度增长，已成为世界上重要的经济体。与此同时，在世界能源市场上，中国已成为最大的煤炭生产国和消费国，并受经济、技术发展水平和能源资源禀赋的限制，形成了以煤炭为主的供应格局。作为一次能源消费中占70％的煤炭，对中国产业结构升级和经济增长进程的地位和作用十分突出。保证煤炭工业及其产业链的可持续发展，是关系到中国国民经济又好又快发展的大事。中共十六大明确提出，把可持续发展放在十分突出的位置。十六届三中全会提出，坚持以人为本，树立全面、协调、可持续的发展观，促进经济社会和人的全面发展。十六届五中全会又提出，坚持

---

① 徐康宁：《自然资源高价时代与国际经济秩序》，《新华文摘》2008年第14期。
② 国家统计局：《中华人民共和国2007年国民经济和社会发展统计公报》，《人民日报》2008年2月29日。

以科学发展观统领经济发展全局，把经济社会发展切实转入全面协调可持续发展的轨道。科学发展观的提出为我国能源实现可持续发展奠定了思想基础。

（3）发展循环经济，建设资源节约型、环境友好型社会对煤炭能源的发展提出了新要求。循环经济是以资源的高效利用和循环利用为核心的经济模式，发展循环经济是中国走新型工业化道路的内在要求。中国是世界第一产煤大国，煤炭产量占世界的37％。煤炭是中国的主要能源，分别占一次能源生产和消费总量的70％左右，在未来相当长的时期内，中国仍将是以煤为主的能源结构的国家。随着煤炭工业经济增长方式的转变、煤炭用途的扩展，煤炭的战略地位仍然十分重要。与其他主要采煤国家相比，中国煤炭资源开采条件属中等偏下水平，可供露天矿开采的资源极少，除晋、陕、蒙、宁和新疆等省区部分煤田开采条件较好外，其他煤田开采条件较复杂。综合考虑经济结构调整、技术进步和节能降耗等因素，预测2010年全国煤炭需求总量为26亿吨。

2. 煤炭资源开采规模优化研究意义

本章研究的目的是遵循煤炭工业发展规律，确立煤炭资源开采规模模型，指导煤炭政策制定，以促进经济又好又快发展。其意义在于：

（1）对实现煤炭工业健康发展具有重要促进意义。煤炭作为基础能源，在中国经济生活中具有不可替代的重要地位，煤炭供应不足会影响国民经济的稳定与快速发展，煤炭积压又会影响煤炭工业的正常生产，煤炭生产与消费相适应是市场经济发展的基本要求。所以，煤炭工业的生产决策不仅影响到企业的经济规模、经济优势的发挥和竞争活力，还会影响到整个煤炭工业的健康发展。如何确立合理科学的煤炭最佳开采规模，提高规模效益和核心竞争力，客观要求通过对开采规模的研究，找出有利于煤炭工业生产要素合理配置的市场需求，结合实际制定科学合理的煤炭工业发展政策，增强国家整体竞争力，促进经济发展。因此，对煤炭开采规模的研究是一项十分重要的工作。

（2）对推动煤炭资源型城市健康发展具有重要的战略意义。对煤炭资源的开发利用所产生的技术进步需求，会直接推动煤炭资源型城市的社会技术进步，进而降低煤炭工业及其他相关行业的生产成本，减少污染，提高当地经济增长的质量和效益，且煤炭资源开采规模的确立，有助于健全当地的工业体系，构建经济、社会、资源与环境相互协调的可持续发展模式。

（3）对提高中国"十二五"能源规划的科学性具有借鉴意义。煤炭工业是中国工业体系的重要组成部分。"十二五"期间，煤炭工业能否健康发展，关系到全国经济社会发展目标的顺利完成。建设节约型社会，是党中央从中国经济社会发展和中华民族兴衰的历史高度所作出的具有全局性和战略性的重大决策。而节能是节约型社会的重要组成部分，合理开发利用煤炭资源，建立以节约煤炭资源为重点的能源节约体系，对于建设节约型社会，具有特别重要的意义。煤炭是中国的主要能源，除了用做生活燃料外，还用于发电炼焦化工等生产建设。中国近几年虽然治理滥采现象，但此现象仍有发生，且有些地方还较为严重，使中国煤炭资源受到一定程度的破坏。煤炭为非再生性资源，开采一点就会少一点。本章在对煤炭资源开发利用进行分析研究的基础上所提出的对策建议，对于如何节约煤炭资源、建设节约型社会，具有一定的现实指导意义。因此，研究中国原煤开采数量变化并模拟其动态模型对于煤炭资源实现有计划的合理开采利用是十分必要的。

（二）煤炭资源开采规模优化国内外研究现状

1. 煤炭资源开采规模优化国外研究现状

19 世纪末，西方世界掀起的自然保护运动，把对非再生资源过速、过度消耗的担心纳入主要目标。经济学家对自然资源的有限配置利用的研究，最早可追溯到 19 世纪中期 Faustmann（1849）、Jevons（1866）等人对森林再生及煤炭资源短缺等问题的探讨。此后，Pigou（1932）以大气吸收废气能力为对象的经济分析，以及 Gray（1913）和 H. 霍特林（Hotelling，1931）对如何以有限的矿产蕴藏确保未来持续性消费问题的研究，均是自然经济学领域的经典文献。

H. 霍特林是美国早期的数理经济学家，他首次用数学模型的方法对可耗竭资源最优利用进行刻画。他于 1931 年在《政治经济学》杂志上发表了其经典论文《不可再生资源经济学》，论文的出发点是不变的资源存量，主要论据如下：①在不变的资源存量假设下，在完全竞争情况下，他直接给出了资源产品净价格（单位租金）的递增率应该等于社会贴现率的公式，然后把这个公式带入时间路径模型，证明按照这个方式开采可以达到社会价值现值最大化（最优）；②他认为像石油这样的自然资源有公共财产的性质，政府应该通过税收等手段干预；③他第一个分析了垄断对可耗竭资源最优利用的影响，提出了垄断将推迟不可再生资源耗竭时期的论点。此后，对不可再生资源的研究主要集中在两个方面：第一个议题具有规范性特征，即在消费者偏好及开采技术固定的情况下，不可再生资源如何才能有限开采利用，在不同时期的需求相互竞争下，该资源如何进行最佳配置。第二个议题为实证性质，即在市场经济条件下，资源的可及性、市场结构及政府针对矿产资源开采与消费所采取的租金、税收、补贴及价格管制政策，将如何影响资源的跨期生产与消费决策。H. 霍特林的研究奠定了非再生资源经济学的坚实基础，其结论被称为 H. 霍特林规划或不可再生资源经济学的基本原理。

20 世纪 70 年代，世界范围内的两次石油危机以及 80 年代中后期由于化石能源的大量使用而导致的全球气候变暖、环境恶化，使寻求解决问题的理论与对策的行动呈现出前所未有的迫切性。在可持续理论受到广泛关注的情况下，许多著名经济理论学家将注意力重新转向非再生资源的有效配置问题。Dasgupta 于 1979 年、1982 年、1989 年相继出版了《经济理论与不可再生资源》、《资源的配置》、《不可再生资源》；Conrad 和 Clark 于 1987 年出版了《自然资源经济学》；Solow 于 1986 年发表了《自然资源的代际间配置》；Hartwick 于 1977 年在美国《经济评论》上发表了《代际公平与不可再生资源租金的投资》等。这些有代表性的论著从理论和方法上对可耗竭资源的最佳配置进行了深入的研究。

Dasgnpta 和 Heal（1974）所创立的有关可耗竭资源最优消耗率模型在描述路径的同时，也刻画了可耗竭自然资源作为社会生产函数的基本参数对经济持续增长的制约问题。最优的资源消耗和社会持续经济增长其实是一枚硬币的两面。这两方面能否和谐取决于如下几个方面：①资源开发利用量 R 是否是消费品的生产所必需的；②技术进步是否可以通过发展替代品，使资源成为生产消费品的非必需要素；③对于新资源的发现是否存在不确定性，资源和资本品之间的替代性是否存在不确定性。

越来越多的经济学家也开始致力于煤炭等不可再生资源的最优开采模型研究，并取得了一些重要成就。William D. Schulze 通过建立动态规划模型，系统分析了由于不可再生资源的利用而导致的对自然环境的积累性破坏，并且分析了这种破坏对资源最优开采路径的影响。Y. H. Farzin 通过构建一个资源的一般性竞争模型，考察了技术进步对资源稀缺性测度的影响。Partha 和 Joseph 研究了一项新技术在时间到达上的不确定性对可耗竭性资源开采规模的影响。通过引入技术进步因素，Anne Epaulard 分析了技术不确定性对最优开采规模的影响。Philip F. Roan 分析了生态约束对煤炭工业最优产量的影响，指出随着环境松弛影子价格的增长，煤炭工业将会损失矿产品的经济租，并使得矿产品的有效开采期缩短。Y. H. Farzin 认为可耗竭资源最佳的时间节约路径不同于非采掘资源，其中最大的差别在于国家财富的最初构成。

在美国，国家资源委员会负责控制煤炭资源的使用，内政部土地管理局负责煤炭资源的租借。美国资源管理实施办法规定，对联邦公有土地煤炭资源实施租借方式，对煤炭资源已勘探清楚并进行了资源评价的矿区，采用招标方式确定开采者；对煤炭资源尚未探明及未进行资源评价的矿区，实行勘探和开采优先的办法。

2. 煤炭资源开采规模优化国内研究现状

20 世纪 80 年代末，我国国务院发展研究中心课题组率先研究了自然资源核算等问题。由于该项目的研究是许多相关研究的先导，得到了美国福特基金会的资助。该项目的研究在综合性资源定价、资源折旧、资源核算纳入国民经济核算体系等方面取得了重要成果。1992 年，国家统计局对原有的国民经济核算制度进行了重大改革，初步形成了具有中国特色的新国民经济核算体系，该体系将包括矿产资源核算在内的资源核算表作为卫星账户逐步纳入统一核算体系中。1992 年巴西环境和发展首脑会议以后，特别是 1994 年《中国 21 世纪议程》颁布之后，资源管理作为可持续发展概念中的核心问题之一，在国内引起了广泛、高度的关注。中国《科技导报》、《世界环境》、《中国人口·资源与环境》等有重要影响且辐射面很广的核心期刊相继开展了有关方面的讨论。国家有关部门对矿产资源的管理极为重视，多次开展联合调查，组织专家进行学术讨论，并对矿产资源资产化管理等问题进行立项研究。对这些相关问题的讨论对于研究矿产资源的可持续利用概念以及在可持续发展前提下的最适耗竭理论的研究起到了非常积极的促进作用。

在这种大背景的影响下，中国许多学者也积极地投入到该领域的研究。魏晓平、王新宇（2002）认为矿产资源是自然界中有限、稀缺、可耗性资源，其开采利用无疑会导致最终存量为零，从理论上讲达不到持续利用。那么如何界定矿产资源的可持续利用，使其开采利用既满足当代人的需求，又不对后代人满足其需求的能力构成威胁，已成为可持续发展理论与实践研究关注的热点问题之一。目前较为一致的看法是：在人类有意义的时空尺度（更准确地说是在某种矿产资源耗竭之前）找到具有经济价值的可替代资源，并成功地向替代资源过渡，从而使矿产资源的耗竭不再影响经济、社会、资源、环境的协调发展，这意味着矿产资源达到了持续利用。一般来说矿产资源的开采利用在客观上有一定的限度，它不以人的意志为转移。若对资源开采利用强度超过了这一客观尺度，将威胁到人类社会的生存与发展，因此研究矿产资源的持续利用就是研究其最适耗竭问题。

王峰、吕渭济、杨德武（2004）以煤炭工业的适度发展为出发点，在全面分析了中国煤炭工业的特点以及煤炭工业与其他产业的经济技术联系的基础上，建立了煤炭工业多目标动态投入产出优化模型。应用计量经济学方法确定了该模型的系统参数，求解模型并对最优解进行了分析。同时，应用马尔可夫模型修订直接消耗系数矩阵，以反映煤炭消耗的变化，并探讨了在修订过程中参数变化对其他投入产出指标所造成的影响。

赵国浩和王浣尘（2000）认为，对不可再生资源而言，在各个历史时期合理分配资源使用量，应满足在考虑不可再生资源之间的有效配置的替代；以及可再生资源合理替代不可再生资源的条件下，不可再生资源的开采速率不应大于其可开发储量的增长速率，或不超过寻求替代品的可再生资源的替代速率，实现不可再生资源的最优耗竭，使资源利用净效益现值最大化。

以上的研究方法、结果和经验，对于研究煤炭资源的开采规模具有重要的借鉴意义。

二、煤炭资源管理相关理论综述

（一）煤炭工业可持续发展理论

1. 可持续发展的基本内容

可持续发展是一个涵盖人口学、经济学、生态学和系统科学等多学科的更高层次的理论系统，涉及的领域、空间和时间十分广泛。"可持续发展"一词最初出现在 20 世纪 80 年代中期，"布伦特兰报告"以及经济合作发展组织的一些出版物，较早地使用了这一词汇。挪威首相布伦特兰夫人在 1987 年世界环境与发展委员会上所作的报告《我们共同的未来》中提出，可持续发展是"既满足当代人的需要，又不损坏后代人满足需要能力的发展"。

可持续发展的基本内容有：人类应坚持与自然的协调发展；当代人在追求今世的发展和消费时，应当努力尽快发展经济，满足人类日益增长的基本需要，但经济发展又不能超出生态环境的承载力；在经济发展的同时，注重保护资源和改善环境；在能源特别是不可再生能源的开采及利用上，人类不仅要考虑到现在，而且必须要考虑到未来，必须实现能源利用的可持续发展。

2. 煤炭工业可持续发展理论概述

（1）煤炭工业可持续发展内涵。首先要遵循可持续发展的宏观界定，其次还要体现煤炭资源的特点和煤炭工业的特点。煤炭资源的不可再生性和有限性决定了煤炭工业有其固有的生命周期：勘测期→开发期→发展期→成熟期→衰退期。因此从时间上看，煤炭资源是不可永久持续利用的，煤炭工业可持续发展的主要含义是在积极寻求可替代能源的同时，尽量延长煤炭资源的可用时间，增加煤炭资源利用效率，提高其经济效益，从而为子孙后代留有更加广阔的生存时间。而且，煤炭工业是国民经济的基础产业，具有典型的行业特征。从空间上看，煤炭工业可持续发展主要集中在煤炭工业和煤矿区范围内，其最终目标是实现煤炭工业的矿区、经济、资源和环境的协调发展。

因此，煤炭工业可持续发展是在确保为国民经济各行各业提供品质洁净、数量充足的煤炭、煤油品、电力和煤炭化学品的同时，运用市场机制，依靠科技进步，提高煤炭资源的利用率，减缓煤矿区生态环境的恶化，实现煤炭工业的矿区、经济、资源及环境的协调发展，让有限的且不可再生的煤炭资源既能满足当代人生存和发展的需要，又能满足后代人在寻找可替代能源之前生存和发展的需要。

赵国浩在其《中国煤炭工业与可持续发展》一书中概括出其具体概念：煤炭工业所属矿区的经济发展、社会进步、资源的开发利用与环境保护相互协调，并向社会提供洁净燃料、原料及电力。在运用市场机制、依靠科技进步及寻求可代替资源的基础上，调控煤炭资源的最佳耗竭率，使煤炭工业的发展既能满足当代人的需要，又不对后代人满足其需要的能力构成危害。

（2）煤炭工业可持续发展的构成要件。

①资源利用的可持续。要求当代人尽可能谨慎地对待煤炭资源耗用，以便在被可替代资源所替代之前，人类能够持续地使用这种资源；资源利用的可持续性要求煤炭在开采过程中尽可能减少浪费，提高资源回收率，尽可能减少对其他资源的连带破坏和浪费（如土地、水等）。资源利用的可持续性还要求煤炭及其产品在利用过程中充分节约、提高使用效率，通过技术进步充分挖掘既定的煤炭资源中的"附加值"。

②环境生态的可持续。煤炭的开发和利用对人类环境产生了多种有害的影响，煤炭工业可持续发展应将"保持良好的生态环境"作为基本的约束，在决策中，将环境风险列为指标之一；在开发和利用过程中推行"洁净生产技术"，向社会提供清洁的能源及相关产品。

③经济发展的可持续。它关注的是作为一个行业的长期利益，其中一个重要问题是煤炭产量的持续性。煤炭的有限储存特点决定了区域煤炭开采产量存在一个由增长到衰退的过程，从而直接影响其经济状况；经济持续性的另一个重要方面是煤炭开采的可获利性。在市场经济中，因社会包袱沉重、级差地租悬殊、产品价格倒挂、生产成本递增等原因而不能获得足够利润的煤炭矿区是不可能自我持续的。

④人口与社会的可持续。持续的人口应考虑到矿区的环境资源承载力，持

续性的社会方面强调满足人的基本需求和较高层次的社会化需求。社会可持续概念具有平等含义，包括代际公平和代内公平。代际公平指为后代保护煤炭资源基础，保护他们从资源利用获得收益的权利和机会；代内公平是指煤炭开采和煤炭利用活动的收益和代价在国家之间、区域之间和社会集团之间公正公平的分配。在现实条件下，有两类不平等问题应引起注意，首先是"出力区"和"收益区"的不平等。煤矿是"出力区"，在市场经济条件下，煤矿成为最艰苦、环境最恶劣的区域。相反，一些煤炭下游产品工业则是"收益区"，它们使用的煤炭是一种对生态不进行任何补偿的产品，这样就引导出第二类不平等，即煤炭工业与其他行业之间的不平等。在资源环境价值扭曲的情况下，对煤炭开发和资源破坏的收益大部分转嫁到其他部门中去，所以应实行"收益者分摊制度"，即使用煤炭产品的下游工业企业（实际的收益者）应承担一部分资源补偿费和环境治理费。

（3）煤炭资源可持续开发利用的条件。

①资源开采不可逾越开采通量限制。煤炭资源的总储量及蕴藏量，是一个物理概念，代表资源的最高极限，煤炭资源的开采绝不能达到其极限。而通量是强调经济体系中的资源流通量，通量限制是资源的最大开采利用量，是资源开采利用应满足的极限约束。若 X（t）、$\overline{X}$ 分别为资源的开采量、通量极限，则应满足：

$$\max X（t）\leqslant \overline{X} \tag{2.1}$$

煤炭资源开采的通量极限并非生态系统的临界值。在一定时期内，如果这一通量超过了新探明储量及可替代资源的补充量，短时间越界不会使煤炭资源立即枯竭，但长期如此，则会使资源消耗殆尽。

②废物排放不可逾越环境吸纳通量极限。煤炭资源开采过程中排放到环境中的废物也有一个限量，这些废物包括废水、废气、固体废弃物等，它们进入自然环境进行降解、吸收和转化。自然环境吸纳废弃物的总量及单位时间有效降解转化量也有一个极限。这个废弃物排放量不得超过这个极限。

③煤炭资源环境损耗量与补偿量动态平衡。对于煤炭资源这种非再生资源来说，其开采利用率（资源折旧率和资源损耗率）不应大于已探明的储量（折合成开采量）增长率和可再生资源的替代率。除此之外，资源开发利用中产生的污染物排放不应高于回收利用、环境吸收或转化为无害物的速度，对环境的破坏能为环境所自我恢复。

④储备足够的后备资源。当人口、经济以不可持续的速度获得资源或排放污染物时，社会经济便处于一种超限运行状态。极限源于系统反馈的滞后性，

即系统的决策者没有得到极限已被逾越的消息。只有资源库存有积累时，超限才有可能，累积的可采储量会暂时支撑过量的开采。如果只是简单地关注可采储量的绝对量，而忽略新探明储量的变化趋势以及可替代资源的替代率，结果就会超限。因此，短期应密切关注可采储量的变化与长期关注新探明储量增量趋势，二者并重，才能保证资源的可持续利用。

⑤减缓煤炭资源开采速度。开采速度越大，物理惯性就越大，不仅滞延报警信号，而且也滞延对这些信号的反应，从而使系统进入一个不安全的状态。如果越限再得不到及时控制，资源可采储量将以非线性负指数变化趋势接近于临界值，一旦超越这一临界值，资源品质会越来越低，开采成本将大幅上升，于是将需求迅速逐出市场。

（二）循环经济理论概述

1. 循环经济内涵

20世纪60年代，美国经济学家鲍尔丁提出了"宇宙飞船理论"，他指出，地球就像一艘在太空中飞行的宇宙飞船，要靠不断消耗和再生、滋生有限的资源而生存，如果不合理开发资源，肆意破坏环境，就会走向毁灭。这是循环经济思想的早期萌芽。

循环经济就是在可持续发展的思想指导下，按照清洁生产的方式，对资源及其废弃物实行综合利用的生产活动过程。它要求把经济活动组成一个"资源—产品—再生资源"的反馈式流程；其特征是低开采、高利用、低排放。本质上是一种生态经济，它要求运用生态学规律来指导人类社会的经济活动。

与传统经济相比，循环经济的不同之处在于：传统经济是一种由"资源—产品—污染排放"所构成的物质单向流动的经济。在这种经济中，人们以越来越高的强度把地球上的物质和资源开发出来，在生产、加工和消费过程中又把污染和废物大量地排放到环境中去，对资源的利用常常是粗放的和一次性的，通过把资源持续不断地变成废物来实现经济的数量型增长，导致了许多自然资源的短缺与枯竭，并酿成了灾难性的环境污染后果。与此不同，循环经济倡导的是一种建立在物质不断循环利用基础上的经济发展模式，它要求把经济活动按照自然生态系统的模式，组成一个"资源—产品—再生资源"的物质反复循环流动的过程，使得整个经济系统以及生产和消费的过程基本上不产生或者只产生很少的废弃物。只有放错了地方的资源，而没有真正的废弃物。简而言之，循环经济是按照生态规律利用自然资源和环境容量，实现经济活动的生态化转向，它是实施可持续战略必然的选择和重要保证。

2. 循环经济的基本原则

（1）减量化原则。这是循环经济的第一原则。它要求在生产过程中通过管理技术的改进，减少进入生产和消费过程的物质和能量流量，因而也被称为减物质化。换言之，减量化原则要求在经济增长的过程中为使这种增长具有持续的和与环境相容的特性，在生产源头的输入端充分考虑节省资源、提高单位生产产品对资源的利用率、预防废物的产生，而不是产生废物后再进行治理。

（2）再使用原则。循环经济第二个有效的方法是尽可能多次，以及尽可能多种方式地使用人们所买的东西。再使用原则要求产品和包装容器能够以最初形式被多次使用，而非一次性用品。通过再利用，人们可以防止物品过早地成为垃圾。

（3）资源化原则。循环经济的第三个原则是尽可能多地再生利用或资源化。资源化原则要求生产出来的物品经过消费（生产性消费或生活性消费）后，能重新变成可以利用的资源，而不是垃圾废物。要求尽可能地通过对"废物"的再加工处理（再生）使其作为资源再次进入市场或生产过程，以减少垃圾的产生。

3. 煤炭工业如何走循环经济道路

煤炭工业走循环经济发展道路，关系到中国的能源安全，是落实科学发展观的必然要求，是建设和谐社会的必然要求。在《国民经济和社会发展第十一个五年规划纲要》中，把单位国内生产总值能耗消耗降低 20％左右作为经济社会发展的主要目标之一，表明建设以资源节约和环境友好为重要主题的和谐社会是中国现代化进程中今后一段时间的中心任务。在城镇化、工业化仍然处于高速发展阶段时，又要走资源节约的道路，是中国亟待破解的一个难题。因此，如何在科学发展观的统领下，研究煤炭工业的循环经济发展模式和运行机制，对于各级政府机构的管理决策和煤炭工业的发展规划有着重大的现实意义和指导意义。

（三）生产理论

生产理论是管理经济学中的一部分，经济学中的生产理论帮助企业的经理人员在一定的技术条件下，决定如何最有效率地把生产预期产出量的各种投入要素结合在一起，这个技术包括可采用的生产过程、设备、劳动和管理技能以及信息处理能力等。

1. 生产函数

生产理论以生产函数概念为核心，生产函数把在一定技术条件下给定数量

的各种投入要素与所能生产的最大产出量联系起来。它可以用数学模型、图表或图形等形式来表示。它的一般表示式为:

$$Q=f(x_1, x_2, \cdots, x_n) \tag{2.2}$$

式中：Q 为产量；x_1，x_2，$\cdots$，x_n 为诸投入要素，如原材料、设备、劳动力等。

技术的变化，如引进技术化程度更高的设备或用技术工人代替非技术工人，会形成新的生产函数。研究生产效率的高低，就是要研究如何用最少的投入生产出同样多的产出，或用同样多的投入生产出最大的产出。

在决定如何把各种投入要素组合起来生产预期产量时，通常把投入要素分为固定投入要素和变动投入要素。固定投入要素就是在一定时期内不管生产量是多少，数量都不变的投入要素。不管生产水平是高还是低，用于固定投入要素的成本必定发生。变动投入要素就是在生产过程中其数量随预期生产量变化而变化的投入要素。

短期生产就是存在一种（或多种）投入要素的时期，这意味着企业要增加产量必须使用更多的变动投入要素与既定数量的固定投入要素相结合。如对应一个汽车装配工厂中固定的规模和生产能力来说，企业只能通过雇用更多的劳动（如让工人加班或增加工作班次）才能增加产量。

随着相关时期（规划期）的延长，固定投入要素也会成为变动投入要素。在一个大约六个月的规划期内，大多数煤炭企业都能够获得增建厂矿能力或订购更多的制造设备，因此生产设施将不再是固定要素。如果在延长的规划期内，所有的投入要素都是变动的，这个时期就叫做长期生产。

由于某些投入要素在短期内是固定的，所以企业能得到的投入要素组合仅仅是全部投入要素组合的一部分。但在长期中，所有的投入要素组合企业都能得到，因此企业在长期中增加产量，既可以使用更多的劳动（加班或雇用更多的工人），也可以增加设备或扩建工厂，这要取决于哪一种劳动和工厂设备规模组合在生产预期产量时更有效率。

2. 规模经济

在生产开始扩张的阶段，由于大规模生产具有明显的规模上的好处，称为规模经济。实际上，每个企业均是各种不同价值活动的集合体，这些活动包括科研开发、采购、生产、行销以及种种其他活动，而每一个有价值的活动均存在规模经济效益，因此，规模经济效益至少包括以下几个方面：生产的规模经济、采购的规模经济、广告的规模经济、财务的规模经济、管理的规模经济。

在一定限度内规模经济存在的主要原因是"成本的不可分割性"。规模上的好处表现在：可以实行专业化分工，提高工人的技术水平，从而提高了工人的平均生产效率；可以进行协作劳动，从而抵消各个劳动者在劳动能力上的差别，为企业提供了平均性质的劳动；可以采用更加先进的机器设备，并充分地发挥作用，节约劳动力，降低单位产品的消耗；随着规模增大，资本不断扩张，这有利于生产要素的集中，提高要素的利用效率，节约单位产品成本；可以聘请高级技术专家，开拓并保持产品领先地位，增强竞争能力。根据科斯的分析，市场和企业是两种不同的资源配置方式，而且可以互相替代，企业组织管理规模的扩大一方面可以节约交易费用；另一方面又增加组织管理成本。企业之所以存在规模经济，是由于企业规模增长节约的交易费用大于组织管理费用的增加所致；可以对副产品综合利用，综合经营，降低产品成本；可以增强垄断能力，使在要素市场上购买要素和产品市场上出售产品处于有利地位等，从而获得规模上的好处。当规模经济占主导地位时，规模报酬是递增的。

但也不是规模越大越好，当生产扩大到一定规模以后，迟早会出现规模报酬递减。由于规模过大而引起的产量或收益的减少称为规模的不经济。规模不经济的主要原因是规模过大后管理层次过多，不易协调，缺乏灵活性，难以管理，引起效率下降；对生产要素的需求过大，而引起要素价格上升；由于技术极限的存在，劳动分工协作的效率会受资本、技术等生产要素的限制，且随着规模的扩大，由劳动分工协作带来的可变成本的节约会大于由此而引起的固定成本的增加；当企业规模增长时，管理的复杂程度、组织协调工作量会大幅增加，而由于企业家极限的存在，这将会影响组织管理的效率；企业规模过大，管理人员难以了解、监督、评价职工的劳动效率，这必然造成激励机制的弱化，不得不用增加人员、提高工资的办法维持劳动生产率。当规模不经济占主导地位时，就会发生规模报酬递减的现象。

由于规模经济和规模不经济的存在就导致了规模报酬的变动。规模报酬是指：在技术水平和要素价格不变的条件下，当所有投入要素都按同一比例变动时，产量的变动情况。当所有的要素按同一比例变动相当于生产的规模在变动，生产的规模变动必然会引起产量的变动，规模报酬就是研究生产规模变动与生产变动之间的关系，假设只有两种投入 L、K，且按同一比例 $\delta = dX/x$ 变动，产量的变动为 $\mu = dQ/Q$，则生产力弹性 $Ee = \mu/\delta$，根据生产力弹性的大小，可将规模报酬分成以下三个阶段：

当 $Ee > 1$ 时，即 $\mu > \delta$，生产处于规模报酬递增阶段，产量增长的速度大于投入增加的速度，规模的扩大带来了生产效率的提高，如图 2-1（a）

所示。

当 Ee＝1 时，即 $\mu=\delta$，生产处于规模报酬不变阶段，产量增长的速度等于投入增加的速度，生产效率与规模大小无关，如图 2—1（b）所示。

当 Ee＜1 时，即 $\mu<\delta$，生产处于规模报酬递减阶段，产量增长的速度小于投入增加的速度，规模扩大使生产效率下降，如图 2—1（c）所示[①]。

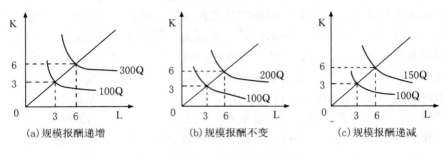

(a)规模报酬递增　　　　(b)规模报酬不变　　　　(c)规模报酬递减

图 2—1　规模报酬

大规模地进行煤炭开采需要有大量专业设备的固定投入以及大量的销售费用，因而其规模经济性是比较显著的。举一个浅显的例子，假如有一个已经圈出的综采工作面，其地质可采储量为 100 万吨，该工作面每月出煤 10 万吨，也就是说 10 个月能采完。假如把这个工作面改为炮采的话，那每月出煤 1 万吨，也就是说要 100 个月才能采完。由于地压力的作用，巷道的维护费用是一笔不小的开支。因此，炮采的巷道维护成本是综采的 10 倍。

三、煤炭资源开采的效应分析

（一）煤炭工业壁垒状况分析

从长期看，进入和退出市场的难易程度是决定市场性质的关键因素。如果新企业进入市场特别困难，现有企业在价格和产量决策方面就会有较大的自由。也就是说，行业的进入壁垒越高，进入越困难，进入的煤炭企业也就越少，从而也就越容易产生垄断；反之，进入壁垒越低，进入越容易，进入的企

---

① 谭劲松：《我国煤炭企业规模研究》，中南大学硕士论文未发表，2003 年。

业也就越多，产生垄断的可能性也就越小。

1. 煤炭工业的进入壁垒分析

煤炭工业的进入壁垒是较为复杂的，具体表现为不同规模、体制的企业以及在不同的历史时期，企业所面临的进入壁垒是不一样的。尽管从理论上讲，大规模地进行煤炭采选需要有大量专属的固定投入以及大量的销售费用，因而其规模经济性也应该是比较显著的。但由于煤炭开采成本受煤层埋藏深浅以及地质构造的影响较大，在一些煤炭赋存条件好的地区，开采规模要求不高，既不需要较高的技术和工艺，也不需要专门的设备和专业的技术人员，国家对其在资源、环境保护等问题上也没有严格政策限制和监督制度，这样使得小煤矿很少甚至根本就不承担大量的外部成本，只要投入少量资金即可出煤并赚钱，特别是在低成本掠夺式开采的条件下根本不受规模限制。因此，在某种程度上规模经济和必要资本量没有对小煤炭工业的进入产生阻碍作用。再有，中国过去一个阶段的煤炭工业政策在一定程度上促进了小煤炭工业的"繁荣"。

乡镇、个体中小型煤矿过低的进入壁垒使得中国煤炭产量极为分散，煤炭产量当中有一半是小煤矿靠原始落后的方式开采出来的，其中非法产量占30％。小矿与大矿之间剧烈的资源争夺战，为现代化矿井建设和大规模机械化开采留下了深深的隐患，并进一步恶化了中国煤炭市场的供需失衡，导致了中国煤炭工业效率极低的规模结构，影响了中国煤炭工业的国际竞争力。

2. 煤炭工业的退出壁垒分析

煤炭工业一批资源枯竭、成本畸高，长期亏损、扭亏无望的企业在种种因素的作用下仍不能顺利地从产业内退出，一些煤矿在成本价格倒挂的情况下还拼命开采，这在某种程度上反映出了中国煤炭工业的确存在着较高的退出壁垒。造成煤炭工业退出壁垒的因素总的来说有两大部分：其一是经济因素，如沉淀成本和职工的解雇费用等；其二是社会因素，即从社会角度来看影响企业退出的因素。由于大规模进行煤炭开采需要大量的固定资产投资，并且这种投资的专用性很高，加之中国的资本市场不是很发达和煤炭工业的长期不景气，使得煤炭工业的退出会形成大量的沉淀成本，这样在一定程度上影响了企业的退出行为。此外，煤炭工业长期以来走的是一条粗放式成长道路，企业退出时需要重新安置大量的工人就业，一些老矿还要安置大量退休职工，在社会保障制度不完善的情况下这不仅仅是一个经济问题，处理不当还会引起较大的社会震动，影响社会稳定。另外，大部分煤矿工人的知识水平较低，技能较为单一，即使能够重新就业也要支付较高的转换成本。所有这些问题都会制约着煤炭工业的退出行为。

（二）中国煤炭资源开采利用的正效应分析

煤炭资源的开发利用会促进社会经济的发展，甚至改善生态环境。矿业会成为一个地区的支柱性工业之一。煤炭的开采利用会带动和保障相关产业的发展，如电力等相关产业的优势和环保等非煤产业的发展，形成了多级产业链，解决一部分就业问题；煤炭开发促进了以煤为中心的工业产业的形成，改善了拆迁农民的居住条件，推动了城市布局、规划及建设等。同时煤炭生产能提高当地农民的收入，拉动地方的消费，改善农民的生活和生存条件，提高当地农民文化素质，促进农村社会经济的发展。煤炭生产确保了国家的能源安全，促进了科技创新，推动了现代化发展；一些先进的煤炭工业采取一些先进的技术对矿区进行恢复，使矿区原有生态环境得到改善。

（三）中国煤炭资源开采利用的负效应分析

环境、资源及可持续发展已成为全球性的问题。根据中国国情在现有工业技术条件下，更多地占有、使用自然资源仍是解决贫困问题、增强国力不可替代的条件。但是，发展的内涵不应该是纯粹的眼前经济增长，而应是经济、社会及生态环境三者共同的和谐发展及互动，即可持续发展。以消耗自然资源及牺牲环境的发展方式带来的经济增长优势是暂时的，甚至是虚置的，隐藏其后的代价也是巨大的。

由于煤炭工业自身产业结构的因素、"关井压产"政策的影响和中国能源政策中一些不利于资源保护的做法以及中国煤炭资源赋存条件和勘探程度等原因，不能忽视伴随着经济增长的各种负面效应对中国社会及生态环境造成的危害。

1. 煤炭资源现状不容乐观

虽然中国煤炭资源总量潜力巨大，总蕴藏量居世界第三位，但是由于人口众多，人均占有量低于世界平均水平。而且煤炭资源勘探程度低，经济可采储量少，尚未利用资源中可供建井的可采储量严重不足，探明剩余可采储量为1842亿吨，大多分布在干旱缺水、远离消费中心的中西部地区，总体开采条件不好。已查明资源中精查资源量仅占25%，详查资源量仅占17%。中国尚未利用的资源量为6563亿吨，其中，精查为617亿吨，详查为1086亿吨，普查为1500亿吨，找煤为3400多亿吨，找煤资源量占50%。找煤资源量是一种勘探程度很低的资源量，不确定性很大，不能作为规划的依据。根据煤炭资源综合评价，可供大中型矿井利用的精查资源量仅为300亿吨左右；优等详查资源量约为 420 余亿吨，精查勘探选择的余地不大，相应的普查资源也不足。

2. 煤炭资源浪费严重

现阶段中国的煤炭资源开采，一方面供应紧张；另一方面，在资源现状不容乐观的情况下又存在着严重浪费的现象。

（1）中国已利用煤炭资源量 3469 亿吨，大型矿井占用资源量约 680 亿吨，中型矿井利用资源量为 300 多亿吨，而小型矿井利用资源量达 2500 多亿吨，其中，乡镇小煤矿占用资源达 2200 多亿吨，而且很多是优质资源。而现实生产中，小型煤矿回采率仅占 10％～15％，乡镇煤矿资源回采率仅占 10％，大中型矿井资源回采率也不高。目前国有大型煤炭企业一般采用机械化综采或普采，追求高产量而"吃肥丢瘦"，采厚丢薄，回采率最高不到 50％，一般在 30％左右。

资料显示，中国在 1949～2003 年，累计产煤约 350 亿吨。根据有关煤炭资源专家的初步估计，煤炭资源消耗量已超过 1000 亿吨，扔掉的资源几乎是被利用资源的 2 倍。近年来，西部煤炭开采中，大量矿井存在"吃菜心"的开采方式，综采支架一般是 4.8 米高。而包括陕北、内蒙古、新疆的煤矿煤层都很厚，在新疆的一些煤层平均厚度达 50～60 米，许多开采企业不论煤层是十多米还是几米，都只是吃肥丢瘦地从中间开采一趟，大量资源就这样浪费了。这一过程白白扔掉了 650 亿吨的煤炭资源，接近中国目前全部尚未占用的煤炭精查储量。

（2）由于目前煤炭生产实行粗放型开采，所以在煤炭开采的同时，与煤层共生的一种资源——煤层气被白白浪费，同时也加大了煤炭的开采成本。中国目前探明煤炭资源保有储量约为 10000 亿吨，而在 -2000 米以上煤层气储量达到 350000 亿立方米，是不可忽视的第二煤炭资源。据统计，中国每年采煤所浪费的煤层气 100 亿立方米，并且由于煤层气（瓦斯）的存在，煤炭开采企业要花费大量人力物力进行通风以实现安全生产。

（3）煤炭作为一种可耗竭性资源，由于缺乏有力的行业管理和宏观调控，加之煤炭资源产权关系不清所产生的不可持续的管理行为，使煤炭资源在开采中被严重浪费，也造成对煤炭资源未来开采效益的损失，即产生了煤炭资源开采的用户成本。同时，由于无序及过度开采，使部分矿井服务年限减少，造成了投资效益的损失及煤炭工人下岗问题。以内蒙古自治区西部煤都——乌海地区为例，国家为发展地区经济，将能源开发的重点移至西部，并投巨资相继建成许多矿井，但是大部分矿井出现了建成投产之时就是停产关井之日的局面。原因很简单，一方面，设计前可行性研究分析不全面，煤质及外销不对路；另一方面，主要是周边小井的无序开采，使本来完整配套开采的井田不适合现代化大规模开采，造成矿井服务年限减少。另外，造成成千上万的工人由于停产失业而下岗，给国家造成双重的损失，即投资收不回来工人又下岗并形成许多社会不安定因素。

（4）在国有煤矿生产能力有限，煤炭市场供不应求的情况下，地方政府为发展当地经济，纷纷抢项目争资金，一批乡镇小煤矿及个体小煤矿应运而生，客观上改善了煤炭供需状况，促进了国民经济的发展，同时也产生了负效应：小煤矿投资少，技术力量薄弱，设备简陋，管理水平低，回采率只有15％左右，造成煤炭资源的严重浪费且安全事故频繁发生。由于传统体制问题的"经济行为政绩化"现象诱导或强迫了地方政府的短期经济行为，近视地、片面地追求眼前与局部利益，纷纷抢上小煤矿，甚至对一些非法开采的小煤窑也睁只眼闭只眼，造成了煤炭资源的乱挖滥采。同时，由于煤炭资源的实际产权（所有权）与名义权（开采权）的脱离，使某些乡镇小煤矿及个体小煤窑肆无忌惮地对国有大矿"围追堵截"，争夺资源，使国有大矿服务年限减少，既浪费了煤炭资源又增大了社会就业压力；由于煤炭价格的放开，煤炭买方市场的形成，煤炭工业之间价格竞争战的白热化，许多煤矿为降低生产成本，人为地降低回采率，地质条件好则采，差则丢，也造成了煤炭资源的浪费。

3. 煤炭安全生产形势严峻

市场需求、利益驱动使得大中小煤矿普遍存在超能力生产的现象。这也成为矿井事故频发的重要原因。发生事故的已不再总是安全生产隐患严重而千夫所指的"小煤窑"，国有大型现代化矿井也事故不断。2004年"10·20"河南大平煤矿瓦斯爆炸事故，148人死亡；2005年"2·14"辽宁孙家湾特大瓦斯爆炸事故，214人死亡；2006年11月25、26日两天，竟接连发生了3起特大或特别重大煤矿瓦斯爆炸事故，共造成83人死亡；2007年3月18日，山西晋城市一煤矿发生21名矿工遇难的特大安全事故。而且事故发生后，该矿未及时上报，并破坏现场，致使大规模抢险救援被延迟了至少44个小时。这些触目惊心的矿难，固然与生产力发展水平和安全保障技术有关，但许多事故的发生更加具有人为所致的"人祸"色彩。

4. 生态环境问题严重

长期以来由于煤炭工业生产技术落后，在计划经济时期形成的生态环境观念淡薄，采用高度开采、高度排放、低度利用的生产模式，使得煤炭资源开采造成严重的生态环境破坏。

（1）煤炭资源开采对土地资源的破坏。在煤炭开采及其基建过程中，由于对土地的直接挖损、地面塌陷和煤矸石、灰渣、尾矿的堆积、压占等原因，不可避免地要侵蚀大量的土地。土地被毁不仅直接破坏了绿色植被，破坏了地表景观，造成区域环境状况的不断恶化，影响了农林牧业生产，危及农业基础，而且致使土地利用率降低，并加大了水土流失和沙漠化，影响了生态环境，有悖于中国人口多、耕地少的国情，使中国本身人均占有耕地面积日益减少。据调查测算，井下每开采万吨原煤造成的土地塌陷，少的有 0.5 亩，多的达 8 亩，平均一般为 2～3 亩。随着被侵蚀的土地日益扩大，人均耕地不断下降和各种社会经济条件的变化，征地、搬迁、安置越来越难，经济赔偿和征地搬迁费用大幅度上升，国家和企业都深感不堪重负。大量固体废弃物污染也是问题之一，一般煤矿的固体废弃物主要有煤矸石、露天矿剥离物、煤泥、粉煤灰和生活垃圾等。这些固体废弃物占用大量土地，影响生态，破坏景观。煤矸石自燃会污染大气，据统计，矸石山周围地区呼吸道疾病发病率明显高于其他地区。矸石山淋溶水有时呈现较强酸性或含有有害、有毒元素，污染周围的土壤和水体，使土壤中的微生物死亡，成为无腐解能力的死土，同时有害物质的过量积累，还会造成土壤盐碱化、毒化。

（2）煤炭资源开采对水资源的污染和破坏。在煤炭开采过程中，为了保证采矿安全，需要进行人为的疏干排水。伴随着煤炭开采的延伸，全国煤矿每年排出大量的矿井水使矿区地下水位不断下降。以致引起矿区水文地质构造变化，易形成以煤矿为中心的地下降落漏斗，采空面积增大后，从而破坏了浅中深层地下水源的补给、径流、排泄运动规律和储存条件，使煤层以上的地下水，以致地表水，通过渗漏到矿井，而煤矿的排水将疏干煤系地层以上的地下水，造成整个矿区内井、泉水位下降、干枯，地表径流减少、断流，进而使水利设施报废、水质污染，从而使本来缺水的地区供水更加困难。而大量未经处理的矿井水直接外排进入江河、湖泊、水库、地下水等水体，而这些未经处理的矿井水中含有大量的悬浮物、硫化物、化学需氧量和生化需氧量等污染物，不仅浪费了宝贵的水资源，而且对矿区周围的水环境造成了污染。不少矿区井泉干涸，在半干旱的西部矿区还有可能诱发荒漠化，进一步加剧水资源的短缺、影响区域的社会经济发展。除此之外，堆积越来越多的煤矸石不仅压占大量的土地资源，而且经降水的淋溶和冲刷也将煤矸石中含有的大量有害物质（尤其是重金属离子）带入了水循环系统中，造成周围环境的水体污染。受到严重污染的水不仅失去其作为资源的经济价值功能，而且直接影响工农业生产和国民经济建设发展的能力，最终严重地危及人民群众的生命安全。

（3）煤炭资源开采对大气的污染。煤炭的大规模开采和使用带来一系列的环境问题，除了对土地、水体造成危害外，同时对大气污染也十分严重。从我国大气污染状况分析，降尘量、总悬浮微粒浓度和二氧化硫浓度等主要指标，都大大超过国家规定标准和世界各国主要城市的污染水平。由于我国是以煤炭为主要能源的国家，民用煤的耗量约占原煤产量的一半，燃烧方式又落后，因此我国主要属于煤烟型大气污染。据有关文献报道，长期接触年平均浓度超标的烟尘和二氧化硫的居民肺癌发病率高，尤其是煤矿矿区燃煤量大以及煤矸石自燃，使矿区职工和家属肺癌发病率更高，而且呼吸道系统和常见疾病明显增多。

（四）中国煤炭资源流通过程中存在的问题

中国煤炭资源的基本特征：一是储量丰富，但地区分布极不平衡。大别山—秦岭—昆仑山一线以北地区资源量约占全国总资源量的94%，以南的广大地区仅占6%；若以大兴安岭—太行山—雪峰山一线为界，以西地区资源量占89%，以东仅占11%；新疆、内蒙古、山西和陕西四省区占全国总资源量的81.3%，东北三省占1.6%。正是由于这种煤炭资源的地区分布不平衡，造成了中国煤炭工业的分布不平衡，那就是大型煤炭工业大多分布在北方及西北，而南方却以中小型煤炭工业为主。二是中国煤炭资源与区域经济发展状况明显呈反向分布的特征。从总量上看，经济发达地区煤炭资源贫乏，经济落后地区煤炭资源丰富。煤炭资源集中在北部、西部，经济发达地区则集中在东部和南部沿海地区，从而形成了北煤南运、西煤东运的格局。由于煤炭产地与煤炭主要消费地之间的距离较远，造成煤炭工业成本增加，同时由于受到交通运输的制约，使得煤炭工业尤其是大型企业受到很大限制，不利于煤炭工业的发展。这就造成煤炭资源的流通成本增大和流通过程中的负效应。

①煤炭资源的需求量在一定时期是守恒的，但随着现代化开采技术的日益发达，开采量不断增大也加重了运输过程中铁路公路的超负荷运行，使铁路运输拥挤紧张和公路现状每况愈下，严重制约其他行业的正常发展。

②就全国而言中西部地区拥有的铁路公路量比较少，这就形成煤炭资源大量外运的"瓶颈"制约，由于这种制约，使原本紧张的运输业更是雪上加霜，紧张无序的矛盾愈演愈烈。

③由于简陋的运输条件，使煤炭资源这种易污染品在运输途中损失浪费加大，污染加重，公路两侧是黑黑的长带，铁路沿线更是黑尘飘扬，给沿途人民带来严重的环境污染。

四、地区煤炭资源开采规模的博弈分析

（一）煤炭资源开采具有地区自然垄断性

由于煤炭形成的环境不同及地质构造的变动作用决定了煤炭的赋存状况。中国煤炭资源主要分布在西部、北部，这种集中分布状况也决定了煤炭开采的规模经济显著。当然，由于煤炭开采成本受煤层埋藏深浅以及地质构造的影响较大，在一些煤炭赋存条件好的地区，开采规模要求不高，加之国家对资源、环境等问题上的监管体制与政策不完善，从而造成了大量小煤矿的掠夺式开采，它们根本就不受规模限制。这一方面是由于政策的监管不完善造成的；另一方面也与国家过去的产业政策——鼓励社会资金的进入有关。随着中国煤炭开采深度的不断增加，那种煤炭赋存较浅的条件将会越来越少，也就是说对开采规模要求不高的资源量将会越来越少。目前许多小煤矿之所以在规模经济不显著的条件下开采能有很大的生存空间，是因为它们把大量成本转移给了其附近的大煤矿，如依附于大煤矿的通风系统、排水系统等。大煤矿正是由于承担了附近小煤矿的绝大部分成本，同时被小煤矿抢占许多有利资源，因而也不能体现其规模经济。有许多大煤矿就是这么被小煤矿拖垮后，随着大煤矿的倒闭，小煤矿也随之消失。

（二）地区煤炭资源开采规模的博弈分析

利润最大化是每一个煤炭企业不断追求的目标，在激烈竞争的煤炭市场上，众多较小规模的煤炭企业从自身利益出发，采取种种措施来争取更大的利润，提高企业在煤炭市场中的地位，从而使企业不断壮大，立于不败之地。一般的做法就是不惜加大投入，不断扩大产煤量以使企业利润增加。然而盲目的增产，不仅不能增加企业利润，反而会使企业成本增加，利益受损，严重影响企业的进一步发展。更有甚者，企业之间为了争夺市场份额而加大产量的竞争，会造成社会公共资源过度利用、低效率使用和浪费。

1. n 个煤炭企业连续产量的古诺寡头模型

根据煤炭资源的地区自然垄断性，可以认为在同一地区的煤炭市场上有 n 个煤炭企业生产同质产品，每个煤炭企业可以通过产量、价格等竞争策略来争夺煤炭市场的份额。每个煤炭企业都是同时制定自己的竞争策略，或者虽然不是在同时作出决策，但后决策者在决策时对先决策者的决策一无所知。考虑 n 个煤炭企业销售相同产品的寡头市场产量博弈问题，由于市场容量有限，市场出清价格（煤炭全都能卖出去的最低价格）是投放到该市场上煤炭总量的递减函数，产品总量为 n 个煤炭企业各自产量的总和，假设 n 个煤炭企业可各自自由选择自己有能力生产的任何产量，煤炭企业之间既不存在相互的协商，也不受相互的限制，并且它们是在同一时间决定各自的生产产量，即是严格意义上的完全信息静态博弈。至此，n 个煤炭企业间接按照以下方式作出产量决策。

将上述问题看做一个博弈，那么 n 个煤炭企业就是其中的 n 个博弈方。它们可以选择的策略就是自己要开采和投放市场的产量，再假设产量是连续可分的，由以上假设可知，这是一个各博弈方同时决策的博弈，需要知道各博弈方的收益情况。设煤炭企业 i 的产量为 q_i，则 n 个煤炭企业的总产量就是 $Q = \sum_{i=1}^{n} q_i$，根据前面的讨论，已知市场出清价格 P 是总产量的线性递减函数，即

$$P = P(Q) = P(\sum_{i=1}^{n} q_i) \tag{2.3}$$

这样，煤炭企业 i 的收入就为：

$$q_i \times P = q_i \times P(\sum_{i=1}^{n} q_i) \tag{2.4}$$

再假设煤炭企业 i 生产单位产量的成本为固定的 C（即没有不变成本，边际成本等于平均成本等于常数 C），则其生产 q_i 单位产量的总成本为 $C \times q_i$。因此，煤炭企业 i 生产 q_i 产量的收益为：

$$u_i = q_i \times P(\sum_{i=1}^{n} q_i) - C \times q_i = q_i [P(\sum_{i=1}^{n} q_i) - C] \tag{2.5}$$

为使得煤炭企业收益最大，应根据纳什均衡定义求纳什均衡点。根据完全信息静态博弈纳什均衡点的定义，虽然本博弈中 n 个博弈方有无限多种可选策略，但是只要 n 个博弈方的一个策略组合（q_1^*，q_2^*，…，q_n^*）满足其中的产量为其他所有博弈方的最佳决策，就构成一个纳什均衡，即各煤炭企业收益均最大时的产量组合。

这样问题就归结为求：$\max\{q_i [P(\sum_{i=1}^{n} q_i) - C]\}$，因此只要能使各式各自对 q_i 的导数为 0，就一定能实现上式的最大值。求导数所得方程组的解就是本博弈唯一的纳什均衡。

2. 地区煤炭产量的博弈分析

（1）现以某一地区为例，运用博弈分析中的古诺寡头模型来对该地区煤炭

企业的决策产量进行剖析。从煤炭企业独立决策和联合起来共同决策两个方面来分析个体利润和共同利润最大化的状况,指出如果企业更多考虑合作,即联合起来决定产量,其效率将会得到大大提高。

假设该地区共有三家煤炭企业,共同生产煤炭以供应本地区煤炭的需求。煤炭总产出量为 Q 万吨,煤炭的市场出清价格 P 为总产量的减函数,即

$$P = P (Q) = 800 - Q \qquad\qquad\qquad (2.6)$$

再假设各煤炭企业生产单位产量的成本为固定的 C,且 $C_1 = C_2 = C_3 = 500$,则生产 q_i 单位产量的总成本为 $500q_i$。因此,三家煤炭企业收益为:

$$u_1 = q_1 P (Q) - C_1 q_1 = q_1 [800 - (q_1 + q_2 + q_3)] - 500q_1 \qquad (2.7)$$

$$u_2 = q_2 P (Q) - C_2 q_2 = q_2 [800 - (q_1 + q_2 + q_3)] - 500q_2 \qquad (2.8)$$

$$u_3 = q_3 P (Q) - C_3 q_3 = q_3 [800 - (q_1 + q_2 + q_3)] - 500q_3 \qquad (2.9)$$

再求各煤炭企业收益的最大值:

$$\begin{cases} \max_{q_i} (u_1 = 300q_1 - q_1^2 - q_1 q_2^* - q_1 q_3^*) & (2.10) \\ \max_{q_i} (u_2 = 300q_2 - q_2^2 - q_1^* q_2 - q_2 q_3^*) & (2.11) \\ \max_{q_i} (u_3 = 300q_3 - q_3^2 - q_1^* q_3 - q_2^* q_3) & (2.12) \end{cases}$$

式 (2.10) ~式 (2.12) 求最大值的三个式子都是各自变量的二次式,且二次项的系数均小于 0,因此 q_1^*,q_2^*,q_3^* 只要能使以上三式各自对 q_1,q_2,q_3 的导数为 0,就一定能实现最大值。令:

$$\begin{cases} 300 - 2q_1^* - q_2^* - q_3^* = 0 & (2.13) \\ 300 - 2q_2^* - q_1^* - q_3^* = 0 & (2.14) \\ 300 - 2q_3^* - q_1^* - q_2^* = 0 & (2.15) \end{cases}$$

解之得该方程组的唯一一组解 $q_1^* = q_2^* = q_3^* = 75$ (万吨)。因此,策略组合 (75,75,75) 是本博弈唯一的纳什均衡,也是本博弈的结果。即根据上述分析,模型中独立同时作产量决策,以自身最大利益为目标的三家煤炭企业都会选择生产 75 万吨煤炭产量,最终市场总产量为 225 万吨,市场价格为 575 元/吨,三方各自收益(利润)为 5525 万元,总收益为 16575 万元。

(2) 反应函数方法求解煤炭产量博弈的纳什均衡点。在无限策略的古诺模型中可以采用这样的思路,即先找出每个博弈方针对其他博弈方的所有策略(或策略组合)的最佳对策,然后再找出相互构成最佳对策的各博弈方策略组成的组合,也就是博弈的纳什均衡。只是其他博弈方的策略现在有无限多种,因此各个博弈方的最佳对策也有无限种,它们之间往往构成一种连续函数

关系。

在上面的讨论中，对煤炭企业二和三的产量 q_2、q_3，煤炭企业一的最佳对策产量就是 q_1，就是使自己在煤炭企业二和三在生产 q_2 和 q_3 的情况下利润最大化的产量，即 q_1 是最大化问题

$$\max_{q_i} u_1 = \max_{q_i} (300 - q_1^2 - q_1 q_2 - q_1 q_3) \qquad (2.16)$$

的解。令 u_1 对 q_1 的导数＝0，不难求出：

$$q_1 = R_1 (q_2, q_3) = \frac{1}{2} (300 - q_2 - q_3) (75, 75, 75) \qquad (2.17)$$

这样就得到了对于煤炭企业二和三的一个可能的产量，煤炭企业一的最佳对策产量的计算公式是煤炭企业二和三产量的一个连续函数，称这个连续函数为煤炭企业一对煤炭企业二和三产量的一个"反应函数"（Reaction Function）。同样的方法，可再求出煤炭企业二对煤炭企业一和三产量 q_1 和 q_3 的反应函数以及煤炭企业三对煤炭企业一和二产量 q_1 和 q_2 的反应函数：

$$q_2 = R_2 (q_1, q_3) = \frac{1}{2} (300 - q_2 - q_1 q_2 - q_2 q_3) \qquad (2.18)$$

$$q_3 = R_3 (q_1, q_2) = \frac{1}{2} (300 - q_3 - q_1 q_3 - q_2 q_3) \qquad (2.19)$$

由于这 3 个反应函数都是连续的线性函数，因此可以用三维坐标上的 3 条直线来表示它们，如图 2-2 所示。

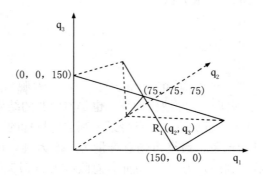

图2-2　古诺模型的反应函数

在 3 个反应函数对应的 3 条直线上，只有它们的交点（75，75，75）代表的产量组合，才是相互对方的最佳产量构成的，R_1（q_2，q_3）上的其他所有点（q_1，q_2，q_3）只有 q_1 是对 q_2 和 q_3 的最佳反应，q_2 和 q_3 不是对 q_1 的最佳反

应，而 R_2（q_2，q_3）和 R_3（q_1，q_2）上的点则刚好相反。根据纳什均衡的定义，（75，75，75）是该古诺模型的纳什均衡，并且因为它是唯一的一个，因此该博弈的结果与上面根据纳什均衡定义得到的结论是一样的。

（3）下面再从三个煤矿总体收益最大化的角度做一次产量选择。先根据市场条件求实现总收益（总利润）最大的总产量，设总产量为 Q，则总收益为：

$$V=p（Q）-cQ=Q（800-Q）-500Q=300Q-Q^2 \qquad (2.20)$$

容易求得使总收益最大的总产量为 150 万吨，最大总收益为 $u^*=22500$ 万元。

将其结果与三个企业独立决策，追求自身而不是共同利益最大化的博弈结果相比，不难发现此时总产量较小，而总利润却较高。因此从三个企业的总体来看，根据总体收益最大化确定产量效率更高。换言之，如果三个企业更多考虑相互合作，联合起来决定产量先定出使总收益最大的产量后，各自平均生产，则各自可分享到的收益为 7500 万元，比只考虑自身利益的独立决策行为得到的收益要高 1975 万元。

五、煤炭资源开采规模的影响因素分析

（一）煤炭资源开采规模的影响因素

煤炭资源开采规模确定的正确与否，直接关系到国家经济建设的基础。影响煤炭资源开采规模的因素很多，既有煤炭工业内部的资源条件、地质条件、开采技术条件，又有运输能力、煤炭需求状况等外部约束条件。

1. 煤炭储量

埋藏在地下具有开发利用或潜在利用价值的煤炭数量，称作煤炭资源量。经过一定的地质勘探工作，确定符合国家规定的储量计算标准，并具有一定工业开发利用价值的煤炭资源量称作煤炭储量。埋藏在地下的煤炭资源是不可再生的有限资源。一般情况下，煤炭储量是在预测煤炭资源量的基础上，随着煤田地质理论和探测技术水平的提高、勘察资料的积累和对成煤条件认识的深化，煤炭储量是逐年有所增加的。如 2007 年国土资源调查及地质勘察发现新增原煤储量为 406.2 亿吨。煤炭累计探明储量减去生产矿井已经采出和损失的储量并计算了因多种因素引起的储量变化之后，所余下的称为煤炭保有储量。煤炭开采率的高低直接决定着煤炭开采的浪费程度。

煤炭资源开采量在图形上普遍表现为像钟形一样的曲线，即开采量逐渐增加至最大值，然后是短期峰值，并逐步下降。之所以会出现这样的情况，是因为煤炭资源的储量是一定的，总有一天会消耗殆尽。煤炭工业与其他企业最大的不同点之一是煤炭工业的生产资源是有限的、不可再生的。企业在生产过程中不仅消耗人力、物力，而且还消耗其生产资源本身。不同点之二是煤炭工业的大部分基本建设投资均用于井下巷道的建设，形成煤炭工业特有的固定资产，这些固定资产随着矿井的使用、井下煤炭资源的枯竭而报废，其残值几乎为零。因此，煤炭工业生产能力应与其资源储量相适应。

2. 价格

煤炭价格是煤炭生产供给的核心问题。煤炭供给需求关系决定着其价格的高低。从供给方面看，针对目前煤炭需求量较大的情形，地方和乡镇煤矿都扩大了生产规模；从需求方面看，中国各行业都处于经济增长时期，特别是电力、冶金、建材、石化等主要耗煤行业，其需求不断增加，价格一路上扬，生产和销售利润已经得到极大改善，将刺激各类煤炭生产企业继续增产，促进煤炭产量增加。未来煤炭价格走势主要受供需关系、价格管制及煤炭成本驱动等影响。从目前的供求关系看，需求略大于供给，这给煤炭价格上扬带来了一定空间。

3. 成本（内部成本＋外部成本）

除了煤炭价格外，生产者更为关注的就是开采成本，煤炭开采成本是煤炭工业为开采煤炭产品所发生的相关支出费用，由于煤炭开采存在着严重的外部性，所以其成本应为经济成本，即生产中使用经济资源的总代价，包括两部分：内部成本和外部成本。内部成本即企业在经营过程中所发生的一切实际支出和资本的折旧；外部成本是指由于煤炭开采活动给未直接参与该活动的他人和社会公众带来的成本。本节仅指因煤炭开采造成的地面或建筑物塌陷、水土流失、生态恶化、环境污染等生态环境成本。目前的煤炭开采成本仅对发生的部分直接费用进行了核算，并没有反映出生态环境成本，直接导致煤炭产品成本失真，带来的一个突出问题是煤炭开采过程中和使用过程中的浪费。

4. 技术水平

开采技术水平主要是指煤层赋存条件对现有开采技术的适应程度，包括矿井内地质构造破坏程度、煤炭埋藏的稳定性、煤层倾角、开采深度、矿井水文地质条件和煤层瓦斯涌出量等。技术因素是影响开采外部性的最重要的因素之一。掠夺式的开采方法、缺少必要的环保技术措施和安全技术措施，会导致资源浪费、环境污染和安全事故，使社会承担资源成本、环境成本和安全成本。

对于地质构造复杂的井田，由于煤层破坏严重，很难形成适于机械化开采的工作面，工作面单产低。煤层倾角和煤层埋藏的稳定性对产量确定影响较大，如对急倾斜煤层或煤层赋存不稳定的井田，开采工作相对较为困难。开采深度也是一个重要的影响因素，矿井水文地质条件和煤层瓦斯涌出量从安全生产的角度对产量的确定也较为重要。如果井田内煤层瓦斯涌出量大，所需风量大，通风能力可能成为限制产量的主要因素；若矿井涌水量大，为减少排水年限，可适当加大开采能力，缩短开采年限，减少排水费用。

如果将与外部性相关的开采方法、开采工艺、环保技术和安全技术的先进性用一个综合的"技术水平"来表示，那么，较高技术水平必然对应较低的外部成本。然而，较高的技术水平需要较大的投资，这样，较高的技术水平又对应较高的生产成本。仅从表面上或短期来看，采用较高水平的技术，会使总成本增加，但从长远利益看，这部分费用投入的目的是间接降低成本。

5. 外部运输能力和市场需求

煤炭属于大宗货物，而且我国煤炭生产地区和主要消费地区在空间分布上存在着较远的距离。煤炭企业大多位于经济发展较为落后的偏远地区，生产出的煤炭产品需要运输到经济发达地区加以利用。因此煤炭工业外部的运输能力是限制企业生产能力的一个重要外部因素。运输环节就成了连接煤炭生产和煤炭运输消费的重要桥梁。运输价格和运输能力直接关系到煤炭的生产供给能力、煤炭产品的中间成本和终端价格。煤炭从生产到消费，中间需要运输环节，这是煤炭产品实现其价值的必要环节。由于煤炭数量大，价值相对较低，因此运输等中间费用在煤炭价格中占有很大的比例。只有当生产规模和外部运输能力相适应时，才能够保证生产出的煤炭产品能够完全被利用，充分发挥其价值。

铁路是我国煤炭的最主要的运输方式，由于铁路运输能力一直相对不足，煤炭生产增长速度过快，就会给铁路运输带来很大的压力，有时需要国家出面组织抢运煤炭的行动，以保证对电力、钢铁建材等重点行业的煤炭需求。所以，要实现煤炭产业完全市场化，促进煤炭产业健康发展，一个关键就在于运输能力的提升。加强运输能力建设对于降低煤炭价格，推进煤炭产业市场化改革具有重要的意义。

另外，矿井生产能力的确定也要考虑煤炭市场需求状况，应极力避免出现由于产销不平衡所引起的落地煤自燃发火，既浪费人力、财力，又浪费煤炭资源，造成企业严重亏损的现象。

考虑到外部运输能力可以改善，煤炭市场需求量在不断变化，而矿井生产规模一经确定，生产设备一经选定就很难进行调整、更换。因此若确定的矿井生产规模上限值是由可采储量所决定的，则需对其进行适当扩大，保证其有一定的富余系数，以适应外部条件的变化。

6. 能源政策性因素

煤炭资源的勘探和开发，受到能源政策的影响和制约。煤炭企业和政策制定者都关注着煤炭资源的开采寿命。如煤炭资源的勘探必须到国家国土资源管理部门申请获得探矿权；煤炭资源的开发必须要获得国家矿业部门的开采许可证；等等。随着煤炭产业规范化发展，煤炭产业进入条件日益严格是必然的趋势。20世纪80年代以前，中国煤炭工业基本上是国有统配煤矿一统江山。1980年《关于1980、1981年国民经济计划安排的报告》中提出煤炭开发将采取多种方式，能源建设的主体由以国家为主改为多种经济成分共同发展。1983年国务院发出通知，鼓励各行各业办矿，鼓励群众办矿。多种国有经济成分共同发展对煤炭增产效果很明显，尤其是乡镇煤炭的发展使煤炭生产由国有大型煤矿为主逐步转向为国统矿、地方国营矿和乡镇煤矿三分天下，最终演变为乡镇煤矿占据半壁江山，成为煤炭生产主力军。

1985～1994年的10年间，国有重点煤矿产量年均增长了2.17%，地方国营矿年均增长1.51%，乡镇煤矿年均增长幅度为7.84%。这也同时造成了中国煤炭工业规模偏小，企业集中度低，小企业众多。自1994年起中国煤炭库存就已超出合理库存量。到1996年历时11年的煤炭工业总承包管理体制终止，煤炭完全由市场定价。而到1996年煤炭供大于求的问题已经比较严重。由于煤炭供大于求导致了煤炭生产秩序比较混乱、煤炭生产企业竞争过度、煤炭资源浪费严重等一系列问题，煤炭生产政策也发生了根本性的变化，由原来鼓励生产扩张转向限制煤炭产量。1997年以《煤炭法》和《矿产法》为法律依据，在全国范围内组织开展了大规模的依法整顿煤炭生产秩序的活动，使非法办矿、违法办矿、违法开采初步得到遏制。

1998年国务院再次决定压缩煤炭产量。这使得中国煤炭工业的集中度有了一定程度的提高。到2000年底，中国煤炭工业集团化取得了一定的进展。在中央直接管理的44家国有特大型企业中，煤炭企业有神华集团；在国家的120家企业集团试点中，煤炭企业有兖州矿业集团公司；在全国520家国家重点企业中，煤炭企业有34家。

2000年以来，通过关井压产，强化安全监察，一大批破坏、浪费资源，安全没有保障的小煤矿被关闭取缔。通过实施关闭破产，一批资源濒临枯竭、扭亏无望或者生产高灰、高硫煤的国有煤矿（矿井），相继进入或陆续完成关闭破产法律程序，退出煤炭生产领域，国内煤炭供求失衡状况暂时得以缓解。再加上受国际石油价格大幅上升的影响，中国煤炭工业出现了一定程度的复苏。现阶段中国正处在煤炭管理体制改革阶段，所以煤炭开采规模受国家政策的影响非常大。

（二）影响因素间的关系

通过以上影响因素的分析，不难发现影响因素之间存在着各种相互关系，并最终体现到价格和成本两个方面。根据经济学原理，在价格不变的条件下，成本增加，生产者供给将减少，将会使市场失衡，导致供不应求，结果，价格又将上升，价格上升将增加供给，重新回到均衡状态，即

$$\overline{P}, C\uparrow \rightarrow Q_s\downarrow 供不应求\rightarrow P\uparrow\rightarrow 市场均衡 \tag{2.21}$$

而成本的变化主要取决于开采率、累计开采量及技术水平变化，即

$$C= f\ (x_t,\ X_t,\ Z_t) \tag{2.22}$$

一般而言，随着煤炭的不断开采，开采难度逐渐加大，其开采成本不断增加且以递增的速度增加；同时，随着技术水平的不断提高，刚开始可能会增加成本，但长远来看，会降低其开采成本及边际开采成本，即

$$C'_x>0,\ C''_x>0,\ C'_z<0$$

$$C''_{xx}>0,\ C''_{Xx}=C''_{xX}>0,\ C''_{xZ}<0$$

并且 $C''_{Xx}>0,\ C''_{xZ}<0$

文中 $C'_x=\partial C/\partial x$，$C''_{xx}=\partial^2 C/\partial x^2$，其他同理。

累计开采量为各期开采之和，即

$$X_t = \sum_{i=0}^{t} x_i \tag{2.23}$$

企业一般按照利润最大化原则选择开采技术水平。采煤企业是否选择高水平的技术，完全取决于其是否承担前面所谈及的外部成本，如果企业可以不承担或只承担很小部分外部成本，企业无疑会选择较低的技术水平。反之，则必须选择高技术水平。

六、煤炭资源开采规模优化模型

煤炭是有限的、不可再生的自然资源，随着开采利用而逐渐减少，直到耗竭殆尽，长远来看是不可能持续利用的。分析煤炭开采的可持续发展程度，应

从其可供消耗的时间长短比较其相对的可持续性。之所以引入相对的概念，一是由于煤炭资源虽然总体上是有限的，但并不能得到确切的地质总储量，在对已掌握的地质资源量进行开采而不断地消耗减少进程中，也随着地质勘探的进行和勘察手段的进步又有所增加，即随着时间的推移而不断地发生变化，只能根据某一时期掌握到的资源量加以估算分析。二是煤炭作为化石矿物燃料在其燃烧中对自然环境有较大的污染，人们力图用新的洁净能源取代，加上它的不可再生性，也需要以其他能源取代。在替代能源出现之前，煤炭资源不被耗竭，便可认为是达到了可持续发展的要求。而这一时刻发生在多少年之后却难以预测，因此只有从相对延长煤炭可供开采的年限来增加煤炭开发的可持续性。

（一）煤炭开采规模优化模型

1. 模型的建立

如果一块煤田的地质可采储量为 Q_R，累计生产量为 Q_P，剩余可采地质储量为 Q_S，三者之间的关系为：$Q_R = Q_P + Q_S$。地质可采储量的采出率：$R_D = Q_P/Q_R$。定义剩余可采储量与地质可采储量之比为剩余可采比，用 R_S 表示，则有 $R_D + R_S = 1$，且 $0 \leqslant R_D \leqslant 1$；$0 \leqslant R_S \leqslant 1$。由于随着采出时间的延续累计采煤量 Q_P 是持续上升的，因此，其对应的可采储量 Q_R 趋于下降，可采储量采出率的时间函数必然趋于上升，而剩余可采比的时间函数趋于下降。分析煤炭可采储量与累计生产量之间的关系可以发现，可采储量的采出率的上升规律符合下列方程：

$$R_D = \frac{Q_P}{Q_R} = \frac{1}{1 + bt^{-a}} \quad (a > 0; \ b > 0) \tag{2.24}$$

式中：a、b 为拟合系数。由煤炭地质可采储量的采出率与剩余可采比的关系方程，可以得到剩余可采比的时间函数为：

$$R_S = 1 - R_D = \frac{bt^{-a}}{1 + bt^{-a}} \quad (a > 0; \ b > 0) \tag{2.25}$$

由式（2.24）可以得到累计煤炭开采量的时间模型为：

$$Q_P = \frac{Q_R}{1 + bt^{-a}} \tag{2.26}$$

因为煤炭生产的累计产量是瞬时产量的积分，则对式（2.26）求导数可得到煤炭开采的瞬时产量函数：

$$Q_t = \frac{-b \, (-a) \, t^{-a-1} Q_R}{(1 + bt^{-a})^2} = \frac{abQ_R t^{-a-1}}{(1 + bt^{-a})^2} \tag{2.27}$$

为了求得煤炭开采的最高产量及其发生时间，对式（2.27）中的时间变量再次求导，并令其等于零，即

$$\frac{dQ_t}{dt}=\frac{abQ_Rt^{-a-2}\left[b（a-1）t^{-a}-（a+1）\right]}{(1+bt^{-a})^3}=0 \qquad (2.28)$$

由于 $1+bt^{-a}\neq0$，所以 $b（a-1）t^{-a}-（a+1）=0$，即煤炭最高生产量的发生时间为：

$$t_H=\sqrt[a]{\frac{b（a-1）}{a+1}} \qquad (2.29)$$

将式（2.29）代回到式（2.28）得到煤炭最高年产量为：

$$Q_H=\frac{Q_R}{4a}（a^2-1）\sqrt[a]{\frac{a+1}{b（a-1）}} \qquad (2.30)$$

将式（2.29）代回到式（2.26）得到达到最高年产量时的累计产量为：

$$Q_{PH}=\frac{a-1}{2a}Q_R \qquad (2.31)$$

由于利用累计产量方程积分求得的瞬时产量方程，在进行累计产量瞬时化时特别复杂，而且利用实际产量替代瞬时产量进行预测的误差很大。因此，在实际预测过程中常采用两期累计产量的差额进行年度生产规模预测，预测方程为：

$$\begin{cases}Q_1=Q_P（1）\\Q_t=Q_p（t）-Q_p（t-1）=\dfrac{bQ_R\left[（t-1）^{-a}-t^{-a}\right]}{(1+bt^{-a})\left[1+b（t-1）^{-a}\right]}\end{cases} \quad (t\geqslant2)$$

$$(2.32)$$

2. 模型参数的确定

进行最高产量及其发生时间的确定，首先必须要确定参数 a、b，由式（2.24）得到下列关系方程：

$$\left[\frac{1}{Q_P}-\frac{1}{Q_R}\right]=\frac{b}{Q_R}t^{-a} \qquad (2.33)$$

两边取对数得到：

$$\ln\left[\frac{1}{Q_P}-\frac{1}{Q_R}\right]=\ln（\frac{b}{Q_R}）-a\ln t \qquad (2.34)$$

令 $Q'=\ln\left[\frac{1}{Q_P}-\frac{1}{Q_R}\right]$，$b'=\ln（\frac{b}{Q_R}）$，$a'=-a$，$t'=\ln t$，则有：

$$Q'=b'+a't' \qquad (2.35)$$

可见，煤炭生产的累计产量与地质可采储量的倒数差的对数，与时间变量

的对数为线性关系，应用线性回归分析可以很容易求得线性方程系数。把回归参数 a' 和 b' 代回到原公式，便可得到累计产量方程参数 a、b，从而可以确定累计产量和年度生产量预测方程的表达式。

3. 实例分析

山西省同煤集团轩岗煤电公司刘家梁矿已探明储量为 34483 万吨，探明可采储量为 16393.6 万吨，自 2003 年来的年开采量见表 2—1。

表 2—1　刘家梁矿年开采量（2003～2008 年）

年份	2003	2004	2005	2006	2007	2008
年开采量（万吨）	101.17	115.67	131.17	145.17	152.23	160.59

下面利用 Excel 为工具来计算参数 a、b。

表 2—2　计算回归方程的一些参数

年份	t	年产量 Q_t（万吨）	累计产量 Q_P（万吨）	$\dfrac{1}{Q_P}-\dfrac{1}{Q_R}$	$\ln\left[\dfrac{1}{Q_P}-\dfrac{1}{Q_R}\right]$	ln t
2003	1	101.17	101.17	0.009823354	−4.622992702	0
2004	2	115.67	216.84	0.004550696	−5.392475125	0.693147181
2005	3	131.17	348.01	0.002812481	−5.873688184	1.098612289
2006	4	145.17	493.18	0.001966658	−6.231419710	1.386294361
2007	5	152.23	645.41	0.001488403	−6.510051350	1.609437912
2008	6	160.59	806.00	0.001179695	−6.742499031	1.791759469

为了计算累计产量方程的参数，按上述方法构造回归方程，利用 Excel 中的 LINEST 函数求得 $a'=-1.1841$ 和 $b'=-4.5971$。因为已知 $Q_R=16393.6$（万吨），将数据代入原式可得到：

$$a=1.1841, \qquad b=165.2643$$

利用式（2.29）求得煤炭最高产量的发生时间为：

$$t_H=\sqrt[a]{\frac{b(a-1)}{a+1}}=9.2491\approx10 \text{（年）}$$

利用式（2.30）求得最高产量为：

$$Q_H=\frac{Q_R}{4a}(a^2-1)\sqrt[a]{\frac{a+1}{b(a-1)}}=150.4704 \text{（万吨）}$$

（二）用线性规划优化煤炭工业开采规模

1. 线性规划模型描述

在企业生产和经济管理等领域中，人们常会遇到这样的问题，如何从一切可能的方案中选择最好、最优的方案，在数学上把这类问题称为最优化问题。如何解决这类问题，在当今市场经济环境下，是一个关系到国计民生的重要问题。

线性规划（Linear Programming）是理论和方法都比较成熟，并具有广泛应用价值的一个运筹学分支。在运筹学的发展过程中，线性规划给了工业运筹学一个重要的援助，它已经被广泛应用于生产企业、化工、交通、邮电、建筑、医药等经济管理的各个领域。企业、政府部门的许多工作都使用了线性规划方法，并且均取得了丰硕的成果。如果一个问题的限制条件可以写成某些决策变量的线性方程组或线性不等式组，目标可以写成决策变量的线性函数，那么这个问题的数学模型就是线性规划问题。线性规划法是研究如何将有限的人力、物力、设备、资金等资源进行最优计划和分配的理论方法。这种方法广泛地用于解决一些问题，原因主要有三个：①在各个领域中有大量的问题可以用线性规划模型表示或至少可以用线性规划模型近似表示；②存在可用的求解线性规划问题的有效方法；③通过线性规划模型，利用灵敏度分析（Sensitivity Analysis）易于处理数据的变化问题。

企业管理是一种典型的复杂系统，利用模型描述这类系统是一件非常困难的工作，为此在建模和求解过程中对研究对象作出一些简化是非常必要的，这也是各类线性模型受到重视和广泛应用的原因之一。线性规划模型受到重视和得到广泛应用的现实表明，尽管经济系统非常复杂，但应用线性模型仍然能够描述和解决大量的实际问题。为了研究问题方便，本章将研究对象限定为那些可以用线性规划模型描述的系统。

对于求取一组变量 x_j（$j=1, 2, \cdots, n$）使之既满足线性约束条件，又使具有线性特征的目标函数取得极值的一类最优化问题称为线性规划问题。线性规划模型建立须具备以下条件：一是最优目标。问题所要达到的目标能用线性函数来描述，且能够使用极值，即最大或最小值来表示。二是约束条件。达到目标的条件是有一定限制的，这些限制可以用决策变量的线性等式或线性不等式来表示。三是选择条件。有多种方案可以供选择，以便从中找出最优方案。线性规划问题的一般数学模型如下：

目标函数：$\max Z \ (\min Z) = C_1 x_1 + C_2 x_2 + \cdots + C_n x_n$ \hfill (2.36)

$$
\text{Subject to.}\begin{cases}
a_{11}x_1 + a_{12}x_2 + \cdots + a_{1n}x_n \leqslant (=, \geqslant) b_1 \\
a_{21}x_1 + a_{22}x_2 + \cdots + a_{2n}x_n \leqslant (=, \geqslant) b_2 \\
\vdots \\
a_{m1}x_1 + a_{m2}x_2 + \cdots + a_{mn}x_n \leqslant (=, \geqslant) b_m \\
x_1, x_2, \cdots, x_n \geqslant 0, b_i \geqslant 0 \quad (i=1, 2, \cdots, m)
\end{cases} \tag{2.37}
$$

其中，式（2.36）称为目标函数；式（2.37）称为约束条件。

x_j（j=1，2，…，n）称为决策变量；C_j（j=1，2，…，n）称为价值系数或目标函数系数；b_i（i=1，2，…，m）称为资源常数或约束右端系数；a_{ij}（j=1，2，…，n；i=1，2，…，m）称为技术系数或约束系数。

2. 建立煤炭资源开采规模的线性规划模型

在建立线性规划优化模型过程中，最重要的并不是了解如何求解线性规划模型，甚至可以说，在如何求解的问题上可以不做要求，而最重要的是要善于针对面临的内、外具体实际情况，建立起实用的模型。那么，先要弄清以下几个方面的问题：第一，必须明确目标函数；第二，必须明确约束条件；第三，必须明确单位利润。煤炭资源的储量随开采过程而减少，煤炭资源的初始储量给定，开采成本随储量下降而上升。

建立煤炭资源开采规模的线性规划模型的过程如下：

（1）目标函数。

$$
\max E = \sum_{i=1}^{n}(P_i - C_i)Q_i - D \quad (i=1,2,\cdots,n) \tag{2.38}
$$

式中：E 为煤炭企业总盈利（万元/年）；P_i 为第 i 矿原煤售价（元/吨）；C_i 为第 i 矿原煤成本（元/吨）；Q_i 为第 i 矿原煤产量（吨）；D 为生态环境总补偿费用。

（2）煤炭资源储量约束。

$$
Q_{i\,min} \leqslant Q_i \leqslant Q_{i\,max} \tag{2.39}
$$

式中：$Q_{i\,min}$ 为第 i 矿开采量下限值（吨/年）；$Q_{i\,max}$ 为第 i 矿探明可采储量。

开采量下限值，即最小开采规模，是指在正常技术经济条件下，保证煤炭企业有一定收益的最小生产规模。煤炭企业的生产成本是由固定成本和变动成本两部分组成的。固定成本是指在一定范围内不随产品产量变动而变动的费用。如固定资产折旧费、行政管理费、管理人员工资等。变动成本是指在产品成本中随产品产量变动而变动的费用。如材料费、动力费等。煤炭企业生产应保证生产煤炭产品所获得的收入除抵偿其生产成本支出外还能够获取一定的利润。

设利润率为 r，则单位产品的利润 $R_利 = P \times r$，故最小规模为：

$$Q_{i\min} = \frac{C_d}{P - R_税 - R_变 - R_利}$$ (2.40)

式中：$Q_{i\min}$ 为最小开采规模，单位为万吨；C_d 为生产固定成本，单位为元；P 为吨煤售价，单位为元/吨；$R_税$ 为吨煤税金，单位为元/吨；$R_变$ 为吨煤变动成本，单位为元/吨；$R_利$ 为吨煤利润，单位为元/吨。

（3）技术水平约束。

$$Q_i \leqslant \sum_{j=1}^{m} q_{ij}$$ (2.41)

式中：q_{ij} 为第 i 矿第 j 个工作面的生产能力（吨/年）；m 为第 i 矿内最大可能同采工作面数（个）。

（4）运输能力和市场需求约束。

$$Q_i \leqslant V_i$$ (2.42)

式中：V_i 为第 i 矿外部运输能力（吨/年）。

（5）生态环境约束。

上文分析了因为煤炭资源开采带来的生态环境问题。具体由煤炭资源开采造成的环境成本如图 2-3 所示。就煤炭资源地区而言，生态环境状况趋好或变坏，与该地区煤炭资源开采规模及生态环境恢复治理投入强度高度相关。"先破坏、后保护；先污染、后治理；先耗竭、后节约"，永远不可能实现可持续发展。所以，要保持煤炭资源地区生态环境能够满足人类社会可持续发展的需要，必须在现有的生态环境治理技术和可能的物质投入强度基础上，把煤炭资源开采引发的破坏限制在生态环境可承受的限度之内。也就是在生态环境约束条件下的煤炭资源开采规模。煤炭资源与生态环境状况密切相关，必须在开采过程中就将二者综合考虑，及时采取措施，来限制和减少煤炭开采的负效应，才能真正实现煤炭资源的可持续利用。

$$\max E \geqslant D = B_1 + B_2 + B_3 + B_4 + B_5$$ (2.43)

式中：B_1 为土地资源破坏补偿费用；B_2 为水资源破坏补偿费用；B_3 为大气污染补偿费用；B_4 为人体健康损害补偿费用；B_5 为生态退化补偿费用。

（6）政策约束。

$$\sum_{i=1}^{n} Q_i \leqslant (=, \geqslant) G$$ (2.44)

式中：G 为政策限制的开采规模（吨）。

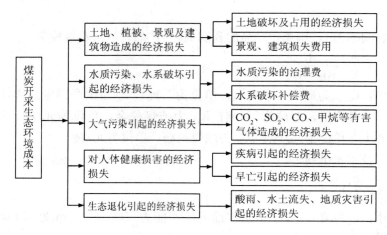

图 2—3　煤炭资源开采的环境成本

七、煤炭资源可持续开采利用对策建议

（一）煤炭资源可持续开采利用的基本思路

由于煤炭资源开采的负效应是私人成本脱离社会成本而产生的，所以消除负效应的基本思路应该是使企业私人成本与社会成本相一致，使生产者把负效应计入成本。实现上述思路的基本方法有两种，第一种是管制手段，即政府部门用行政命令及法规条例的形式，控制或强迫企业将负效应计入社会成本；第二种是经济手段，即政府部门利用市场机制，促使企业自发地控制负效应。经济手段包括税收（收费）制度，用税收（收费）来弥补私人成本与社会成本之差，使私人成本与税收（收费）之和等于社会成本；经济手段还包括把外部性当做一种特殊的"产品"建立一个外部性产权市场，以克服市场失灵或市场缺位。因为在经济学中，外部性的本质是产权界定的不确定。如在煤炭开采中，煤炭资源及土地所有权属国家，而煤炭企业只有开采权，即实际产权属国家，名义产权属企业，当实际产权与名义产权脱离，企业无须承担其开采行为的全部后果时，就产生了煤炭开采的负效应，因此，明晰的产权界定对外部性优化有重要意义，所以，建立外部性产权市场，也是解决外部性问题有效的经济手段之一。

（二）完善资源管理政策

　　煤炭资源是一种本身具有价值的资源性资产，廉价甚至无偿占有资源是造成浪费的重要根源。世界先进产煤国都十分重视煤炭资源的管理，对煤炭资源管理有着严格的立法，并建立完善的管理体系，通常采用采矿租地，并实施资源勘探和采矿许可证制度。美国煤炭公司开采煤炭，在煤炭资源方面需缴纳多种费用：一是土地使用费，即土地的出租费；二是权利金，即矿产资源费，无论资源好坏都要交，可称绝对资源地租，按净收入的百分比缴纳，露天矿交12.5％，井工矿交8％；三是红利，可称相对资源地租，各矿缴纳的数量不同，资源条件好的多交一些，资源条件差的不交或少交。

　　落实科学发展观，实现煤炭工业全面、协调、可持续发展，必须改善中国的煤炭资源管理政策。中国煤炭资源现行的有偿使用制度，是通过征收资源补偿费和资源税实现的。但是这两种形式是以煤炭产量或销售收入为征收基础，不能真实反映资源本身的价值，没有体现出煤炭资源资产化管理和资源有偿使用的全部内涵，不利于提高资源回收率，也不利于促进资源的有效利用。在市场经济条件下，国家作为资源所有者不应该放弃收益权，应该明确煤炭资源的产权关系，即对采矿权有偿出让，使实际产权与名义产权相统一，这是解决煤炭开采中资源浪费及争夺资源问题的根本途径。必须对煤炭资源实行资产化管理，以合理的资源价值为基础，建立高效的资源市场运行机制，通过资源资产市场和价格的杠杆作用，促进煤炭资源的合理配置，达到既保护资源又发展生产的目的。首先，根据《矿产资源法》，煤炭开采企业必须向国家缴纳资源税及资源补偿费，针对目前部分煤炭工业人为降低回采率和挑肥拣瘦开采煤炭的做法，必须考虑把此项税收与资源回采率挂钩，实行等级差异的税收办法，形成煤炭资源节约的激励机制。其次，根据煤炭产品的含硫量及含碳量，征收硫税及碳税，刺激煤炭工业实施"绿色营销"战略，提高煤炭洗选率，向社会提供低硫、低灰、高发热量的商品煤，即以质计价。最后，应调整提高目前偏低的排污收费标准，以刺激煤炭消耗企业加大环保投入，实现清洁化生产。

　　同时可采取的制度包括可交易的土地塌陷许可证的"拍卖"制度和可交易的废气排放许可证的"拍卖"制度。可交易的许可证"拍卖"制度，要求政府首先要依据一定的标准，对负效应的总量预先设定，将其产权化，创造出"土地破坏权"及"大气污染权"，然后，政府通过企业之间的谈判将已产权化的负效应"拍卖"给企业。这样，煤炭生产利用的两大主要负效应就"内部化"为企业的生产成本。政府用许可证的拍卖所得费用对负效应的受害第三方进行补偿及大气污染的治理与土地的复垦。同时，企业间通过许可证的自由交易，使那些拥有低成本高效率负效应削减技术的企业有充分表现的机会，而这方面较弱的企业也不必勉强为之忍受奇高成本。这种制度的优点在于，通过政府向企业的拍卖交易行为，发挥宏观管理的优势实行了总量控制；通过企业之间的自由交易转让，发挥了市场调节作用，为企业提高负效应削减技术水平提供了动力机制。

（三）加强管理和行政干预

事实证明，计划对外部性问题的解决上发挥了市场所缺乏的至关重要的功能。通过计划、预见来预测及防止外部性影响的成本要比事后解决低得多。保持煤炭资源的最佳开采规模是一项系统工程，需要财政、金融等部门配合，涉及的经济政策、环境、资源、产业政策也要全面清理和配套，各职能部门和企业在其中的定位都需深入细化。在煤炭资源的开采利用问题上，政府应根据中国煤炭资源的分布及煤种特点制定煤炭资源开发的全国性的统一计划及战略，建立煤炭资源的核算体系及节约体系，要做到适度开发，合理利用。为此，各部门要协调配合，着力制定、实施切实可行的激励政策，同时要加大政策落实力度。积极利用市场经济的调节手段，采取诸如价格、税收和财政等经济政策，激励和刺激循环经济的发展。如为鼓励企业多节约自然资源、多利用再生资源，应大幅提高自然资源税，加大对再生资源利用的税收优惠。

在投资政策上要向国有大型煤炭项目倾斜，在银行信贷部门，应加大对循环经济项目的支持倾斜力度，尤其是向煤炭洗选及精加工项目煤层气开发项目，洁净煤生产技术、液化技术及煤炼油技术的研究及开发等项目倾斜。另外，实行项目决策终身制，对那些设计失误、决策失误等人员和部门，只要还在中国境内存在，只要项目实施而达不到原计划的经济效益，就要严肃追究其法律责任，只有这样，方能有效规范中国能源市场和提高中国基本建设投资质量。要重视项目的审批，在投资项目评价中，不但要进行财务评价，还要进行国民经济评价及环境的、社会的综合评价。对不符合社会、环境评价的项目，应坚决不予批准或予以关停。政府要采取有力的行政手段，对非法开采的小煤窑及回采率极低造成煤炭资源严重浪费的煤矿、排污严重超标的小型燃煤电厂予以坚决关停；同时，应制止煤炭市场的恶性循环价格竞争，完善煤炭市场管理体系及价格体系，坚决打击社会上的"倒煤现象"，让那些从中渔利的非法倒煤者真正"倒霉"。

（四）提高煤炭资源流通过程的管理水平

加强宏观调控是实现资源优化配置的最有效手段，从而可避免市场运作带来的盲目性和无序性，国家应该建立专职部门，规范和协调各地区的煤炭资源流通，使煤炭产品结构和性能符合最佳效益的利用和配置。第一，根据地理条件，由国家调整行业的产业结构，打破行业垄断，在经济合理的条件下，将煤炭资源就地转化为电力等其他产品，以减少运输成本和在途煤损；第二，实施运输业的绿色长廊，增加对公路和铁路的污染收费，强制实施封闭运输，外国发达国家大部分采用环保型的集装箱式的运输方式，从而大大减少污染，中国也必须向这方面发展；第三，由政府制定煤炭统销政策，规范价格体系，使产供销自成体系，即产用直接见面，减少中间多余的流通环节，从而净化煤炭市场。

（五）制定和实施技术政策

煤炭消费对环境造成污染虽难以完全避免，但它可以洁净利用。洁净煤技术是指煤炭在开发利用过程中，旨在减少污染与提高利用效率的加工、燃烧及污染控制等技术，是使煤作为一种能源应达到最大限度潜能的利用，而释放的污染控制在最低水平，达到煤的高效、洁净利用的技术。发展洁净煤技术，对环保、节能、资源综合利用等社会公益事业有重大促进作用，国家必须尽快出台对洁净煤技术基础研究、科技攻关及示范项目的立项和经费予以重点扶持的政策。

要把提高煤炭资源回收率、保护生态环境作为煤炭工业政策的核心标准，建立科学的储量管理体系，避免企业为追求产量和经济效益，破坏煤炭资源的整体可采性，最大限度地减少资源浪费。加大推进高产高效、集约化生产政策的力度，加快大型煤炭生产基地的建设。加强中小煤矿的管理，强化中小煤矿的技术改造政策，促进煤炭工业的技术进步与产业升级。新建煤炭矿区要从规划、设计入手，既规划设计煤炭、洗选、发电、建材等的能源生产主线，也要配套规划设计土地复垦、矿井水利用等的资源开发副线，选择先进的生产工艺、技术与装备，提高资源回收率、减少煤炭生产过程中废弃物的产生与排放，形成循环经济的良性发展模式。打破行业、部门的界限，实现煤电、煤化工的有机联合，实行相关产业联营，推动坑口大机组火电、热电联产和集中供热的发展。延长煤炭工业链，将煤炭转化成电能、气体燃料、液体燃料等洁净能源和化工原料，实现煤炭资源价值的梯级利用、能量转化率。鼓励煤炭企业在开采煤炭的同时，对共伴生的矿产品、煤层气、矿井水等多种资源及废弃物统筹规划、综合开采、加工利用，以拓展企业的生产链并且减少资源浪费。

世界主要产煤国露天开采都占有很高的比重，而中国由于煤层埋藏较深，露天开采比重很低。中国现有矿井平均开采深度为 400 米，适合露天开采的储量不到 7％，这是导致中国露天产量比重低的主要原因。露天开采有利于资源回收，减少资源浪费。露天矿的回采率很高，一般都达到 90％ 以上，神华集团准能公司回采率高达 98％。中国煤炭资源平均回收率在 40％ 左右，按未来 17 年煤炭产量与资源回收率测算，如果资源回收率从目前的 40％ 提高到 50％，可节约煤炭储量 200 亿吨。由此可见，现阶段，从开采方式入手，重视露天开采，提高露天产量在煤炭总产量中的比重，是在没有形成资源管理的有效体系的情况下，实现保护开发煤炭资源的一种有效途径。露天开采劳动条件好，安全高效。中国露天矿百万吨死亡率仅为国有井工矿的 3％。这充分体现了科学发展观的以人为本思想。露天矿生产能力大，产量往往在千万吨以上。在 2003 年国家公布的高产高效矿井中，露天矿上榜率很高。露天矿的这一特点有利于贯彻国家提出的大型煤炭基地战略，实行大集团开发，优化资源配置，提高企业效益，增强抵御风险能力。另外，露天矿还具有建设周期短，开采成本低，吨煤投资低，劳动生产率高等优点。随着露天矿开采、土地复垦一体化研究的进展，露天矿对环境的破坏程度也大大减少。

中国煤矿安全事故频发，原因复杂。要从根本上改变煤矿的安全状况，应该转变思维，实施大集团、多元化的开发战略，提高市场准入门槛，关闭安全隐患严重的小煤窑；加强安全立法，建立高效的煤矿安全监察机构体系；严惩事故责任人；努力提高煤矿的整体装备水平。

八、本章小结

随着社会经济的发展，对煤炭资源的需求与日俱增，但煤炭资源的储量有限，人类正面临资源枯竭的严峻挑战。同时煤炭资源的不合理开采利用带来了严重的生态环境问题，各级政府把煤炭资源的合理开采利用作为社会经济发展的一个核心部分来考虑，急需新的理论来指导政策的制定。本章研究的目的是遵循煤炭工业发展规律，确立煤炭资源开采规模模型，指导煤炭政策制定，以促进经济又好又快发展。

本章首先综述了煤炭工业可持续发展理论、循环经济理论和生产理论的主要观点，从不同角度阐述了建立煤炭资源开采规模模型的必然性，为本章的研究进行了理论上的准备。其次，针对煤炭市场的现状分析了煤炭行业的进出壁垒状况；总结了目前煤炭资源开采的正负效应、煤炭资源流通过程中存在的问题。再次，结合煤炭资源开采利用现状，基于博弈论的知识以及管理经济学和可持续发展理论，对地区煤炭资源开采规模进行博弈分析。表明各煤炭工业联合起来决定产量，进而达到各煤炭工业利益和总体利益最大化的目标。之后对煤炭资源开采规模的影响因素展开了研究，影响因素很多，既有煤炭工业内部的资源条件、地质条件、开采技术条件，又有运输能力、煤炭需求状况等外部约束条件。并在此基础上构建出煤炭资源开采规模优化模型，建立煤炭资源开采规模的线性规划模型。最后，提出有效的管理对策建议，帮助决策者了解确定煤炭资源开采规模的重要性、迫切性，系统地认识有关煤炭资源开采规模的科学的理论和方法，为其进行煤炭资源科学管理提高理论依据和实践指导。

第三章 煤炭资源承载力评价及对策研究

一、绪 论

（一）煤炭资源承载力评价研究背景和意义

1. 煤炭资源承载力评价研究背景

经济发展，能源先行。能源是人类赖以生存繁衍、社会得以繁荣进步的重要物质基础，也是国民经济发展和人民生活水平提高的重要物质基础。文化科学、工程技术越进步，社会越发展，人类对能源的依赖程度就越强烈。煤炭是中国重要的基础能源和原料，在国民经济建设发展中具有重要的战略地位。在中国一次能源结构中，煤炭将长期是中国的主要能源。改革开放以来，煤炭工业取得了长足发展，煤炭产量持续增长，生产技术水平逐步提高，煤矿安全生产条件有所改善，对国民经济和社会发展发挥了重要的作用。中共十六大明确提出了"全面建设小康社会，在优化结构和提高效益的基础上，国内生产总值到 2020 年比 2000 年翻两番"，并且提出"到 2020 年基本实现工业化"的奋斗目标。在 21 世纪头 20 年为满足中国经济发展需要，中国能源的生产和供应量必须大幅提高。中国能源结构的特点决定了煤炭是主要能源，在中国的常规能源中，煤炭储量占 90% 以上，能源资源的国情是"缺油、少气、富煤"。在未来相当长的时期内，中国仍将是以煤为主的能源结构。随着煤炭工业经济增长方式的转变、煤炭用途的扩展，煤炭的战略地位仍然十分重要（见《煤炭工业发展"十一五"规划》）。

煤炭工业健康发展事关国民经济和能源安全大局，党中央、国务院对此高度重视、寄予厚望。煤炭工业发展过程中还存在结构不合理、增长方式粗放、科技水平低、安全事故多发、资源浪费严重、环境治理滞后、历史遗留问题较多等突出问题。随着国民经济的发展，煤炭需求总量不断增加，资源、环境和安全压力进一步加大。为促进煤炭工业持续稳定健康发展，保障国民经济发展需要，必须全面贯彻科学发展观，坚持依靠科学技术进步，构建规范的节约保护型的煤炭资源开发监管体系；加快煤炭产业结构调整步伐，以建设大型煤炭基地、培育大型煤炭企业和企业集团为主线，构建与整个国民经济协调发展的既能充分发挥市场配置煤炭资源的基础作用，又能使国家充分发挥宏观调控职能的新型煤炭工业体系和经济运行机制；建立起安全条件有较大改善、煤矿瓦斯得到有效治理、煤矿重大事故多发的势头得到有效遏制的安全生产长效机制。走出一条煤炭资源回采率高、经济效益好、安全有保障、环境污染少的可持续发展之路。

2. 煤炭资源承载力评价研究意义

发展与资源、环境有着非常密切的依赖关系，这种实际存在的关系并不像目前流行的知识经济或后工业经济所设想的那样，可以通过开发技术、依靠人的智力资源等方式从根本上加以改变。可持续发展不是不消耗资源，不是使发展完全摆脱对资源环境的影响和依赖，而是要将发展保持在资源环境可承载能力的限度以内，又不能使发展处于停滞状态。

煤炭作为不可再生资源，是中国的主体能源，煤炭工业的发展支撑了国民经济的快速增长。中共十六大提出：到 2020 年，中国国内生产总值在 2000 年的基础上翻两番，基本实现工业化，实现全面建设小康社会的宏伟目标，这必然拉动中国能源需求快速增长。煤炭在中国一次能源结构中的基础地位仍不会改变。因此，如何实现煤炭工业可持续发展，对于保障国民经济健康稳步发展，实现十六大提出的宏伟目标，具有十分重要的战略意义。

中国煤炭品种齐全、资源比较丰富，但资源勘探程度低，经济可采储量和人均占有量较少，资源破坏和浪费严重，生态环境和水资源严重制约煤炭资源的开发。当前中国资源破坏和浪费严重，部分煤炭企业存在着"采厚弃薄"、"吃肥丢瘦"等浪费资源现象，与社会可持续发展的要求相悖。胡锦涛总书记曾在"中央人口资源环境工作"座谈会上特别强调："在推进发展中要充分考虑资源和环境的承受力，积极发展循环经济，实现自然生态系统和社会经济系统的良性循环。"近年来，党和国家领导人也多次强调要贯彻全面、协调、可持续的科学发展观，要发展循环经济，建设资源节约、环境友好型社会。煤炭资源承载力是煤炭资源合理配置的基本度量，也是煤炭资源可持续利用的度量，任何一个关于煤炭与经济社会、煤炭与可持续发展的研究问题实质上是煤炭资源承载力问题，因此，有必要研究中国煤炭资源的承载能力，实现煤炭资源的合理持续利用。研究煤炭资源承载力评价的意义在于评价煤炭资源的承载力和有效利用，用以指导经济活动的实践。也就是要使有限的煤炭资源发挥更大的社会效益。结合中国国情，建立煤炭资源承载力与经济社会全面、协调、可持续发展的评价指标体系和评价方法，可以使管理者对煤炭资源承载力有系统的认识，掌握和了解煤炭资源承载力的理论与方法，重视煤炭资源承载力与环境保护工作，提高煤炭循环经济，促进煤炭资源与生态环境、煤炭资源与社会经济、人与自然的和谐发展，为政府管理部门提供煤炭资源优化配置和相应的管理对策，提升管理者解决煤炭资源承载力的能力，同时，增强管理者解决煤炭资源配置问题的能力。

因此，本章以煤炭资源承载力为研究对象，以可持续发展为指导思想，从系统工程角度来分析煤炭资源承载力问题，运用系统论、控制论、技术经济及其经济学等理论方法，对煤炭资源承载力进行系统的定性分析研究，在资源承载力理论的基础上，提出了煤炭资源承载力的概念和内涵。并对煤炭资源承载力评价系统指标构成进行研究和探讨，建立一个适合社会经济可持续发展的煤炭资源承载力评价体系，这对煤炭资源的合理开发利用、最优配置和社会经济的和谐发展，保护资源维护国家利益，以及转变经济增长方式和提高经济效益等都具有理论价值和现实指导意义。

（二）煤炭资源承载力评价国内外研究现状

国外真正对能源问题进行系统研究，始于 20 世纪 70 年代。70 年代石油危机后，因机械工业的迅速发展，能源紧缺才日益表现出来，能源在经济系统中的重要作用才被充分关注。

1968 年成立的非正式组织——罗马俱乐部（The Club of Rome）致力于探讨未来人类面临的问题与困境。1972 年 3 月，丹尼斯·L. 梅多斯（Dennis L. Meadows）领导的一个 17 人小组向罗马俱乐部提交了一篇研究报告，题为《增长的极限》（The Limits to Growth）。他们以整个世界为研究对象，通过研究世界人口、工业发展、污染、粮食生产和资源消耗五种因素之间的变动和相互关系，建立了所谓的"世界末日模型"，首次对能源问题进行了系统研究，通过电子计算机对此模型进行模拟和分析，最后得出这样的结论：如果维持现有的人口增长率和资源消耗速度不变的话，世界资源将会耗竭。

"承载力"一词最早出现于畜牧管理中，意指草地的最大载畜量。Bartel-set 等人将它追溯到 1906 年的《美国农业年报》（Yearbook of the U. S. A. Department of Agriculture），1991 年版的《韦氏大学词典》甚至将它追溯到

1880～1885 年（Price. D，1999）。在 20 世纪 60 年代末至 70 年代初，承载力概念被广泛用于讨论人类活动所导致的环境影响。由于环境问题主要是人类活动的结果，而环境好坏必然涉及价值判断，进而涉及制度安排，因此，此时承载力概念的内涵扩展为，环境系统所提供的资源（包括自然资源和容量资源）对人类社会系统良性发展的一种支持能力，研究范围扩大到整个生态经济系统（程国栋，2002）。自 1921 年 Park 和 Burgess 首次在生态学中提出承载力概念以后（徐琳瑜等，2003），承载力的相关研究就相继在经济学、人口学等领域展开，尤其是 20 世纪中叶以来，全球性人口膨胀、资源短缺、生态环境恶化、人地矛盾的日趋尖锐促进了承载力研究在纵深方向上的发展。如 20 世纪 70 年代以前，国外的土地承载力研究是与生态学密切相关的，之后，在发展中国家人口急剧增长和发达国家需求迅速扩张的双重压力下，以协调人—地关系为中心的土地人口承载力研究再度兴起（FAO，1982；刘立华，1989；石玉林，1992）。自 20 世纪 90 年代以来，承载力的研究逐步扩展到包括土地、水、能源和矿产资源在内的主要自然资源（Price，1999），进而扩展到整个自然—经济—社会的"人—地一体化"的资源系统（Daily & Ehrlich，1996；Buckley，1999；高向军和马仁会，2002）。

　　承载力这一概念与可持续发展有着极为密切的联系，承载力的研究是探讨和评价可持续性的一个重要方面。可持续发展成为全球的主题、经济社会发展的指导思想后，一些学者提出了进行公平合理的代际资源管理和分配，是实现可持续发展的必由之路，并提出了一些原则和基本思路（王晔、张慧芳，2005；魏晓平、王新宇，2002），根据可耗竭资源的最佳开采条件、最佳存量条件，从经济学角度对矿产资源耗竭过程进行了定量分析。对矿产资源耗竭补偿原理进行探讨实现代际间公平（王金洲，2002）。从管理科学、系统工程和可持续发展的角度研究煤炭资源合理配置的有：中国煤炭工业可持续发展研究（赵国浩，2002、2005；李龙清，2006），基于可持续发展的使资源净效益最大化来进行资源最优配置（赵国浩，1999、2005），煤炭工业可持续发展研究（李保龙，2004）；从评价方法及指标体系角度研究的有：煤炭工业新型工业化进程评价指标体系构建及评价方法研究（韩晓靠，2005），基于可持续发展的区域矿产资源配置问题研究（闫军印、赵国杰，2006），煤炭工业可持续发展系统评价（赵国浩，2000）。

二、煤炭资源承载力及其理论基础

（一）资源承载力

关于承载力研究的起源最早可追溯到 1758 年法国经济学家奎士纳（Fran-cois Quesnay）的《经济核算表》，这本书讨论了土地生产力与经济财富的关系。继后，马尔萨斯（T. Malthus）就人口与粮食问题的提出，使人们看到自然因素对人口的限制作用。Verhust 将马尔萨斯的理论用逻辑斯缔方程（Lo-gistic Equation）的形式表示出来，用容纳能力指标反映环境因素对人口增长的约束。与承载力有关内容的研究虽然早已开始，但直到 1921 年，人类生态学者帕克（Park）和伯吉斯（Burgess）才确切提出了承载力（Carrying Ca-pacity）这一概念，即"某一特定环境条件下（主要指生存空间、营养物质、阳光等生态因子的组合），某种个体存在数量的最高极限"。

资源承载力是社会可持续发展的内涵所规定的，是可持续发展战略三个基本原则之一"持续性原则"的要求，持续性原则要求人类的经济和社会活动及发展不能超过资源与环境的承载能力。区域可持续发展是指区域人类生态系统的和谐稳定发展，而该系统的和谐稳定是靠一定的资源基础和环境容量来支持的，所以研究资源承载力的目的是实现有限资源的合理配置、实现资源的可持续发展保障当代人与后代人持续健康地生存与发展。因此，资源承载力是承载力概念和理论在资源科学领域的具体应用，资源承载力的研究也是揭示资源的合理配置、实现资源可持续利用的主要定量分析方法之一。

如何实现有限资源的合理配置、有限资源到底能承载多大规模的人类生存是当前全球关注的重点问题，如何研究这一庞大的巨系统，目前尚无成熟的方法，但单一资源的承载力研究已取得了很大的进展，尤其是土地资源承载力的研究起步早，比较深入，为其他资源的研究所借鉴。经济社会的发展是历史、资源、生态、环境、社会、宗教、文化等诸多因素综合促进、支撑、协调和作用的结果。主导人类承载力的社会选择包括政治制度、文化背景、技术进步、分配制度、消费方式、价值观念、发展目标等方面，不但多种多样，而且随着时间不断变化，而赋予了人类承载力以规范性、多层次性、动态性、非客观性甚至一定的政治性等特质。

资源即资产的来源，是人类创造社会财富的起点。资源系统包括自然资源、经济资源和社会资源，目前资源承载力的研究主要集中在自然资源领域，研究较多的有土地资源承载力、矿产资源承载力、旅游资源承载力、水资源承载力等。自然资源按其在人类社会再生产过程中消耗方式的不同，可划分为耗竭性资源和非耗竭性资源；按补偿方式的不同，可划分为可再生资源和非再生资源，如图3—1所示。矿产资源属于耗竭性资源，是通过百万年计的地质年代的综合地质作用而逐渐形成的，因而用一点就会少一点，直至枯竭，所以，矿产资源的承载力研究，更多的是要探讨社会经济可持续发展下的承载力问题。

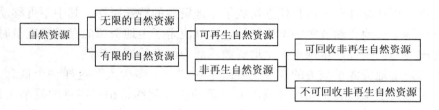

图3—1　自然资源构成

资源承载力是指一个国家或一个地区资源的数量和质量，对该空间内人口的基本生存和发展的支撑力，是可持续发展的重要体现。随着中国人口增长和经济社会快速发展，中国资源短缺问题日益严重，已成为中国经济社会发展的严重制约因素。因此，资源承载力对于一个国家或地区的综合发展及发展规模是至关重要的。社会经济发展必须控制在资源承载力之内，这样才能通过以资源的可持续利用实现社会经济的可持续发展。

（二）土地资源承载力

土地作为人类活动、生存和发展的场所与空间，是人类赖以生存的最重要的物质基础，因此土地承载力一直是承载力研究的重心和核心。土地资源承载力是目前资源承载力研究中开展比较早、比较成熟的课题，1986年中国就开始了土地资源承载力研究。目的是力图在实地考察、经验估价、理论框架和已有田间试验相结合的基础上，运用系统工程的方法建立一个区域土地资源承载力研究模式，以定量阐明区域不同时期的土地资源生产力与人口承载量，为制定区域相应的人口、粮食、土地和农业发展等方面的方针、政策和决策提供翔实的科学依据。

1. 土地资源承载力的概念

土地承载力是指在可以预见的时期内，利用当地的资源以及技术等，在保证与其社会文化准则相符的物质生活水平下，能够持续供养的人口数量。根据土地承载力的定义，可以看出，影响土地资源承载力的三个主要要素为：生产条件、土地生产力和人的生活水平；被承载对象的度量是人口的数量，由于生产条件和土地生产力涵盖了经济、技术、文化等因素。因此，土地资源承载力是涉及人口、经济、资源、环境在内的复杂的大系统综合研究和评价问题。

2. 土地资源承载力研究的主要特征

（1）土地资源承载力的主体是土地资源，土地的有限性、地理位置的不可移动性、可更新性和不可替代性构成了土地资源的特殊属性。其中不可移动性是其区别于其他自然资源的本质属性，这就决定了土地资源的存量和质量时空的有限性与局限性，也规定了土地资源承载力研究的固有特性。

（2）土地资源承载力的载体主要限定在"养活多少人"这样一个概念上，在一定意义上难以真正揭示区域人地关系的相互制约、相互促进的复杂关系。因此应将土地承载物不仅仅限定在人口上，而拓展土地资源承载力是社会、经济、环境协调作用的中介和协调程度的表征。

（3）土地资源承载力的计算过程中突出表现在研究土地的生产能力方面，单位面积产量预测、资源平衡及资源结构与农业结构土地利用结构的匹配等研究是区别其他资源承载力的特点之一。

（4）土地资源承载力是社会可持续发展的"支撑系统"研究还是决定性因素的研究有待加深，这样有助于"支撑系统"进一步透视系统的结构与功能，并可根据各因素剖析它们在各支撑系统中的不同地位，体现人们对环境积极、能动作用的一面。

（三）水资源承载力

1. 水资源承载力的概念

目前，关于水资源承载力的定义具代表性的有两种：施雅风等人认为水资源承载力是指某一地区的水资源，在一定社会和科学技术发展阶段，在不破坏社会和生态系统时，最大可承载的农业、工业、城市规模和人口水平，是一个随社会经济和科学技术水平发展变化的综合目标。许新宜等人认为水资源承载力是指在某一具体的历史发展阶段下，以可预见的技术、经济和社会发展水平为依据，以可持续发展为原则，以维护生态环境良性发展为前提，在水资源合理配置和高效利用的条件下，区域社会经济发展的最大人口容量。

2. 水资源承载力的特性

水资源承载力的特性主要包括相对性、动态性、公平性、多目标性、极限性和协调性六个方面：

（1）相对性是指水资源承载力在一定生活条件和一定科技水平下的量度和指标，在水资源条件、人口数量和经济发展状况相同时，不同生活条件和不同科技水平会产生不同的承载力。

（2）动态性是指反映在不同时间段、同一地理位置的水资源承载力的差别，水资源承载力的指标表现出随时间动态变化的特征。

（3）公平性是指水资源承载力一定要反映可持续发展的指导思想，即水资源的有效利用和配置不仅反映代内公平，还要反映代际公平。

（4）多目标性体现在结果上，即承载目标的多样性，水资源承载体是人口、生态环境和经济发展等大系统多目标的优化问题，而不是仅仅承载人口、最大供水容量或者只承载经济发展等单一指标的优化问题。

（5）极限性主要体现在某一时间段的发展过程中，在水资源合理配置的条件下对人口、经济发展和生态环境保护的最大支撑能力。

（6）协调性反映的是通过水资源承载力的分析计算，更合理地进行水资源在人口、资源、社会经济和生态环境中的有效配置，协调各领域、各部门之间的用水分配问题，正确把握人与自然的协调，经济与环境的协调关系。

（四）环境资源承载力

1. 环境资源承载力的概念

环境承载力由环境容量概念演化而来，最早出现于20世纪70年代，国外的专门研究并不多。Bishop（1974）将它定义为："在可以接受的生活水平条件下，一个区域所能永久地承载的人类活动的强度。"Schneider（1978）则强调：环境承载力是"在不会遭到严重退化的前提下，自然或人造环境系统对人口增长的容纳能力"。《保护地球》（1991）中指出："承载力是指地球或任何一个生态系统所能承受的最大限度的影响，承载力可以借助于技术增大，但往往以减少生物多样性和生态功能作为代价，因而在任何情况下，也不可能将其无限地增大。"根据承载介质的不同，环境容量又可分为土壤环境容量、水环境容量和大气环境容量三大类。由于环境容量仅反映了环境消纳污染物的一个功能，因而，也可以把它作为一种狭义的环境承载力。

2. 环境资源承载力研究的特点

环境承载力的大小可以以人类活动作用的方向、强度和规模来加以反映，

有以下几个影响因素:

（1）环境标准。是指由政府有关部门所制定的强制性的环境保护技术法规，制定环境标准的目的是保护人民群众健康、社会物质财富和维护生态平衡，保护大气、水、土壤等环境质量。

（2）环境容量。从前面对环境容量的分析中可以看出，环境容量大小与区域环境质量有着密切关系。环境质量优越的区域环境容量就相应较大，反之亦然。

（3）人类的生产生活方式。环境承载力主要是针对污染物而言，所以这里的人类生产生活方式主要是指与污染物排放有关的生产技术、环境控制措施、生活习惯等。

（五）煤炭资源承载力

煤炭资源承载力是指一个流域、一个地区、一个国家，一定的煤炭资源开发利用阶段，以可预见的技术、经济和社会发展水平为依据，在可利用煤炭资源合理开发的前提下，能够维系当代人及后代人煤炭资源有限需求目标的最大的社会、经济规模。

煤炭资源是典型的不可再生的自然资源，用一点少一点，具耗竭性特点，与土地资源和水资源等这些数量相对固定、非耗竭性、可再生自然资源相比具有鲜明的特征，在承载力研究方法上存在明显的区别。根据定义，煤炭资源承载力具有明显的时间性特点，地球上或一定区域内矿产资源总量是一定的，并且煤炭资源虽有一定的回收能力，但基本上是不可再生的，存量与时间成反比，不同时间承载力大小是不同的。煤炭资源在一定的时间内、不同的区域，受科学技术和经济条件的影响，它的利用量、利用率、经济转化率是动态变化的，因此煤炭资源承载力研究的主要内容和目的主要表现在煤炭资源承载力的承载体是经济总量，目标相对其他承载力来讲要简单。总之，煤炭资源承载力的研究主要解决煤炭资源沿时间延伸方向，通过调整利用量、利用率、经济转化率等参数，煤炭资源开发流量的可持续变化过程。

煤炭资源的可持续利用对可持续发展战略具有举足轻重的作用，煤炭资源的可持续利用是对煤炭资源的消耗和利用既能满足当代人的物质消费需求又不损害和影响后代人的煤炭消费需求，从而实现长久发展、永续利用的模式。它要求人类对煤炭资源的消耗不应超出煤炭资源的承受能力。其核心是要求人类必须"量入为出"地开发和使用煤炭资源，不能过度、无度地对煤炭资源进行开发和利用。煤炭是中国主体能源，是能源安全的基石，也将是制约中国经济发展的"瓶颈",从可持续发展的角度研究中国煤炭资源的承载能力,具有重大的现实意义。

煤炭资源承载力与其他自然资源相比具有以下几个特点:

1. 时限性

因煤炭资源是不可再生的自然资源,具有耗竭性特点;煤炭资源承载力的大小与时间成反比,即煤炭资源承载力具有时间性限制。

2. 科学技术的限制性

煤炭资源开发利用必须以科学技术进步为前提,科技水平高,煤炭资源的利用率、经济转化率就高,煤炭资源承载力就大;反之就小。因此煤炭资源承载力大小受科学技术水平的限制,与科技水平成正比。

3. 直接性

煤炭资源形成的产品直接用于物质生产部门的基础原料,直接表现为对经济总量的支持。

4. 复杂性与不可逆性

由于煤炭资源开发利用周期长,受科技水平限制性大,煤炭资源的区域富集性,煤炭资源在开发利用过程中易于浪费性和煤炭资源耗竭性决定了,煤炭资源承载力研究的复杂性与煤炭资源承载力不可恢复性即不可逆性。

5. 动态性

煤炭资源承载力因与科技水平成正比,与时间成反比,决定了煤炭资源承载力大小是一个动态值,即不同时间承载力的大小不同。

(六)可持续发展理论是煤炭资源承载力研究的指导思想

1. 可持续发展理论的起源

20世纪以来,随着科学技术的进步和社会生产力的极大提高,人类创造了前所未有的物质财富,加速了人类文明发展的进程。但同时,人口爆炸性增长、资源过度消耗、环境污染、生态破坏等这些全球性的重大问题,严重阻碍着经济的发展和人民生活质量的提高,继而威胁着全人类的未来生存和发展。在这种严峻形势下,人类开始意识到通过高消耗追求经济增长和"先污染后治理"的传统发展模式已经不能适应当今和今后发展的要求。因此,必须努力寻求一条经济、人口、资源和生态环境相互协调的发展模式,即既能满足当代人的需求而又对后代人需求不构成危害的可持续发展的道路。

可持续发展作为一种经济与社会发展的目标和模式,目前已经被世界绝大多数国家所接受,它是人类新文明时期的旗帜,标志着人类文明即将进入一个新的历史阶段。联合国于 1992 年 6 月召开了以"环境与发展"为题的全世界首脑会议，通过了《里约宣言》和《21 世纪议程》等重要文件，与会各国一致承诺把走可持续发展的道路，作为未来的长期共同的发展战略。

可持续发展观的确立以三个重大事件为标志：第一个是 1987 年世界环境与发展委员会起草的报告《我们共同的未来》获得通过并出版；第二个是1991 年联合国环境规划署、世界自然保护同盟和世界野生生物基金会共同编著的《保护地球——可持续生存战略》一书的出版；第三个则是 1992 年在巴西里约热内卢召开的举世瞩目的联合国环境与发展会议。这三大事件从理论到实践最终确立了可持续发展观在当代的重要地位。

中国提出可持续发展战略的标志是 1992 年由原国家计委等部门联合参与编制的《中国 21 世纪议程》，1994 年中国政府公布了《中国 21 世纪议程——中国 21 世纪人口、环境与发展白皮书》。议程从中国的基本国情出发，提出了促进社会、经济、资源与环境相互协调的、可持续发展的总体战略以及相应的政策、措施方案。这个《议程》既是对 1992 年联合国环境与发展大会的承诺，也是中国第一个系统的可持续发展战略。中国在制定"九五"计划和 2010 年远景规划时已把这个战略思想纳入其中。

宋健在《走可持续发展道路是中国的必然选择》一文中指出：可持续发展是一种新的发展思想和发展战略，它的目标是保证社会具有长时期持续性发展的能力，其要点有：

①发展的内涵既包括经济发展，也包括社会发展和保持、建设良好的生态环境。

②自然资源的永续利用是保障社会经济可持续发展的物质基础。

③生态环境是人类赖以生存和社会经济发展的物质基础。

④控制人口增长与消除贫困是与保护生态环境密切相关的重大问题。

可持续发展战略的思想同以往那种片面强调经济发展的传统战略，忽视经济、社会、资源与生态环境相协调发展的做法形成了鲜明的对比，它更符合系统工程的思想原则：速度与效益相结合、当前利益与长远利益相结合、局部利益与整体利益相结合。可见，可持续发展战略思想符合经济、人口、资源与生态环境系统的内在联系和要求，是一种系统思想，更是一个复杂的社会经济大系统。

2. 可持续发展理论的概念和内涵

可持续发展是一个社会经济大系统，它由许多子系统组成，主要有经济子系统、人口子系统、资源子系统和生态环境子系统（见图 3—2），走可持续发展道路就是要协调好经济、人口、资源和生态环境四大子系统之间的关系，在保证四大子系统稳定发展的前提下，保持经济、社会大系统长期持续发展，目的是为了防止经济大幅度波动，保证经济稳定发展、社会持续进步。

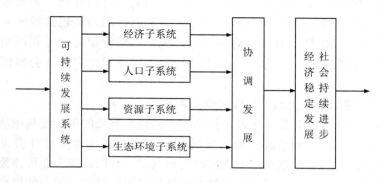

图 3—2　可持续发展系统

可持续发展不能单纯地理解为经济层面的持续发展，它应涵盖三个相互联系的单一层面和综合层面。

首先，可持续发展强调经济发展。经济发展不仅关系着世界各国人民的利益和愿望，也影响和决定着整个人类的前途和命运，特别是对发展中国家来说，发展权尤其重要。发展不仅仅注重发展数量的增加，还必须转变经济增长方式，既注重数量增长，又注重质量增长的全面发展，是各国经济增长内涵的扩大和质量的提高。

其次，可持续发展是一种环境与社会协调发展的界定。人类在环境和资源等方面受到的严峻挑战已经成为人类发展的重大制约因素，因此，保护生态环境不仅是可持续发展的基本前提，也是可持续发展的重要组成部分。

再次，可持续发展是对后代人利益的重视。它既要满足当代人的发展需求，又要不对后代人的生存需求构成危害，亦即不能牺牲子孙后代的利益来换取当代人的需要。可持续发展可谓是一种功在当代、利在千秋的战略思想。

最后，可持续发展以人类全体利益为核心，以国际社会良性、协调发展为归宿。

可持续发展是一个涵盖人口学、经济学、生态学和系统科学等多学科的更高层次的理论系统，涉及的领域、空间和时间十分广泛，对其理解也就有不同的角度和含义，因而产生了许多不同的提法。"可持续发展"一词，最初出现在 20 世纪 80 年代中期的一些发达国家的文章和文件中，"布伦特兰报告"以及经济合作发展组织的一些出版物，较早使用了这一词汇。可持续发展是指既满足当代人的需要，又不损害后代人满足需要的能力的发展。强调经济、社会的发展必须同资源开发利用和环境保护相协调。它所追求的目标是既要使人类的各种需求得到满足、个人得到充分的发展，又要保护生态环境、不对后代人的生态和发展构成危害。其发展的内涵包括经济发展，也包括社会发展和保持、建设良好的生态环境；自然资源的永续利用是保障社会经济可持续发展的物质基础；生态环境是人类赖以生存和社会经济发展的前提条件。

3. 煤炭资源承载力和可持续发展的关系

煤炭资源承载力是煤炭工业可持续发展和煤炭资源的可持续利用研究的重要量化方法之一，它能较系统地、准确地、简洁地表达为实现社会可持续发展，煤炭资源对社会经济系统的支撑能力和状况。它以煤炭工业可持续发展和煤炭资源的可持续利用为目标，以社会可持续发展为最终目的，使煤炭资源既满足当代人的需要，又不对后代人满足对煤炭资源的需要构成损害。

可持续发展理论是煤炭资源承载力研究的指导思想，煤炭资源有限且不可再生。煤炭资源的不可再生性和有限性决定了煤炭产业有其固有的生命周期（如图3-3所示）。勘测期—开发期—发展期—成熟期—衰退期。因此从时间上看，煤炭资源是不可永久、持续利用的，所以，必须合理地规划煤炭资源的耗竭规模和水平。以社会经济可持续发展为目标，以煤炭资源的可持续利用为基础，以资源开发与生态环境协调发展为条件，在满足社会经济可持续发展的煤炭资源需求前提下，充分考虑煤炭资源开发利用的经济效益、市场化程度、环境承载力、资源的可持续性、资源的空间整合等因素，将煤炭资源进行合理分配、调控，使煤炭资源的开发利用社会经济效益最大化。实现煤炭资源合理配置，从而达到煤炭资源的可持续利用。如何将可持续发展理论反映到煤炭资源承载力的概念和评价方法当中，是煤炭资源承载力评价体系完整与否的关键。实现煤炭资源的可持续利用是社会可持续发展的必要条件，没有煤炭资源的可持续利用也就没有社会的可持续发展。

（七）循环经济理论是煤炭资源承载力的研究基础

1. 循环经济理论的概念

循环经济就是在可持续发展的思想指导下，按照清洁生产的方式，对能源及其废弃物实行综合利用的生产活动过程。它要求把经济活动组成一个"资源→产品→再生资源"的反馈式流程；其特征是低开采、高利用、低排放。本

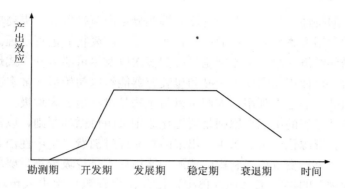

图 3—3 煤炭产业生命周期

质上是一种生态经济，它要求运用生态学规律来指导人类社会的经济活动。循环经济运行模式①如图 3—4 所示。

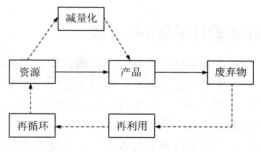

图 3—4 循环经济运行模式

循环经济本质上是一种生态经济，它要求遵循生态学规律和经济规律，合理利用自然资源和环境容量，使经济系统和谐地纳入自然生态系统的物质循环过程之中，实现经济活动的生态化，以建立与生态环境系统的结构和功能相协调的生态型社会经济系统。

2. 循环经济的"3R"原则

（1）减量化原则是循环经济的第一个原则。它要求在生产过程中通过管理技术的改进，减少进入生产和消费过程的物质和能量流量，因而也称为减物质化。换言之，减量化原则要求在经济增长的过程中为使这种增长具有持续的和

---

① 冯之俊：《循环经济导论》，人民出版社，2004 年。

与环境相融的特性，在生产源头的输入端充分考虑节省资源、提高单位生产产品对资源的利用率、预防废物的产生，而不是生产废物后进行治理。

（2）循环经济的第二个原则是尽可能多次以及尽可能多种方式地使用人们所买的东西。再使用原则要求产品和包装容器能够以初始形式被多次使用，而非一次性用品。通过再利用，人们可以防止物品过早地成为垃圾。

（3）循环经济的第三个原则是资源化原则又叫再循环原则，以污染排放最小化为目标。资源化原则要求生产出来的物品经过消费（生产性消费或生活性消费）后，能重新变成可以利用的资源和能源而不是垃圾废物。要求尽可能地通过对"废物"的再加工处理（再生）使其作为资源再次进入市场或生产过程，以减少垃圾的产生。

三、中国煤炭资源开采利用现状与存在的问题

（一）中国煤炭资源开采利用的现状

在中国的能源资源中，基本特点是富煤、贫油、少气，这就决定了煤炭在一次能源中的重要地位。新中国成立以来，煤炭在全国一次能源生产和消费中的比例长期占70％以上（见表3－1）。据有关部门预测，在21世纪前30年内，煤炭在中国一次性能源构成中仍将占主体地位。从表3－2中可以看到，中国主要能源的开发深度均高于世界平均水平，特别是石油和煤炭的开发更是远远高于世界平均水平。

表3－1　中国一次能源生产及消费结构表

年份	一次能源生产总量构成					一次能源消费总量及构成				
	能源生产总量（万吨标准煤）	占能源生产总量的比重（％）				能源消费总量（万吨标准煤）	占能源消费总量的比重（％）			
		原煤	原油	天然气	水电、核电、风电		煤炭	石油	天然气	水电、核电、风电
1980	63735	69.4	23.8	3.0	3.8	60275	72.2	20.7	3.1	4.0
1985	85546	72.8	20.9	2.0	4.3	76682	75.8	17.1	2.2	4.9
2000	128978	72.0	18.1	2.8	7.2	138553	67.8	23.2	2.4	6.7
2001	137445	71.8	17.0	2.9	8.2	143199	66.7	22.9	2.6	7.9

续表

年份	一次能源生产总量构成					一次能源消费总量及构成					
	能源生产总量（万吨标准煤）	占能源生产总量的比重（%）				能源消费总量（万吨标准煤）	占能源消费总量的比重（%）				
		原煤	原油	天然气	水电、核电、风电		煤炭	石油	天然气	水电、核电、风电	
2002	143810	72.3	16.6	3.0	8.1	151797	66.3	23.4	2.6	7.7	
2003	163842	75.1	14.8	2.8	7.3	174990	68.4	22.2	2.6	6.8	
2004	187341	76.0	13.4	2.9	7.7	203227	68.0	22.3	2.6	7.1	
2005	205876	76.5	12.6	3.2	7.7	224682	69.1	21.0	2.8	7.1	
2006	221056	76.7	11.9	3.5	7.9	246270	69.4	20.4	3.0	7.2	

资料来源：中国能源信息网、《中国统计年鉴》（2007）。

表 3—2   中国主要能源探明储量（1999 年）

	石油	煤炭	天然气
储量	3.3Bt	114.5Bt	1.31Tm^3
占世界储量比	2.30%	11.60%	0.90%
占中国产量比	20.60%	110.00%	55.00%
全球储量占产量比	41.00%	230.00%	61.90%

资料来源：中国煤炭资源网。

在中国煤炭消费结构中，煤炭的消费主要是直接燃烧，煤炭的直接燃烧造成大气典型的煤烟型。据统计，2000 年燃煤排放的 SO_2 和烟尘分别占全国总排放量（1995 万吨和 1165 万吨）的 90% 和 70% 左右，CO_2 和 NOx 排放量也分别占到全国总排放量的 80% 和 65% 左右（见表 3—3）。

表 3—3   2000 年全国燃煤排放污染物情况

燃煤排放物	排放量（万吨）	占全国总排放量（%）
SO_2	1995	90
烟尘	1165	70
CO_2	3052	80
NOx	1015	65

资料来源：中国煤炭资源网。

据国家环保局统计，目前中国 SO_2 污染产生的酸雨危害面积已达到国土总面积的 30%，全国年均降水 pH 值低于 5.6 的城市或地区已占全国面积的 70.6%，中国已成为世界三大酸雨区之一。

中国在 2000 年 CO_2 排放量达 30.52 亿吨，比 1990 年排放量增长了 33.3%，次于美国，高居世界第二位，而其中由燃煤排放的 CO_2 量更是高达 80% 左右，可见燃煤是影响中国 CO_2 排放量的最大因素。CO_2 排放量的逐年增加加剧了温室效应，导致了气候变暖。

（二）中国煤炭资源利用存在的问题

1. 资源回收率低，消耗过快，浪费严重

资源回收率低是近年来煤炭企业在资源开发过程中存在的最为普遍和严重的问题。长期以来，中国煤炭开采的资源回收率一直维持在较低的水平上，尤其是在煤炭企业进入市场以后，一些国有煤矿短期行为加剧，为完成减污指标而"吃肥丢瘦"、"采厚弃薄"的现象相当普遍。据全国煤炭资源回采率专项检查得到的数据显示：2004 年中国煤矿平均采区回采率为 64%，平均矿井回采率为 46%。这表明，中国煤炭资源回采率仍然偏低。此次专项检查由国土资源部、国家发改委共同组织。专项检查结果表明，就地域来看，山西、陕西、内蒙古和新疆四省区的平均回采率为 58%，比东部地区和南方地区的平均采区回采率低 14 个百分点。就煤矿规模来看，中国小型煤矿平均采区回采率为 52%，比大型煤矿低 12 个百分点。值得注意的是，上述四省小型煤矿平均采区回采率仅为 50%。而厚煤层平均采区回采率为 56%，比薄煤层低 10 个百分点[①]。据估算，中国煤炭开采的综合回收率只有 30% 左右，大中型煤矿为 40%~50%，小型煤矿只有 10%~15%，大量有效资源被废弃，浪费十分惊人。近年来，国有重点煤矿，国有地方煤矿、乡镇煤矿的资源回收率分别在 50%、30% 和 10% 左右徘徊，个体小型煤窑的资源回收率在 10% 以下。

煤炭开采过程中的资源浪费还表现在：资源的综合利用程度低，共生、伴生资源破坏惊人。据山西省的一项调查显示，每采 1 吨煤约损耗与煤炭资源共生、伴生的铝矾土、硫铁矿、高岭土、耐火黏土、铁钒土等矿产资源达 8 吨。全省每年因采煤排放的煤层气（甲烷）相当于西气东输的输气量的一半。

2. 资源消耗高，资源利用率低

2005 年世界能源消耗总量为 153 亿吨标准煤，煤炭资源消耗仅占 28%。

---

① 中国煤炭资源网。

而中国 2005 年煤炭消费在能源消费总量中所占的比例为 69.1%。1980～2005年的 26 年中，煤炭在中国一次能源消费构成中的比重仅下降了 3 个百分点。一些学者预测，20 年内中国煤炭在一次能源消费构成中的比重不会低于 60%，50 年内不会低于 50%①。中国可替代煤炭的能源资源品种虽多，但在短期内对能源消费结构不会产生很大影响。可以说，在未来相当长的时期内，中国仍将是以煤为主的能源结构。随着煤炭工业经济增长方式的转变、煤炭用途的扩展，煤炭的战略地位仍然十分重要。

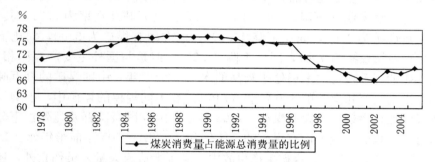

图 3—5　煤炭消费量占能源总消费量比例变化情况

中国在经济发展中原材料、能源的消耗水平高于国际先进水平，即使在国内同行业资源消耗水平相差也很大。中国能源效率只有 32% 左右，比国外先进水平低 10 个百分点，中国每消耗 1 千克标准煤能源产生的国民生产总值为0.46 美元，日本为 4.67 美元，美国为 2.06 美元。

3. 生态破坏和环境污染严重

采煤过程中造成的土地塌陷问题严重。全国因采煤形成的土地沉陷面积已达 40 万 km²。煤炭开采过程中，破坏了地下含水层原始流径，全国煤矿排出矿井水约 22 亿 m³/a，且利用率不足 40%。采煤造成的矿区水土流失也十分严重。据山西省的一项统计显示，全省因采煤对水资源的破坏面积已达20352km²，占到全省总面积的 13%。其中，严重破坏区面积占全省总面积的1.7%；一般破坏区面积占全省面积的 6.5%；影响区面积占全省总面积的4.9%。据专家的一项研究表明，每开采 1 吨煤大约要损耗 2.48 吨的水资源。

煤矸石和矿井废水带来的环境污染问题十分严重。全国产生煤矸石约

① 《煤炭产业经济政生研究报告》，中国煤炭经济研究会，2004 年。

1.30 亿 t/a，已累计堆存超过 30 亿吨，大量占用土地。经验数据表明，在堆放的煤矸石总量中，大约有 10% 的煤矸石会在堆积过程中自燃，由此产生大量的有害气体。更为严重的是，煤矸石经雨淋会渗透到地下水系，污染地下水资源。

4. 煤矿安全事故频繁发生

煤炭工业是一个生产作业条件复杂，时刻面临瓦斯、水、火、煤尘等多种自然灾害的事故高发行业。随着煤炭开采时间的延长和开采难度的增大，煤矿事故发生的可能性随之增加。近年来，虽然中国加强了对煤矿安全的监管，煤矿百万吨死亡率明显下降，2003 年，全国煤矿百万吨死亡率为 3.71，其中，国有重点煤矿为 1.07，同比下降 15.4%；地方国有煤矿为 3.00，同比下降 22.9%，乡镇煤矿为 7.61，同比下降 37.2%。但是与国外主要产煤国相比，中国煤矿的百万吨死亡率仍处于较高的水平，2003 年，中国煤矿的百万吨死亡率分别是美国和南非的 100 倍和 30 倍①。在不同规模的煤矿中，小型煤矿的百万吨死亡率远高于大型煤矿。2003 年，全国乡镇煤矿百万吨死亡率分别是国有重点煤矿和地方国有煤矿的 7.1 倍和 2.5 倍。2005 年前半年死亡 2672 人，同比上升 3.3%。在煤矿生产事故中，除了会造成大量人员伤亡外，还会造成大量的伤残人员。此外，井下职工的身体健康还受到煤尘、烟尘的威胁。更严重的情况是，一些煤矿由于经济效益不佳，资金紧张，降低维检费和安全费用的提取或将正常的安检费挪作他用，为安全生产埋下了巨大的隐患。

四、煤炭资源承载力评价指标体系

（一）指标和指标体系

指标（Indicator）这一术语来自拉丁文"Indicare"，具有揭示、指明、宣布或者是使公众了解等含义。它是帮助人们理解事物如何随时间发生变化的定量化信息。

指标通常为人们提供关于某种现象的发展趋势方面的信息，因此，其重要性不仅体现在它对现象的表征和衡量上。由于人们通常设定指标或指标体系主要是为了向决策者和公众提供决策信息，所以指标不仅要提供事物变化的定量

---

① 杨宜勇：《对中国矿难的制度分析》，《中国经济时报》2005 年 4 月 15 日。

化信息，同时要能够反映公共政策问题，如政策的作用和后果等。指标还必须以比较复杂的统计数据以及其他形式的社会经济数据更简洁的方式来提供信息，这些指标本身事实上也就包含了把这些指标同更复杂的现象联系起来的模型和假设。所有类型的指标都必须具有两个共同的特征：①指标要尽可能地把信息定量化使得这些信息更加清楚、明了；②指标要能够简化那些反映复杂现象的信息使人们更易于沟通和了解。

尽管指标通常以数据或数表、图形的方式表征出来，但它们同统计数据和原始数据是有差异的。事实上，指标是从对原始数据的分析中所获得的，它处于所谓的信息金字塔的顶端（见图3—6）。

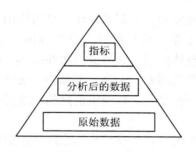

图3—6　信息金字塔

（二）煤炭资源承载力评价指标体系特征和制定的原则

1. 煤炭资源承载力评价指标体系特征

如果认同指标对决策和社会目标的服务性功能，那么，除了人们对指标的基本特征的传统界定外，一整套有效的、能够指导人们行为的指标体系还必须具有其他三个特征[①]：

（1）面向用户。指标只有对用户有用才具有实践意义。所以可持续发展指标的设计和制定必须首先明确：谁将是它们的使用者？这些用户希望了解什么？由于煤炭资源承载力指标的最大用户是决策者和公众，所以，承载力指标必须反映社会所试图达到的目标。

（2）政策相关性。指标必须反映出政策的关注点。也就是说，对资源承载力指标而言，它们必须能够以环境质量的变化趋势或改善以及资源利用程度等

---

① 张世秋：《可持续发展环境指标体系的初步探讨》，《世界环境》1996年第3期。

来说明政策的作用程度。

（3）指标的高度综合性以及指标数值的定量化。一套指标体系包含有许许多多的指标，如何把一些简单凝练而又说明问题本质的指标提炼出来，则是一项非常重要的而又需要许多理论和实践研究的任务。同时，只有以定量化的形式来表现这些指标，才有利于决策者和公众以及研究人员对其进行评价。

2. 煤炭资源承载力评价指标体系制定原则

众所周知，每个评价指标是从不同侧面刻画系统某种特征大小的度量。以可持续发展为指导思想，把煤炭资源承载力作为评价的对象，评价指标体系的设计既要不失一般性，又要围绕煤炭资源发展的本质特性，因此，对煤炭资源承载力必须遵循以下原则：

（1）系统性与科学性原则。所谓系统性，是指应用系统论的理论方法，把煤炭资源视作一个相互联系、相互制约的有机整体，设计的指标体系应能全面、综合反映评价对象整体面貌，并形成层次性结构。所谓科学性，一方面是指选定指标概念科学、含义明确、计算范围准确、统计口径统一。另一方面是指指标体系易于结构化、模型化，以保证信息的完整性和评价结果的精确度和可信度。

（2）继承与发展兼顾的原则。煤炭作为中国的主要能源，其占一次性能源比重很高，全面放弃既不可能，也无必要，要保持社会经济的长远利益，必须要兼顾当前利益，在继承的基础上挖潜改造，以寻求新的发展空间，否则，获得长远利益的目标就难以实现。

（3）可操作和可比性原则。所谓可操作，就是要求数据易于获取，计算简单。同时，指标数量适宜，尽量避免交叉和重复，还必须指出的是指标的设立不能和中国相关法律政策相违背。所谓指标的可比性，是指指标名称规范，计量方法、计量口径和计量范围统一，符合国际或国内有关标准，既可实现同一指标的不同时点的比较，即纵向可比性，又可实现同一时点的不同指标的比较，即横向可比性。

（4）全面性与重要性相结合的原则。评价应该能比较全面地反映和测度被评价区域的主要配置特征和配置状况，同时也应突出主要因素，力求揭示问题的主要矛盾。

（5）定性与定量相结合的原则。如果完全采用定性方法，不可避免地要受到各种主观因素的干扰和影响，影响评价的科学性、客观性，因此应依据定性与定量相结合的原则，以定性评价为基础，以定量评价作为定性评价的深化，以定量评价的数学模型，计算出本质性的定性评价结论，尽最大可能提高评价的科学性和客观性。

（三）煤炭资源承载力评价体系构建

1. 评价指标体系的整体设计

煤炭资源承载力指标体系是一个统一的整体，既有上下的层次关系，又有指标间的平行关系，不同的指标由于所反映煤炭资源承载力的不同侧面，又分属于不同的类别。根据煤炭资源承载力的内涵和特性，以及指标体系的构建原则，参照可持续发展指标体系，循环经济发展指标体系及其他体系的构建方法，将煤炭资源承载力指标体系确定为三个层次，分为目标层、状态层和指标层。目标层由状态层反映，状态层由指标层反映，指标层有若干具体指标和数值构成。目标层设立"煤炭资源承载力"；状态层设立"社会支撑系统、经济支撑系统、生态环境支撑系统和煤炭资源支撑系统"；指标层分别设立相应的指标。

（1）目标层。煤炭资源承载力是煤炭资源承载力评价指标体系的最终目标，表示煤炭资源对人口、社会经济和生态环境的最大支撑能力的实现程度或实现概率，也用来衡量煤炭资源承载力系统各构成因素的发展水平及其相互之间的发展协调程度。对它的评价，需要选择描述和衡量该系统质性发展和量性发展的指标，使其在数量上反映系统总体发展规模及现代化水平，在时间和空间尺度上反映其变化趋势及结构特征。

（2）状态层。表示系统层的各子系统中与煤炭资源相关的分类指标，反映各子系统内部的发展状态、配置环境以及依赖关系，是相近特性指标的集合或分类。

（3）指标层。这是煤炭资源承载力指标体系最基本的构成因素集合，是一系列反映煤炭资源支撑对象的使用效率、效益和定额的质量和数量的表征。

2. 社会支撑系统

社会的发展和完善在很大程度上影响着资源消耗和环境污染的程度。如科技水平、失业率、社会保障覆盖率、公众参与等，均对煤炭资源承载力起到了阻碍和促进作用。

（1）职工平均受教育程度（C_{11}）。是指矿区职工的平均受教育年限，它从一定程度上反映了人口发展水平、人口素质的表征。受教育程度与资源消耗和环境污染成反比例关系。

（2）恩格尔系数（C_{12}）。根据恩格尔定律得出的比例数，即居民的食品消费支出占家庭总收入的比例，是国际上通用的衡量居民生活水平高低的一项重要指标。根据联合国粮农组织提出的标准，恩格尔系数在 60％以上为贫困，50％～60％为温饱，40％～50％为小康，40％以下即为富裕。恩格尔系数与煤炭资源承载力成反比例关系。计算公式为：

$$恩格尔系数 = \frac{居民的食品消费支出}{居民家庭总收入} \times 100\%$$

（3）煤炭资源的开发与社会效益的协调性（C_{13}）。主要反映某一地区煤炭资源的开发与社会系统的和谐程度，目的是为了实现社会效益的最大化。

（4）人均生活用电量（C_{14}）。其与资源消耗成正比例关系。计算公式为：

$$人均生活用电量 = \frac{年用电总量}{总人口数}$$

（5）矿区人均住宅面积（C_{15}）。计算公式为：

$$矿区人均住宅面积 = \frac{矿区总的住宅面积}{总人口数}$$

3. 经济支撑系统

煤炭资源总是有限的，随着经济规模的不断扩大，用煤总量不断地增加，经济发展到一定程度会出现煤炭资源难以支撑的局面。煤炭资源短缺直接影响工业、农业生产的结构与规模，影响经济增长。因此，要协调好经济系统与煤炭资源系统的发展关系。

（1）成本费用利润率（C_{21}）。计算公式为：

$$成本费用利润率 = \frac{利润总额}{成本费用总额} \times 100\%$$

（2）煤矿百万吨死亡率（C_{22}）。计算公式为：

$$煤矿百万吨死亡率 = \frac{死亡人数 \times 1000000}{煤炭实际产量（吨）} \times 100\%$$

（3）煤炭资源与经济发展的协调度（C_{23}）。该指标主要反映了某地区经济发展与煤炭资源的协调状况。

（4）科技费用投入比例（C_{24}）。计算公式为：

$$科技费用投入比例 = \frac{当期科技费用投入值}{工业总产值} \times 100\%$$

（5）销售增长率（C_{25}）。计算公式为：

$$销售增长率 = \frac{当年主营业务收入总额 - 前一年主营业务收入总额}{前一年主营业务收入总额} \times 100\%$$

（6）万元 GDP 耗煤量（C_{26}）。计算公式为：

$$万元\,GDP\,耗煤量 = \frac{耗煤总量}{GDP\,总量（万元）} \times 100\%$$

4. 生态环境支撑系统

生态环境支撑系统指标用来衡量企业对生态治理与环境保护的强度和水平。提高煤炭资源承载力要求企业在经济发展的同时注重生态环境质量的提高。

(1) 万元产值废水排放量（C_{31}）。计算公式为：

$$万元产值废水排放量 = \frac{废水排放总量}{工业总产值（万元）} \times 100\%$$

(2) 万元产值废气排放量（C_{32}）。计算公式为：

$$万元产值废气排放量 = \frac{废气排放总量}{工业总产值（万元）} \times 100\%$$

(3) 破坏土地复垦率（C_{33}）。计算公式为：

$$破坏土地复垦率 = \frac{土地复垦面积}{矿区土地破坏总面积} \times 100\%$$

(4) 万元产值电耗下降率（C_{34}）。计算公式为：

$$万元产值电耗下降率 = \frac{当期万元产值电消耗量 - 前期万元产值电消耗量}{前期万元产值电消耗量} \times 100\%$$

(5) 万元产值水耗下降率（C_{35}）。计算公式为：

$$万元产值水耗下降率 = \frac{当期万元产值水消耗量 - 前期万元产值水消耗量}{前期万元产值电水消耗量} \times 100\%$$

(6) 煤炭资源开发与环境的协调度（C_{36}）。该指标主要是为了衡量生态环境系统与煤炭资源的协调状况，反映了煤炭资源的开发利用对生态环境的影响。

5. 煤炭资源支撑系统

(1) 人均煤炭资源用煤量（C_{41}）。计算公式为：

$$人均煤炭资源用煤量 = \frac{生活用煤总量}{总人口数}$$

(2) 煤炭资源供需比例（C_{42}）。计算公式为：

$$煤炭资源供需比例 = \frac{煤炭资源可利用量}{煤炭资源需求量} \times 100\%$$

(3) 煤炭资源储采比（C_{43}）。煤炭作为一种一次性的不可再生资源，有别于其他商品的一点在于其储存量随着开采而减少，当期开采量的增加意味着未来可采量的减少，煤炭资源储采比指煤炭资源储存量与当年采储量之比，即目前煤炭资源剩余可采储量可供消费的时间。

煤炭资源储采比则是对储量的可利用性的反映，是衡量煤炭资源承载力的一个重要指标。计算公式为：

$$煤炭资源储采比 = \frac{煤炭资源储存量}{煤炭资源当年开采量}$$

（4）原煤的入洗率（C_{44}）。该指标是对煤炭资源利用情况的测度。原煤入洗率高说明能重视避免资源的浪费，能够合理利用煤炭资源，从而有利于增强煤炭资源的承载力，实现煤炭资源的可持续利用，同时改善环境。计算公式为：

$$原煤入洗率 = \frac{原煤入洗量}{原煤总产量} \times 100\%$$

（5）煤炭回采率（C_{45}）。计算公式为：

$$煤炭回采率 = \frac{采区采出煤量}{采区动用储量} \times 100\%$$

（6）煤炭资源综合利用率（C_{46}）。计算公式为：

$$煤炭资源综合利用率 = \frac{煤炭资源利用总量}{煤炭资源产出总量} \times 100\%$$

以上指标层各项指标的物理定量见表3—4。

表3—4 指标的物理定量

指标	物理定量	指标	物理定量
职工平均受教育程度（C_{11}）	年	万元产值废气排放量（C_{32}）	%
恩格尔系数（C_{12}）	%	破坏土地复垦率（C_{33}）	%
煤炭资源的开发与社会效益的协调性（C_{13}）	无量纲	万元产值电耗下降率（C_{34}）	%
人均生活用电量（C_{14}）	千瓦时	万元产值水耗下降率（C_{35}）	%
矿区人均住宅面积（C_{15}）	平方米	煤炭资源开发与环境的协调度（C_{36}）	无量纲
成本费用利润率（C_{21}）	%	人均煤炭资源用煤量（C_{41}）	吨/人
煤矿百万吨死亡率（C_{22}）	人/百万吨	煤炭资源供需比例（C_{42}）	%
煤炭资源与经济发展的协调度（C_{23}）	无量纲	煤炭资源储采比（C_{43}）	年
科技费用投入比例（C_{24}）	%	原煤入洗率（C_{44}）	%
销售增长率（C_{25}）	%	煤炭回采率（C_{45}）	%
万元GDP耗煤量（C_{26}）	%	煤炭资源综合利用率（C_{46}）	%
万元产值废水排放量（C_{31}）	%		

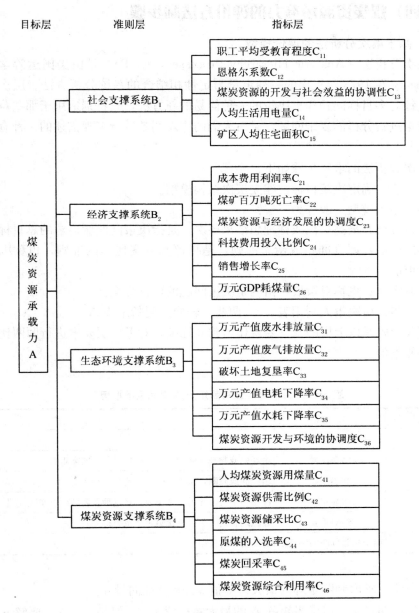

图3—7 煤炭资源承载力评价体系

（四）煤炭资源承载力的评价方法和步骤

1. 基于层次分析法的评价模型

层次分析法（Analytic Hierarchy Processes，AHP），是由美国运筹学家 A. L. Saaty 在 1973 年提出的一种定量与定性相结合的系统分析方法。层次分析法是针对多目标问题作出决策的一种简易的新方法，它特别适用于那些难于完全定量进行分析的复杂问题，是对人们的主观判断进行客观描述的一种有效的方法[①]。

层次分析法的求解步骤如下：

第一步：确定决策目标，建立层次结构模型。

层次结构模型一般分为三层：

①目标层：最高层次或称理想结果层次，是指决策问题所追求的总目标；

②准则层：评价准则或衡量准则，是指评判方案优劣的准则，也称因素层、约束层；

③方案层：也称对策层，指的是决策问题的可行方案。

第二步：由决策人利用表 3-5 两两比较构造判断矩阵 A。

判断矩阵是以上层的某一要素作为判断标准，对下一层要素进行两两比较确定的元素值。

表 3-5　目标重要性判断矩阵 A 中元素的取值

相对重要程度	定　义	说　明
1	同等重要	两个目标同样重要
3	略微重要	由经验或判断，认为一个目标比另一个略微重要
5	相当重要	由经验或判断，认为一个目标比另一个重要
7	明显重要	深感一个目标比另一个重要，且这种重要性已有实践证明
9	绝对重要	强烈地感到一个目标比另一个重要得多
2、4、6、8	两个相邻判断的中间值	需要折中时采用

第三步：求取判断矩阵的最大特征值 λ_{max} 和特征向量 ω。

用特征向量法可以求得矩阵 A 的最大特征值 λ_{max}。但是，求 λ_{max} 要解 n 次

---

① 张所地：《管理决策论》，中国科学技术出版社，2005 年。

方程，当 n≥3 时计算比较麻烦，可以用近似算法。近似算法如下：

①A 中每行元素连乘并开 n 次方：

$$\omega_i^* = \sqrt[n]{\prod_{j=1}^n a_{ij}}, \quad i = 1,2,\cdots,n$$

②求权重：

$$\omega_i = \omega_i^* \Big/ \sum_{i=1}^n \omega_i^*, \quad i = 1,2,\cdots,n$$

③A 中每列元素求和：

$$s_j = \sum_{i=1}^n a_{ij}, \quad j = 1,2,\cdots,n$$

④计算 λ_{max} 的值：

$$\lambda_{max} = \sum_{i=1}^n \omega_i s_i$$

第四步：判断矩阵 A 的一致性检验。

在对各要素进行相对重要性判断时，由于运用的主要是决策者的主观判断，因而不可能完全精密地判断出其比值，而只能对其进行估计，因此必须进行相容性和误差分析。

若判断矩阵 A 完全相容时，应有 $\lambda_{max}=n$；若不相容时，则 $\lambda_{max}>n$，因此可以用 $\lambda_{max}-n$ 的关系来界定偏离相容性的程度。设一致性指标为 C. I.（Consistence Index），则有：

$$C.\,I. = \frac{\lambda_{max}-n}{n-1}$$

C. I. 与所给同阶矩阵的随机性指标 RI（Random Index）之比称为一致性比率 CR（Consistence Rate），RI 为一统计学随矩阵阶数的常数。在层次分析法中，当 CR＞0.10 时不能通过一致性检验，应该重新估计矩阵，直到 CR＜0.10 通过一致性检验时，求得的 ω 有效。

第五步：层次总排序。

2. 基于主成分分析法的评价模型

主成分分析是把原来多个变量化为少数几个综合指标的一种统计分析方法，从数学的角度看，这是一种降维处理技术，假定有 n 个地理样本，每个样本共有 p 个变量，这样就构成了一个 n×p 阶的地理数据矩阵。

第一步：用 Z-Score 法将原始数据进行标准化，对于逆指标（有些指标数值越大，表明在这一领域发展水平越高，这种指标被称为正指标；相反，有些指标数值越大，反而表明在这一领域发展水平越低，叫做逆指标）先取倒数，再进行标准化。

第二步：将标准化后的数据列出矩阵 Z。

$$Z = \begin{bmatrix} Z_{11} & Z_{12} & \cdots & Z_{1p} \\ Z_{21} & Z_{22} & \cdots & Z_{2p} \\ \vdots & \vdots & \vdots & \vdots \\ Z_{n1} & Z_{n2} & \cdots & Z_{np} \end{bmatrix}$$

式中：n 代表各个样本（不同年度）；p 代表各个变量（指标），（n＞p）。

第三步：计算标准化矩阵中每两个指标间的相关系数，得到相关系数矩阵 R。

$$R = \frac{1}{n-1} Z' Z$$

第四步：计算相关系数矩阵 R 的特征值和特征向量。由方程 $|\lambda E - R| = 0$ 得到 p 个特征值，按从大到小的顺序排列为 $\lambda_1 \geqslant \lambda_2$，$\cdots$，$\lambda_p \geqslant 0$，并得到对应于 p 个特征值的特征向量，$t_i = (t_{1i}, t_{2i}, \cdots, t_{pi})$。

第五步：计算主成分得分。选取主成分可以不选取所有的主成分，而只需选取前 i 个主成分，使得前 i 个主成分的方差贡献率达到 85％即可。设 F_i 为提取的第 i 个主成分，则：

$$F_i = Z_{ij} \times t_i = \begin{bmatrix} Z_{11} t_{1i} + Z_{12} t_{2i} + \cdots + Z_{1p} t_{pi} \\ Z_{21} t_{1i} + Z_{22} t_{2i} + \cdots + Z_{2p} t_{pi} \\ \vdots \quad \vdots \quad \vdots \quad \vdots \\ Z_{n1} t_{1i} + Z_{n2} t_{2i} + \cdots + Z_{np} t_{pi} \end{bmatrix}$$

第六步：计算各子系统的综合评价值。

$$Y_i = \sum F_i \frac{\lambda_i}{\sum\limits_{k=1}^{p} \lambda_k}$$

第七步：计算可持续承载力总指数。

$$Y = \frac{1}{n} \sum_{i=1}^{n} Y_i$$

3. 基于 DEA 方法的综合评价模型

以上两种模型虽然被经常用于事物的综合评价，但是从方法论和研究科学性和准确性的意义上来说，这两种模型都或多或少地存在着一定缺陷，要么评价时的处理使得所含信息不够全面；要么是评价过程过多地受人为主观性的影响，更重要的是他们对评价后措施建议的提出没有切实可靠的科学依据。而DEA方法对事物的效率评价来说则相对更为科学和准确些。

DEA方法是一种"相对效率评价"的方法，目前已成为管理科学与系统工程领域较广泛运用的一种有效分析工具。它是 1978 年 A. Charnes，W. W. Cooper 和 E. Rhodes 给出的评价决策单元相对有效性的数据包络分析方法（Data Envelopment Analysis，DEA）。该方法常被用于生产生活的投入产出系统中进行管理、决策和效益效率评价等。DEA方法的主要模型有 C^2R、BC^2、FG、ST 等，其中最初始的也是基本模型为 C^2R，它是一个分式规划，经过 C^2 转换后，可化为一个与其等价的线性规划问题。

C^2R 模型是用来评价部门"技术有效"和"规模有效"的模型。假设有 n 个参加评比的部门或单位（DMU），每个部门有 m 种输入和 s 种输出，见表 3-6。

表 3-6　决策单元输入、输出情况

决策单元	输入数据				输出数据			
	1	2	…	m	1	2	…	s
	V_1	V_2	…	V_m	U_1	U_2	…	U_s
1	X_{11}	X_{21}	…	X_{m1}	Y_{11}	Y_{21}	…	Y_{s1}
2	X_{12}	X_{22}	…	X_{m2}	Y_{12}	Y_{22}	…	Y_{s2}
⋮	⋮	⋮	⋮	⋮	⋮	⋮	⋮	⋮
j	X_{1j}	X_{2j}	…	X_{mj}	Y_{1j}	Y_{2j}	…	Y_{sj}
⋮	⋮	⋮	⋮	⋮	⋮	⋮	⋮	⋮
n	X_{1n}	X_{2n}	…	X_{mn}	Y_{1n}	Y_{2n}	…	Y_{sn}

表中：X_{ij} 为第 j 个决策单元对第 i 种输入的数据，$X_{ij} > 0$；Y_{ij} 为第 j 个决策单元对第 i 种输出的数据，$Y_{ij} > 0$；V_i 为对第 i 种输入的一种度量（或称权重）；U_r 为对第 r 种输入的一种度量（或称权重）；i=1，2，…，m；r=1，2，…，s；j=1，2，…，n。C^2R 的分式规划问题模型为：

$$\begin{cases} \max \dfrac{U^T \quad Y_0}{V^T \quad X_0} = V_p^1 \\ \dfrac{U^T \quad Y_j}{V^T \quad X_j} \leqslant 1 \\ U \geqslant 0，V \geqslant 0，j=1，2，3，…，n \end{cases}$$

　　为了方便求解判断，Charnes 和 Cooper 引入了非阿基米得无穷小量 ε（其中 ε>0 是比任何大于零的量都要小的量），得到具有阿基米得无穷小参数的 C^2R 模型为：

$$D_{C^2R}-\varepsilon = \begin{cases} \min[\theta-\varepsilon(e^Ts^-+e^Ts^+)]=V(D\quad\varepsilon) \\ \sum_{j=1}^{n}X_j\lambda_j+s^-=\theta X_{j0} \\ \sum_{j=1}^{n}Y_j\lambda_j+s^+=Y_{i0} \\ \lambda_j\geqslant 0,\ j=1,2,3,\cdots,n \\ s^-\geqslant 0,\ s^+\geqslant 0 \end{cases}$$

　　对于（$D_{C^2R}-\varepsilon$）可利用单纯型法求解。若（$D_{C^2R}-\varepsilon$）的最优解为 λ^0，s^{-0}，s^{+0}，θ^0，θ^0 表示 DMU 离有效前沿面的径向优化量或"距离"，s^- 与 s^+ 为松弛变量，非零的 s^- 与 s^+ 使无效 DMU 沿水平或垂直方向延伸达到有效前沿面。当 $\theta^0=1$ 并且 $s^{-0}=s^{+0}=0$ 时，决策单元 j_0 为 DEA 有效，其形成的有效前沿面为规模收益不变，且 DMU 为规模且技术有效；当 $\theta^0=1$ 并且 $s^{-0}\neq 0$ 或 $s^{+0}\neq 0$ 时决策单元 j_0 为弱 DEA 有效，则技术无效。

　　在一定的煤炭资源开发利用阶段和生态环境保护目标下，一个流域或区域的不可再生利用的煤炭资源究竟能够支撑多大规模的社会经济系统发展？如何合理管理有限的煤炭资源，维持和改善煤炭资源的承载能力？可以根据研究的重点方面，选择相关的煤炭资源实际数据或煤炭资源承载力指数数据来衡量区域间或时间段上煤炭资源承载能力的相对有效性。通过比较来发现差距和不足，从而促使相关部门积极地寻求能够缩短差距和弥补不足的措施，不断改善煤炭资源的合理开发利用，提高煤炭资源的承载力。要实现这个分析评价目的，可利用 DEA 方法对多个同类样本间"相对优劣性"进行评价。

（五）煤炭资源可持续利用承载力的计算模型

1. 煤炭资源总量（M）

　　煤炭资源总量（M）是指一个地区和国家在现有科学和技术条件下已探明的煤炭资源的总规模。它包括可采储量（M_K）和不可采储量（M_B），计算公式为：

$$M=M_K+M_B \tag{3.1}$$

2. 可利用煤炭资源（M_Y）

　　可利用煤炭资源（M_Y）是指在经济合理、技术可行和生态环境允许的前提下，通过技术措施可以利用的煤炭资源量。在数量上，它等于区域可采煤炭资源量（M_K）和进口煤炭资源量（M_J），即

$$M_Y = M_K + M_J = M - M_B + M_J \tag{3.2}$$

3. 煤炭资源社会需求总量（M_X）

煤炭资源社会需求总量（M_X）是指在现有社会经济发展规模水平条件下，各承载对象对煤炭资源的最大需求量之和。它包括社会直接需求量和煤炭出口数量。对于环境承载对象，即不可采煤炭储量部分，直接减少可利用煤炭资源。其社会需求量分别表示为：工业用煤（M_G）、人民生活用煤（M_R）、出口煤量（M_C）、其他用煤（M_Q），则计算公式为：

$$M_X = M_G + M_R + M_C + M_Q \tag{3.3}$$

4. 煤炭资源承载倍数（e）

为反映煤炭资源承载能力，需要先计算煤炭资源承载倍数（e），计算公式为：

$$e = M_Y / M_X \tag{3.4}$$

由煤炭资源承载倍数 e 的计算公式可见，当 e≥1 时，煤炭资源的可利用量大于煤炭资源社会需求总量，即 $M_Y \geq M_X$，说明煤炭资源供需状况良好，煤炭资源对社会经济发展具有足够的支撑力。当 e<1 时，煤炭资源的可利用量小于煤炭资源社会需求总量，即 $M_Y < M_X$，说明煤炭资源可利用量不能支撑社会经济发展对煤炭资源的需求，即承载力不足。通过 e 值的大小，即可判断煤炭资源承载力的大小。

（六）基于 DEA 的中国煤炭资源承载力评价实证评价研究

选取 1997～2007 年煤炭资源承载力的多项评价指标数据，运用 DEA 方法对其煤炭资源承载力进行了计算和评价。选取的输入和输出指标见表3-7。

表3-7　1997～2007年煤炭资源承载力评价指标数据

指标	输入指标				输出指标	
年份	职工平均受教育程度（年）	人均煤炭资源用煤量（吨）	煤炭资源的储采比（%）	煤炭资源供需比（%）	万元 GDP 耗煤量（万吨）	煤炭资源的综合利用率（%）
1997	8	1.235	81.00	0.9653	1.2511	1.0070
1998	9	1.087	80.56	0.8270	1.0903	1.0300
1999	9	1.264	79.23	0.9843	1.0312	1.0110

续表

指标	输入指标				输出指标	
年份	职工平均受教育程度（年）	人均煤炭资源用煤量（吨）	煤炭资源的储采比（%）	煤炭资源供需比（%）	万元 GDP耗煤量（万吨）	煤炭资源的综合利用率（%）
2000	10	1.211	78.16	0.9765	0.9468	1.0683
2001	10	1.142	75.00	0.9197	0.8708	0.9676
2002	11	1.092	73.53	1.0123	0.8364	0.9679
2003	12	1.285	70.66	1.0233	0.8810	1.1038
2004	12	1.514	69.45	1.0311	0.8644	0.9711
2005	15	1.733	66.32	1.0292	0.8444	0.9858
2006	15	1.811	63.51	1.0053	0.8105	1.0080
2007	15	1.897	61.82	1.0184	0.7384	1.0150

应用 DEA 模型对中国煤炭资源承载力进行评价，用 DEA 软件分析中的 CRS 模型和 VRS 模型对上述数据进行计算得到的评价结果见表 3—8。煤炭资源承载力（θ）是由 DEA 软件中的 CRS 模型得出的，技术效率 σ 是由 DEA 软件中的 VRS 模型得出的，由表可知，1997～2007 年的 11 个年份中，2001 年的煤炭资源承载力指数最低是 0.93264，1997、1998、2000、2003、2006、2007 年的承载力指数都是 1。同时 1997、1998、2000、2003、2006、2007 年的 θ 值、σ 值、k 值都是 1，说明这几年既是技术有效又是规模有效，煤炭资源的利用效率相对最优，煤炭资源的配置比较合理。

表 3—8　DEA 评价 1997～2007 年煤炭资源承载力的评价结果

年份	煤炭资源承载力（θ）	技术效率（σ）	规模效率 k（θ/σ）	∑λ 值	规模收益状况	技术有效性
1997	1	1	1	1	Constant	有效
1998	1	1	1	1	Constant	有效
1999	0.97448	0.99038	0.9839	0.982	Increasing	无效
2000	1	1	1	1	Constant	有效
2001	0.93264	0.9436	0.9852	0.913	Increasing	无效
2002	0.96745	0.9206	0.9973	0.919	Increasing	无效

续表

年份	煤炭资源承载力（θ）	技术效率（σ）	规模效率 k（θ/σ）	Σλ 值	规模收益状况	技术有效性
2003	1	1	1	1	Constant	有效
2004	0.93707	0.9527	0.98362	0.924	Increasing	无效
2005	0.96832	0.98955	0.97911	0.975	Increasing	无效
2006	1	1	1	1	Constant	有效
2007	1	1	1	1	Constant	有效

1999、2001、2002、2004、2005 年 θ 值、σ 值、k 值都小于 1，说明这五年既没有达到技术最佳，也没有达到规模最佳，资源配置存在一定的不合理性，由表 3－8 中的 Σλ 值可以看出，1997、1998、2000、2003、2006、2007 年的 Σλ 值都是 1，说明这几年的规模收益不变；1999、2001、2002、2004、2005 这五年的 Σλ 值都小于 1，说明这五年的规模收益递增。

运用 DEA 模型对煤炭资源承载力进行计算并给出分析评价结果，虽然内容有些局限，比如相应地输入输出指标的选取不同，评价的结论也不同，但是为进一步研究煤炭资源的分配、利用及管理等提供了依据与参考。

五、提升煤炭资源承载力的对策和建议

（一）加快煤炭资产化管理

煤炭资源资产化管理就是要通过对煤炭资源的人、财、物等社会投入，保护、恢复、再生、更新、增值和积累煤炭资源资产，实现以资源养资源，增强煤炭资源的承载能力，发展煤炭产业的良性循环，使煤炭资源的功能持续恒定下去，为社会提供更多的经济效益和良好的生态环境。

1. 健全国有资产管理法律法规

市场经济首先是法制经济，依法治国的关键就是要健全法制。通过健全法制，使煤炭资源的管理、保护、开发与利用有法可依，有法必依；通过健全法制，明确界定煤炭资源产权，理顺产权关系，使煤炭资源在经营、使用过程中的权、责、利关系明确化；并健全所有权主体人格化机构——国家国有资产管理局及地方国有资产管理局的产权管理职能，结束长期以来煤炭资产所有者主体长期缺位的局面。

2. 建立完善的煤炭资源产权出让和交易市场

对煤炭资源的产权实行有偿转让，让渡使用，推行使用权的部分和完全有偿转让，建立切合实际的资源价格体系。煤炭资源市场分为一级市场和二级市场。一级市场是煤炭资源的出让市场，国家或国有资产管理部门把煤炭资源在一定年限内的使用权或开发利用权出让或出租给大型的国有公司或企业，收取地租或出让费，煤炭资源使用权在经济上得到实现。二级市场是取得煤炭资源使用权或开发权的公司或企业将使用权转让给别的企业。

3. 建立煤炭资源资产评估体系

资产评估是依据一定的标准，以客观数据为基础，用科学的方法，合理反映企业各类资产现时价值或价格的过程。它是一种动态化和模拟市场的社会经济活动，是强化资产管理和进行产权转让、资产重组所必需的一项基础工作。建立煤炭资源资产评估体系，可以充分保障煤炭资源所有者和经营者的合法权益，为考评资产的保值增值工作提供客观依据。同时对于加强煤炭资源资产的管理，防止流失，并为资产的有偿使用制度的建立奠定一个较为科学的价格基础具有十分重要的意义。

4. 构建煤炭资源管理体系

成立独立的煤炭资源管理机构和监管机构，前者应设在国家国土资源管理部门内，其核心是两个组织：一是确定煤炭资源价格的组织，二是进行煤炭资源矿业权招标拍卖的专业组织。后者应设在国家反垄断的有关部门内。

建立煤炭资源核算体系一套标准、两个数据库、若干个煤炭资源经济评价中介机构。设立以煤炭资源条件、地质勘探程度和经济评价为三维坐标的煤炭资源评价标准。按此标准尽快对中国各区块煤炭资源进行初步评价，建立煤炭资源评价基础数据库，并随招标拍卖的增多，建立案例数据库。同时，应促进高质量的煤炭资源评价中介机构参与煤炭资源经济评估。

建立煤炭资源招标管理体系，建立一套严格招标管理制度，使招标管理公平、公开、公正。建立煤炭资源公平竞争的竞争机制，招标拍卖程序公开化，招标拍卖行为应广泛接受司法、媒体和社会各方面的监督。

（二）发展循环经济以提升煤炭资源承载力

循环经济是指最有效利用资源、能源和保护环境，以"减量化、再利用、资源化"为原则组织经济活动的经济发展模式。循环是指事物周而复始地运动或变化的过程，可见循环一词本义即具有可持续性。只不过任何一个循环系统的可持续性都是有条件的，一旦某些条件发生故障，就会出现恶性循环状态。这些条件就是说经济发展对煤炭资源的开发利用不能超过其自身的承载能力，以保证煤炭资源的可持续供给。

1. 将生产过程中原材料的利用提到最高限度，提高利用效率

一方面提高对原生资源的利用效率，通过提高使用效率达到节约原生资源的目的；另一方面加大对再生资源的使用，以减少对原生资源的需求，达到节约原生资源的目的。从市场的角度进行分析，循环经济发展的主要动力来源于煤炭资源日益稀缺，相对煤炭资源承载能力下降。同时，市场经济条件下经济利益的驱动，也成为对废弃物再利用的刺激。如从单位 GDP 产出能耗表征的能源利用效率看，中国与发达国家差距非常大。以日本为 1，则法国为 115，美国为 2167，加拿大为 315，而中国却高达 1115。如果人均能源使用效率能提高到韩国的水平，即可以支撑中国经济总量增长 5 倍；如果提高到日本的水平，则可以支撑中国经济总量提高 15 倍。

2. 将废弃物进行资源化处理

资源化是输出端方法，即把物质返回到工厂，在那里粉碎之后再融入新的产品之中。废弃物资源化后被变成不同类型的新产品，消费者和生产者通过购买再生资源制成的产品，从而减少原生物质使用量，使得循环经济的整个过程实现闭合，通过对废弃物的资源化处理提高资源使用效率。这实际上是在更广阔的社会范围内或在消费过程中和消费过程后层次上组织物质和能源的循环。如一个年产钢 800 万~1000 万吨的钢铁厂，把可燃气体全部回收利用，可以满足一个年产 120 万机组的发电厂所需要的全年热能，它所发的电供应钢铁厂使用，还向社会发电。又如高炉渣通过细磨以后供年产 300 万吨的水泥厂满足全部原料的需要，而且可以提高水泥的标号，提高资源利用效率。

3. 科技创新是发展循环经济、提升煤炭资源承载力的关键

科技创新一般有四个阶段：第一阶段是过程创新，即更合理地生产同一种产品，如原材料的变更或采用更清洁的生产技术；第二阶段是产品创新，即用更少的投入生产同样的产品；第三阶段是产品替代，这一阶段是产品概念的变革和功能开发，即向社会提供用途相同但种类不同的产品或服务，如从用纸交流变更为用网络无纸交流；第四阶段是系统创新，这一阶段是革新社会系统，追求结构和组织的变革。中国社会经济发展要大幅度提高煤炭资源承载力，就必须更多地关注科技创新。如石化工业生产中产生的催化裂化干气中蕴藏着丰富的乙烯、乙烷、丙烃等，可作为基本化工原料的宝贵资源，长期以来，因缺乏工业化的回收技术，而把它们当做废气白白烧掉。科技的发明和创新、机器的改良，可以使那些在原有形式上本来不能利用的物质，转变成一种在新的生产中可以利用的形态，从而提升煤炭资源承载能力。

（三）提高全民族的资源忧患意识和节约意识

联合国把 2008 年命名为"国际地球年"，中国是提案国之一。"地学为社会服务"是本次地球年的行动口号，它旨在让人们意识到，地球资源并不是无穷无尽的；相反，将比任何时候都更加珍贵。一切资源都将逐渐耗尽。对于石油、天然气以及煤这些燃料，想要回收是件很困难的事。可行的办法就是节能，特别是交通行业存在着很大的潜力。绿色和平组织的能源专家安德里·波林认为，"从技术层面上讲，在未来 10 年里将汽车耗油量减半是完全可能的"。油价的下跌最终将改变全球经济，更有优势的燃料将成为全球经济的基础。

在全社会树立节约资源的观念，培育人人节约资源的社会风尚，营造全民节约资源的良好环境。要将节约资源提升到基本国策的高度来认识，把建立资源节约型社会的目标纳入国家经济社会发展规划之中，以此为依据建立综合反映经济发展、社会进步、资源利用、环境保护等体现科学发展观、政绩观的指标体系，构建"绿色经济"考核指标体系，实现"政绩指标"与"绿色指标"的统一，彻底改变片面追求 GDP 增长的行为。牢固树立以人为本的科学发展观，改变透支资源求发展的方式。按照科学发展观的要求，必须把资源保护和节约放在首位，充分考虑资源承载能力，辩证地认识资源和经济发展的关系。要加大合理开发资源的力度，努力提高有效供给水平；要着力抓好节能、节材、节水工作，实现开源与节流的统一。

积极引导合理用煤、节约用煤和有效用煤。努力缓解当前煤炭供求紧张状况，解决煤炭产需长期矛盾。大力调整经济结构，切实转变增长方式，抓紧完善产业政策和产品耗能标准，限制高耗能工业发展。优化能源生产和消费结构，鼓励发展新能源，努力减少和替代煤炭使用依靠科技进步和创新，推广先进的节煤设备、工艺和技术，强化科学管理，减少煤炭生产、流通、消费等环节的损失和浪费。制定出有利于节煤用煤的经济政策、技术标准和法规，利用经济、法律和必要的行政手段，实行全面严格的节煤措施。采取多种形式大力宣传节约意识。倡导能源节约文化，努力形成健康、文明、节约的消费模式，在全社会形成节约用煤和合理用煤的良好环境。

（四）调整产业结构

从产业结构上看，中国经济明显具有重化工业为主导的特征，电力、钢铁、建材等高耗煤行业高速发展，成为国民经济的动力与支柱，对能源高度依赖。经济增长使煤炭需求刚性增长。政府应利用宏观手段调节需求，即遏制钢铁、电解铝、水泥及其他高耗能、重污染行业的增长势头，以调整产业结构，促进产业升级及技术进步。依靠科技进步，全力推进传统产业的改造和升级，大力发展高科技含量、高附加值、低消耗的新兴产业，走适应时代需要的新型工业发展道路。以科技进步和技术创新为动力，促进产业结构优化升级。大力发展第三产业，降低第二产业在经济结构中的比重；抓紧完善产业政策和产品能耗标准，限制高耗能工业的发展；运用高新技术和先进适用技术改造传统产业，淘汰高耗能、重污染的落后工艺、技术和设备；降低单位 GDP 能耗，减少煤炭消耗量。努力实现以煤炭资源消费的低增长实现经济高效益、高质量、高速率增长。

（五）贯彻以人为本的思想，积极调整政策

创造有利于吸引人才的工作和生活环境，引进优秀人才。鼓励和支持大中专毕业生到煤炭行业工作，提高科技人员比重。有关院校要积极为煤炭企业多途径培养急需人才。各煤炭企业要建立和发展面向全体员工的教育培训体系，办好各类职工培训，开展岗位培训和继续教育，利用社会力量培养人才，推行关键岗位持证上岗制度。改革煤矿职工招聘办法，主要技术工人要变招工为招生，关键技术工种人员文化程度要达到中专以上。努力建设一支熟悉煤矿专业知识、掌握煤矿新技术、新工艺、新设备的专业技术人员队伍和有现代化管理水平的优秀企业家队伍。通过各种渠道引进各类人才，并给他们提供良好的环境，使之能充分发挥他们的潜能。建立合理有效的培训机制，对煤炭产业的各类人员进行培训，增强他们的自身素质。引入竞争机制，优胜劣汰，由此来提高煤炭企业的运作效率和创新能力，提升煤炭资源的承载力。

（六）建立环境污染治理的综合机制，加大生态环境保护力度

1. 强化环境监督管理和老污染源的治理

实施总量控制和达标排放，积极贯彻"谁污染、谁治理；谁排污、谁付费；谁治理、谁受益"的原则，严格控制污染物排放标准。要按照"统筹兼顾、突出重点"的原则，突出土地塌陷治理、煤矸石治理、水资源保护和环境

污染治理、生物多样性保护、植被恢复等内容，结合当地经济和社会发展的实际，编制生态环境恢复治理规划。通过资源资产收益、地方财政和企业增加投入、鼓励社会投入资金等多渠道筹集资金，加大环境保护和治理投入，区分轻重缓急，逐步实施规划，加大对废弃煤矿、老煤矿采煤沉陷区治理及生态环境恢复治理力度，防止土地荒漠化、水土流失和水资源破坏。新建煤矿和老井改扩建必须按照"三同时"的要求，加强水资源保护和土地复垦，减少占地，防治地质灾害。利用经济手段和市场机制促进生态环境可持续发展，按照资源有偿使用原则，逐步开征资源利用补偿费，研究和试行环境税。使市场价格准确反映经济活动造成的环境代价，形成一种动力机制，促使企业主动将减少污染、环境保护纳入考虑范围。实行税收差异或优惠政策，扶持引导环保产业的发展，对"三废"综合利用产品和采用清洁生产技术，也应给予一定的税收优惠。

2. 完善生态环境评价及监管制度

环保行政主管部门要加强环境影响评价工作，具体制定煤炭开发环评内容、标准和规范，强化生态环境评价。严格实施煤炭开发规划的环境影响评价，高度重视水源地、人口密集村镇、重要河床下采煤问题，开采前必须进行生态破坏和经济损失专项评估。对可能造成严重生态破坏和巨额经济损失的，必须禁采、限采或采取有效的保护和防范措施。建立环境监理制度，加强对煤炭开采活动环境监理，有效预防和减少环境污染和生态破坏。制定地方性法规，依法促使煤炭企业把环境保护和治理贯穿于煤炭资源开发、利用、加工、转化的全过程。

3. 加强矿山生态环境保护力度

逐步建立健全矿山生态环境保护长效监管机制，严格矿山开采准入制度，完善矿山生态环境保护法规，加强矿山生态环境监管能力建设，进一步明确矿区生态环境治理责任，建立多渠道投资机制，强化矿山生态环境保护的科学研究，提高全民的矿山生态环境保护意识。

六、本章小结

本章以煤炭资源承载力为研究对象，以可持续发展为指导思想，从系统工程角度来分析煤炭资源承载力问题，运用系统论、控制论、技术经济及经济学等理论方法，对煤炭资源承载力进行系统的定性分析研究，本章主要研究以下问题：

（1）在可持续发展理论、循环经济理论和资源承载力理论的基础上，提出了煤炭资源承载力的概念和内涵，研究煤炭资源承载力和其他资源的区别，探讨了资源承载力和可持续发展以及循环经济的关系，得出可持续发展理论是研究煤炭资源承载力的指导思想，循环经济理论是研究煤炭资源承载力的基础。

（2）在研究中国煤炭资源开发和利用现状的基础上，对煤炭资源承载力评价系统指标构成进行研究，建立了一个适合社会经济可持续发展的煤炭资源承载力评价指标体系，讨论了三种指标评价方法和步骤，提出了可持续利用煤炭资源承载力的计算模型。

（3）由于煤炭资源的固有特征，煤炭资源不得不面临生态环境的负外部性与资源枯竭等问题，并结合中国煤炭资源现状得出提升煤炭资源承载力的对策建议。这对煤炭资源的合理开发利用、最优配置和社会经济的和谐发展、保护资源维护国家利益以及转变经济增长方式和提高经济效益等都具有理论价值和现实指导意义。

第四章 煤炭资源综合利用系统建模及对策研究

一、绪 论

（一）煤炭资源综合利用研究概述

随着全球经济的迅猛发展，资源的消耗不断增大；而且一直以来人类对资源的过度开发和不合理利用使得资源枯竭、环境污染、生态破坏、自然灾害等问题日益突出，严重地阻碍了经济的发展和人民生活质量的提高，继而威胁着全人类的未来生存和发展。人类在重新审视自己的社会经济行为和走过的历程之后，认识到通过高消耗追求经济数量增长和"先污染后治理"的传统发展模式已不再适应当今和未来发展的要求，必须努力寻求一条人口、经济、社会、环境和资源相互协调的，既能满足当代人的需求而又不对满足后代人需求的能力构成危害的可持续发展的道路。

矿产资源是自然资源中的一种耗竭性资源。如何对矿产资源进行满足可持续发展的开发利用，已成为全世界人们所关注的问题之一。《中国 21 世纪议程》是在可持续发展新思想的指导下制定的，其中明确作出了关于矿产资源的合理开发利用与保护的相关规定。我国"十一五"资源综合利用指导意见指出：资源综合利用主要是指在矿产资源开采过程中对共生、伴生矿进行综合开发与合理利用；对生产过程中产生的废渣、废水（液）、废气、余热、余压等进行回收和合理利用；对社会生产和消费过程中产生的各种废物进行回收和再生利用。

许多学者对资源综合利用及相关方面的研究成果有很多。

1992 年，关凤峻对矿产资源综合开发利用进行评价，从矿产资源利用合理程度和经济效益两方面的结合上，提出了一套系统的评价方法，并对各种方法间的有机联系做了阐述。

1993 年，袁宗仪分析了我国矿产资源的状况，建立了我国矿产资源综合开发利用评价体系。

1994 年，黄祖梁对我国矿产资源综合开发利用现状进行了阐述并提出了对策建议。

2000 年，赵国浩、裴卫东和张冬明从可持续发展理论与实践相结合出发，选择煤炭工业作为对象加以研究，对可持续发展理论和实践进行了创新，对评价指标体系、评价方法等做了研究，实证性地对煤炭区可持续发展进行了系统评价。

2001 年，赵国浩论述了煤炭资源经济评价理论与方法，建立了煤炭工业可持续发展评价指标体系。

2001 年，邹胜谋和葛联合结合新桥矿业公司的实际问题，从强化技术管理和矿山资源综合利用方面提出整改措施。

2002 年，夏佐铎和姚书振论述了矿产资源资产价值的构成，并系统地分析和构建了矿产资源价值分析模型。赵国浩探讨了煤炭资源优化配置系统理论、评价指标体系和评价方法，给出达到优化配置的相应对策。

2003 年，张明慧①从经济角度构建了煤炭清洁生产和利用的综合评价指标体系，建立了对煤炭清洁生产和利用的评价分析方法——系统模糊综合评价法；并从技术政策、环境政策、经济政策等方面提出了我国推行煤炭清洁生产和利用的政策建议。

2004 年，夏佐铎结合我国矿产资源资产评估的特殊性，把评估的对象类别、行为目的类别、价值类型、评估途径及方法、计价定位等方面有机地结合起来，首次提出了矿产资源资产评估体系。

2005 年，罗大锋以铅锌资源的开发利用现状为例，分析了我国目前资源开发中所存在的一些问题，提出了我国实施全球资源战略的措施和对策。赵国浩论述了煤炭资源综合开发利用的研究内容，提出了煤炭资源综合开发利用的相关对策建议。覃觅从资源保护的角度提出对矿产资源的综合开发利用。

随着世界经济的发展以及可持续发展模式、循环经济理论的提出，人们越来越多地从这两个角度来分析矿产资源，尤其是煤炭资源的综合利用。

2006 年，国家发改委《循环经济：模式分析与对策研究》课题组以循环经济理论为导向，针对煤炭行业，提出煤炭行业发展循环经济的模式和对策

---

① 张明慧：《煤炭清洁生产和利用的经济分析及对策研究》，硕士论文未发表，2003 年。

建议。

苗阳[1]以可持续发展理论为基础，对山西省煤炭资源可持续发展做了新的界定，并对山西省煤炭资源可持续发展的基本因素进行了系统的分析。

唐勇论述了发展煤炭循环产业经济，提高洁净燃料技术及资源的综合利用度，积极发展新型煤气化工业，提出碳—化学、汽油、柴油等替代燃料能缓减石油紧缺压力。从而保护生态环境，实现能源可持续发展，创造和谐生态工业。

王悦汉、汪理全和翟德元阐述了矿井开采技术新体系，即矿井开拓、准备方式、采煤方法和影响及其治理，由此提出了矿井的"掘、采、治"三元开采技术体系，构建了少污染的煤炭开采技术体系。

贺秀丽[2]将循环经济的理念与我国煤炭企业实际相结合，提出构建山西煤炭企业循环经济的发展与生态工业园，寻求煤炭企业的循环经济发展模式。

2007年，魏振宽、吴刚和朱超从生态经济视角出发，提出建设煤炭生态企业的初步设想。

蒋衔武、孙磊和张冬梅认为煤炭企业依据循环经济理论构筑循环经济发展模式是走新型工业化道路的必然选择。

赵国浩从资源管理的角度，论述了管理层面上的煤炭资源综合开发利用的研究内容，运用管理学原理和方法，从规划、控制、组织、技术进步、政策法制等方面提出煤炭资源综合开发利用的对策建议。

2008年，王岩从鹤岗矿区煤炭资源综合开发利用现状出发，对"三下"压煤及薄煤层、煤泥、煤矸石、煤层气、矿井水、粉煤灰和灰渣等综合开发利用方案进行了探讨，并提出了相关问题与建议。

沈明[3]提出介绍了平朔矿区在当地建设燃煤电厂应首选大型循环流化床锅炉炉型和对应发电机组，将煤炭副产品就地进行综合利用转化。

赵国浩探讨了煤炭资源优化配置系统理论、评价指标体系和评价方法，给出达到优化配置的相应对策。

对于矿产资源综合利用以及煤炭资源综合利用的研究还有很多，这里不再赘述。众多学者在资源综合利用方面的深入研究，为本章的写作提供了有价值

---

① 苗阳：《山西省煤炭资源可持续发展利用研究》，硕士论文未发表，2006年。

② 贺秀丽：《山西煤炭企业循环经济的发展与生态工业园的构建》，硕士论文未发表，2006年。

③ 沈阳：《平朔矿区煤炭综合利用的思考》，中国煤炭技术与设备网（http://www.ccte.org.cn），2008年。

的参考，也是本章所研究内容的理论基础。

（二）煤炭资源综合利用国内外概况

1. 国外资源综合利用概况

据统计，世界人口平均增长率为 2%～2.5%，而矿物原料的需求量却要增长 5%～8%；世界人口每隔 30～35 年增长一倍，而世界矿产开采量则每隔 15～18 年翻一番。矿产资源综合利用已成为一个全球性的重要问题，国外对矿产资源的综合利用高度重视[1]。

首先，通过立法支持合理利用资源。美、日、法等经济发达国家为加强矿产综合利用工作，都已结合本国的具体情况制定了一些规章制度。如美国的《美国矿业和矿产条例》；德国 1994 年公布的《循环经济/废弃物法》，是把废弃物当做可利用资源纳入产品生产过程中的资源循环过程。

为确保国家经济安全的资源供应，有些发达国家提供资金建立专门机构支持矿业投资和开发研究。如法国的地质矿产调查局和日本的金属矿业事业团。

为吸取"先污染，后治理"的教训，发达国家形成了较完备的矿山环境管理和政策法规体系，矿山企业自觉进行环境保护。

其次，以技术为先导，提高综合利用水平。发达国家矿业发展趋向于管理集约化、科学化；发展矿产资源的高效、低成本、少污染的选冶加工短流程提取技术；低耗高效矿山装备的大型化、系列化；力求采、选、冶设备自动化和智能化，不断提高资源综合利用水平。如在露天采矿工艺方面，广泛采用陡帮开采、高台阶开采、间断—连续运输工艺或陡坡铁路—公路联合运输工艺等集成化技术，以达到大规模、高效率和低成本的目的。地下采矿基本实现了集中强化开采和规模化经营，以铲运机为核心的无轨采矿设备及工艺、连续出矿设备及工艺成为当今采矿技术发展的主流，基本实现了设备的大型化、液压化，促进了采矿工艺与技术向高阶段、大采场和高效率方向发展。

最后，许多国家都重视"二次资源"。随着矿产开采品位的降低，过去在选矿时丢弃的尾矿，已经被作为低品位的矿产或"二次资源"得以开发利用。世界各国矿业开发所产生的尾矿每年达 50 亿吨以上，随着矿业开发规模的增大和入选矿石品位的降低，这个数字还将逐年增大。至于累计堆存的尾矿，数量则更加巨大。这些尾矿，不仅占用大量土地，而且对环境造成严重污染。因此，尾矿的合理、充分开发利用已引起许多国家的极大注意。

---

[1] 中国国土资源网（http://www.clr.cn/front/chinaResource/read/member-info.asp? ID=92953）。

国外将尾矿作为"二次资源"进行勘察评价，查明其化学成分、矿物成分、有用组分含量及赋存状态以及其储量等；同时大力开展选、冶的新工艺和新设备研究，从尾矿中分选和回收有用组分，建立一批二次选矿厂。如乌兹别克斯坦阿尔马雷克斑岩铜矿区从尾矿回收金属；美国一钼矿从含钨的选钼尾矿回收钨，使这一钨矿成为美国第二大钨矿；产金大国南非于 1985 年兴建了世界上最大的尾矿处理厂，从含金尾矿中回收金、铀等多种有用组分等。

2. 国内资源综合利用概况

作为循环经济的重要内容，资源综合利用、废旧物资回收、环保产业等，一直是我国鼓励和支持的工作。为调动企业开展资源综合利用的积极性和主动性，国家制定并实施了一系列鼓励开展资源综合利用的优惠政策。

1996 年国务院批转的国家经贸委等部门《关于进一步开展资源综合利用的意见》（国发〔1996〕36 号），将资源综合利用确定为国民经济和社会发展的一项长远的战略方针。国家现行的有关资源综合利用税收优惠政策主要体现在以下文件：《关于企业所得税若干优惠政策的通知》（财税字〔1994〕001号）、《关于继续对部分资源综合利用产品等实行增值税优惠政策的通知》（财税字〔1996〕20 号）、《关于继续对废旧物资回收经营企业等实行增值税优惠政策的通知》（财税字〔1996〕21 号）、《关于印发固定资产投资方向调节税"资源综合利用、仓储设施"税目税率注释的通知》（国税发〔1994〕008 号）等。国家将进一步研究、制定有关资源综合利用的价格、投资、财政、信贷等其他优惠政策。企业从有关优惠政策中获得的减免税（费）款，要专项用于资源综合利用。

为了更好地贯彻落实国家对资源综合利用的优惠政策，促进合理利用和节约资源，提高资源利用率，保护环境，实现经济社会的可持续发展，根据《国务院批转国家经贸委等部门关于进一步开展资源综合利用的意见》（国发〔1996〕36 号）规定，国家发展改革委、财政部、国家税务总局组织修订了《资源综合利用目录》（2003 年修订），原国家经贸委等部门发布的《资源综合利用目录》（1996 年修订）同时废止。

为促进循环经济发展，加快建设资源节约型、环境友好型社会，根据《中华人民共和国国民经济和社会发展第十一个五年规划纲要》，国家发改委研究制定了《"十一五"资源综合利用指导意见》，于 2006 年 12 月 24 日正式发布。

在国家政策引导和扶持下，我国资源综合利用规模不断扩大、利用领域逐步拓宽、技术水平日益提高，产业化进程不断加快，取得了良好的经济和社会效益，对缓解资源约束和环境压力，促进经济社会可持续发展发挥了重要作用。

首先，资源综合利用规模不断扩大。2005 年，我国矿产资源总回收率和共伴生矿产资源综合利用率分别达到 30％和 35％左右；黑色金属共伴生的 30 多种矿产中，有 20 多种得到了综合利用；有色金属共伴生矿产 70％以上的成分得到了综合利用；煤矿矿井瓦斯抽放利用率为 33％。2005 年资源综合利用量为 7.7 亿吨，利用率达到 56.1％，与"九五"末相比增加了 4.3 个百分点。其中，粉煤灰和煤矸石综合利用率分别达到 65％和 60％，分别增加了 7 个和 17 个百分点。

其次，资源综合利用技术水平日益提高。我国资源综合利用技术装备水平不断提高，产业化进程不断加快。新型高效预处理技术和浮选药剂（其作用主要是提高煤表面的疏水性和煤在气泡上黏着的牢固度）的应用，促进了含金银多金属矿的综合回收。炉渣回收和磁选深加工技术的应用，使转炉钢渣、电炉炉渣等得到了广泛的综合利用；利废建材设备制造基本实现国产化，全煤矸石生产烧结砖技术装备已达到国际先进水平；粉煤灰综合利用向大掺量、高附加值方向发展；燃用煤矸石、煤泥等低热值燃料发电的循环流化床锅炉容量最大已达 450 吨/小时，不仅提高了废物利用效率和发电效率，也有效地降低了污染物排放。

再次，资源综合利用取得了良好的经济效益和社会效益。资源综合利用成为许多企业调整结构、提高经济效益、创造就业机会的重要途径，成为新的经济增长点，更是煤炭行业发展接续产业的重点。全国已涌现出一大批综合利用产值和利润占企业的总产值、利润过半的先进企业，实现了经济发展和环境保护的双赢。资源综合利用也有效增加了人口就业，2005 年，煤炭系统燃用煤矸石发电装机已超过 500 万千瓦，可安排矿区就业 5 万人以上。

最后，激励和扶持政策日趋完善。国家相继出台了一系列鼓励资源综合利用的政策，尤其是税收减免优惠政策，极大地调动了企业开展资源综合利用的积极性。为贯彻落实国家资源综合利用的优惠政策，引导和规范企业开展资源综合利用和加强税收管理，开展了资源综合利用认定管理工作，并结合技术进步修订了《资源综合利用目录》，使国家在资源综合利用的税收、运行等方面的优惠政策真正发挥了引导和激励的作用。

（三）煤炭资源综合利用研究背景和意义

我国是能源消费大国，占世界商品能源总消耗量的 8.6％，能源消费的 CO_2 排放量占世界的 11.2％，排放强度比世界平均水平高出 30％。目前我国

95％以上的一次能源、80％的工业原材料、70％以上的农业生产资料来源于矿产资源，矿产资源是人类生存、经济建设和社会发展不可或缺的重要物质基础。能源矿产是矿产资源的重要组成部分，在我国，煤炭又排在能源矿产之首，是我国最有保障和最主要的能源。煤炭工业由于特殊的行业地位，其发展问题有着极强的典型性。随着经济社会快速发展，工业各部门尤其是电力部门对煤炭需求量持续增加；在很长一段时间内，中国煤炭的基础能源地位将不会根本改变。

在我国长期的煤炭开发过程中，矿区是以煤炭资源的开发利用为主业，并带动和支持本地区经济和社会发展的典型经济社区，它们是煤炭赋存、生产和供应的基地，是整个煤炭工业系统中的基本组成部分。因此，矿区的发展不仅决定着自身的健康发展，而且直接影响煤炭工业的发展，进而影响全国的经济和社会发展。然而，我国众多矿区发展中积存了大量复杂的经济、环境和社会问题，严重制约着矿区本身乃至全社会的持续健康发展，迫切需要从理论和实践上寻求解决问题的途径，使矿区发展真正步入持续快速健康的良性轨道。

煤炭是可耗竭且不可再生的自然资源，煤炭资源开采中的浪费和使用中的低效率加快了我国本已稀缺的煤炭资源的消耗过程，并使脆弱的环境更加恶化。现有技术水平条件下的煤炭资源开采、加工和使用方式，对生态环境的污染和破坏具有突出的行业特征，主要表现在：煤炭开采对土地及植被的破坏、对地下水资源的破坏和污染、外排煤矸石对土地、河流及大气的污染；煤炭开采和加工排放废水对地下水源及江河湖海的污染；煤炭开采排放甲烷及煤田火灾对大气的污染；燃煤对城市大气的污染；等等。在我国，矿区生态环境破坏量大、面广、源头多，是产业经济中的重灾区，这无疑给煤炭工业的持续发展带来了极大的挑战。

由于煤矿的生产给生态环境带来的破坏性影响，对煤炭工业的可持续发展构成了严重的威胁，因而推进煤炭资源综合利用是煤炭工业可持续发展的必由之路。资源综合利用是对生产全过程不断运用一体化的预防性环境战略，以减少对人类和环境的风险。资源综合利用旨在发展经济的同时，最大限度地削减有害物质的排放，减少生产工艺过程中的原料和能源消耗，降低成本，提高经济、环境和社会效益，使三者和谐统一。

山西是能源资源大省，尤其是煤炭资源储量占全国的1/3，煤炭产出量占全国的1/4。2007年10月，山西省成为全国生态省建设的试点。资源综合利用是山西省推进生态省建设的重要手段，作为循环经济的重要组成部分已明确列入《山西生态省建设规划纲要》。山西省煤炭企业面临综合解决能源、可持续发展及环境问题等各类问题，要将以往的先污染后治理转变为生产全过程控制，必须借助资源综合利用这种强有力的措施。通过实施煤炭资源综合利用项目，将所有萌芽的问题尽量消除在源头，从而最大限度地利用煤炭的共伴生资源，实现煤炭资源的综合循环利用，使得工业环境的保护更主动、更彻底，能够收到事半功倍的成效，同时将在开发利用过程中产生最大的经济效益与社会效益。本章将以可持续发展、循环经济、产业生态学等理论为基础，通过分析煤炭资源开发利用中存在的各种问题，以系统分析方法为指导，建立煤炭资源综合利用系统模型。该模型提供了预测、检验和评价煤炭资源综合利用效果的一个工具，提供了从国民经济评价角度为防范项目风险优选系统方案的技术支持，对矿区构建煤炭资源综合利用循环经济系统具有重要的理论意义和实用价值。本章还将从资源管理的角度及构建产业链方面等提出对山西省煤炭资源综合利用的对策建议，在追求经济效益最大化的同时，完善资源综合利用的技术方法，使煤炭企业延长或拓宽煤炭相关联的产品链，有利于实现资源的综合利用及矿区的可持续发展。

二、煤炭资源综合利用现状分析

（一）理论基础

1. 可持续发展

20世纪70年代围绕"环境危机"、"石油危机"和罗马俱乐部提出的《增长的极限》，全球曾经爆发了一场关于"停止增长还是继续发展"的讨论。世界环境与发展委员会（WCED）经过长期研究，于1987年发表了《我们共同的未来》，在此报告中正式提出了"可持续发展"的定义。

可持续发展是指既满足现代人的需求又不损害后代人满足需求的能力。换句话说，就是指经济、社会、资源和环境保护协调发展，它们是一个密不可分的系统，既要达到发展经济的目的，又要保护好人类赖以生存的大气、淡水、海洋、土地和森林等自然资源和环境，使子孙后代能够永续发展和安居乐业。

可持续发展与环境保护既有联系，又不等同。环境保护是可持续发展的重要方面。可持续发展的核心是发展，但要求在严格控制人口、提高人口素质和保护环境、资源永续利用的前提下进行经济和社会的发展。可持续发展把发展和环境当做一个有机的整体，其基本内涵可概述为五个方面。

（1）可持续发展不否定经济增长。要达到具有可持续意义的经济增长，必须将经济增长方式从粗放型转变为集约型，减少经济活动所造成的环境压力，研究并解决经济发展过程中的扭曲与误区。

（2）可持续发展要求以自然资源为基础，同环境承载力相协调。"可持续性"可以通过适当的经济手段、技术措施和政府干预得以实现。要力求降低自然资产的耗竭速率，使之低于资源的再生速率或替代品的开发速率。

（3）可持续发展以提高生活质量为目标，同社会进步相适应。"经济发展"的概念远比"经济增长"的含义广泛。经济发展必须使社会结构与经济结构发生变化，使一系列的社会进步目标得以实现。

（4）可持续发展承认并要求体现出自然资源的价值。这种价值不仅体现在环境对经济系统的支撑与服务上，也体现在环境对生命支持系统的存在价值上。应当把生产中环境资源的投入与服务计入生产成本与产品价格之中，并逐步修正和完善国民经济核算体系。

（5）可持续发展的实施以适宜的政策和法律为条件，强调"综合决策"与"公众参与"。需要提倡根据周密的经济、社会、环境考虑及科学的原则、全面的信息和综合的要求，来制定各方面的政策并予以实施。可持续发展的原则要纳入经济、人口、环境、资源、社会等各项立法及重大决策之中。

2. 循环经济

循环经济是对物质闭环流动型经济的简称。循环经济是在可持续发展的思想指导下，按照清洁生产的方式，对能源及其废弃物实行综合利用的生产活动过程。它要求把经济活动组成一个"资源—产品—消费—再生资源"的反馈式流程。其本质是一种生态经济。它要求运用生态学规律而不是机械论规律来指导人类社会的经济活动。基本要点是：以生态思维作为经济活动全过程的总体设计，使经济活动像生态系统那样，自我调节控制能量流动和物质循环，做到综合、反复利用资源，变以往末端治理污染为源头消除或最大限度减少污染，保护自然环境。循环经济的根本之源就是保护日益稀缺的自然资源，提高自然资源的配置效率从而产生最大的社会效益。

与传统经济相比，循环经济的不同之处在于：传统经济是一种由"资源—产品—污染排放"所构成的物质单向流动的经济（见图4-1）。在这种经济中，人们以越来越高的强度把地球上的物质和能源开发出来，在生产加工和消费过程中又把污染和废物大量地排放到环境中去，对资源的利用常常是粗放性的和一次性的，通过把资源持续不断地变成废物来实现经济的数量型增长，导致了许多自然资源的短缺与枯竭，并酿成了灾难性环境污染后果。与此不同，循环经济倡导的是一种建立在物质不断循环利用基础上的经济发展模式，它要求把经济活动按照自然生态系统的模式，组成一个"资源—产品—再生资源"的物质反复循环流动的过程（见图4—2），使得整个经济系统以及生产和消费的过程基本上不产生或者只产生很少的废弃物。可以说，传统经济是通过把资源持续不断地变成废物来实现经济的数量型增长，这样最终导致了许多自然资源的短缺与枯竭，并酿成了灾难性的环境污染后果；而循环经济则将从根本上消解长期以来环境与发展之间的尖锐冲突。循环经济不但要求人们建立新的经济模式，而且要求在从生产到消费的各个领域倡导新的经济规范和行为准则。

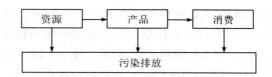

图4—1　传统经济运行模式

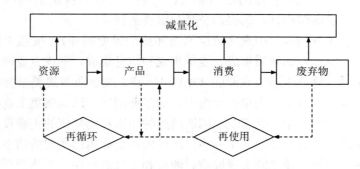

图4—2　循环经济运行模式

　　发展循环经济是实现可持续发展的一个重要途径，同时也是保护环境和削减污染的根本手段。循环经济要求以"减量化（Reduce）、再使用（Reuse）、再循环（Recycle）"为社会经济活动的行为准则，每一个原则对循环经济的成功实施都是必不可少的。减量化原则要求用较少的原料和能源投入来达到既定的生产目的或消费目的，在经济活动的源头就注意节约资源和减少污染。在生产中，减量化原则常常表现为要求产品体积小型化和产品重量轻型化。此外，要求产品包装追求简单朴实而不是豪华浪费，从而达到减少废弃物排放的目的。再使用原则要求产品和包装容器能够以初始的形式被多次使用，而不是用过一次就了结。再循环原则要求生产出来的物品在完成其使用功能后能重新变成可以利用的资源而不是无用的垃圾。很显然，通过再使用和再循环原则的实施，反过来强化了减量化原则的实施。

循环经济涉及经济、社会、生态三个方面的和谐统一，追求的是人地和谐、共同发展的发展观。目前，循环经济的研究集中在宏观、中观和微观三个层次上。

（1）企业或部门层次上（微观层次循环或小尺度循环）。主要是以一个企业或者一个农村家庭为单位，使所有的资源、能源得到有效的利用，最终目标达到无害排放或污染零排放，这就是"微观层次循环"或者叫做"小尺度循环"。根据循环经济的理念，实施资源综合利用，从资源的开发—生产制造—消费使用—废弃物处理的全过程来评估产品对环境的影响程度，这就是循环经济的一个重要组成部分，是3R原则中的减量化的一个具体体现。减少产品和服务中物料和能源的使用量，实现污染物排放的最小量化，要求企业做到：①减少产品和服务的物料使用量；②减少产品和服务的能量使用量；③减少有毒物质的排放；④加强物质的使用能力；⑤最大限度可持续地利用可再生资源；⑥提高产品的耐用性；⑦提高产品与服务的强度。

（2）生态工业园区（中观区域层面循环或中尺度循环）。按照工业生态学的原理，通过企业间的物质集成、能量集成和信息集成，形成企业间的工业代谢和共生关系，建立生态工业园区（见图4－3）。按企业聚集类型分类，目前工业园区主要分为以单一大型企业为中心的工业园区、同类聚集工业园区和多产业工业园区三个类型。生态工业园区通过物质流和能量流的正确设计，模拟自然生态系统，形成企业间共生网络。园区内各企业内部实现清洁生产，做到废物源减少，而在企业之间实现废物、能量和信息的交换，以达到尽可能完善的资源利用和物质循环以及能量的高效利用，使得区域对外界的废物排放趋于零，达到对环境的友好。在这一模式中，没有了废物的概念，每一生产过程产生的废物都变成下一生产过程的原料，所有的物质都得到了循环往复的利用。这是建立在多个企业或产品的相互关联、互动发展基础上的。

（3）社会层面上（宏观层次循环或大尺度循环）。要求建立起与发展循环经济相适应的"循环型经济社会"。它可以最大限度地减少对资源过度消耗的依赖，保证对废物的正确处理和资源的回收利用，保障国家的环境安全，使经济社会走向持续、健康发展的道路。要使循环经济达到发展，光靠企业的努力是不够的，还需要政府的支持和推动，更需要提高广大社会公众的参与意识和

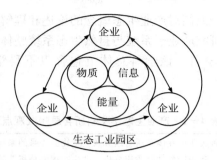

图4-3 生态工业园区企业间的共生关系

参与能力。通过废旧物质的再生利用，实现消费过程中和消费过程后物质和能量的循环。

循环经济最终追求的是"大尺度循环"。即在整个社会经济领域，使工业、农业、城市、农村的生产和生活原料、产品、能量都达到循环利用，废弃物资源再生，甚至在工业、农业、生态之间也存在着交叉点、连接点，在交点上交叉起来充分利用，这就是大循环。如果整个社会物流过程中都实现了这个目标，那就是最终要建立的循环型经济社会。

3. 产业生态学

作为产业生态学（Industrial Ecology，IE）最早的倡导者之一，时任通用汽车公司研究部副总裁的罗伯特·福罗什（Robert Frosch，1989）认为："传统的产业活动模式——单个的制造过程，即获取原材料、生产产品、排出废弃物的模式——应该转化为一种更综合的模式，即产业生态系统。在这种系统中，能源和物质的消耗是优化的，产生的废物是最少的，一个过程的排放物将作为另一个过程的原材料。"将该过程表示如下（见图4-4）。

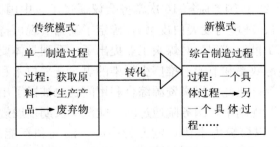

图4-4 传统产业活动模式到新模式的转化

随着时间的推移，人们对产业生态概念的论述和理解已渐趋一致。产业生态学可以概括为一门研究产业子系统与自然生态系统整体之间相互作用关系及其可持续发展的交叉学科。该学科总体上包含以下科学思想或观点，见表4—1。

表4—1 产业生态学学科所含思想或观点

系统的思想	它是一种关于产业体系所有组分及其生物圈关系的系统性、综合性和完整性的分析视角，利用诸如"物质流分析"、"生命周期分析"等系统技术来了解经济系统及其与环境系统之间的关系
全过程的思想	它考虑产品、工艺或服务整个生命周期的环境影响，而不是只考虑局部或某个阶段的影响
长远发展的思想	它关注环境的长期适宜性，着眼于人类与生态系统的长远利益，努力了解人类对基本的生命支持系统和循环的干扰，关注生产、使用和再循环利用技术未来潜在的环境影响，而不仅仅是对短期的局部干扰作出反应
全球化思想	它不仅要考虑人类产业活动对局部、地区的环境影响，也要考虑对人类和地球生命支持系统的重大影响。重点是区域性和全球性的具有持久性和难以处理的问题
知识经济的思想	科技的动力，亦即关键技术的长期发展进化，是产业体系的一个决定性（但不是唯一的）因素，有利于从自然生态系统的循环中获得知识，把现有的产业体系转化为可持续发展的体系
多学科综合的思想	产业生态学涉及多学科的知识，主要的学科领域包括环境科学、系统科学、生态学、工业生产与组织、具体的技术科学、经济学、法学、管理科学以及社会科学等多学科知识

（二）煤炭资源综合利用现状与问题

1. 煤炭资源综合利用的发展

1994年3月25日国务院第16次常务会议通过了《中国21世纪议程——中国21世纪人口、环境与发展白皮书》，确定了我国实现可持续发展的总体战略框架。《中国21世纪议程》对煤炭工业提出了一系列具体要求，如综合能源规划与管理、能源效率和节能、推广少污染的煤炭开采技术和清洁煤技术、加强矿产资源保护等。至此，煤炭资源综合利用问题也被提了出来。

在"十一五"规划中，国务院通过的《能源中长期发展规划纲要（2004~2020年）》提出"以煤炭为主体，电力为中心，油气和新能源全面发展的战略"，确立了煤炭是我国能源基石的原则。面对国家的要求和全球信息化的飞速发展，随着国家推进国民经济和社会信息化，在制定煤炭工业信息化"十一五"发展规划时，必须符合中央的发展战略，坚持和贯彻科学发展观，结合煤炭工业经济运行形势，促进煤炭工业健康、稳定、协调发展。煤炭资源综合利用则是实现这一目标的重要举措①②。

近年来，随着我国煤炭产量的稳定增长，使国内煤炭供求出现了历史上少有的缓和局面，从而保证了国民经济持续、快速、健康的发展，煤炭工业布局也日趋合理。煤矿的技术、设备以及安全生产状况也发生了很大变化，统配煤矿的采煤机械化程度有所提高，煤炭的综合加工利用也有了新的进步，特别是在特殊凿井、"三下"采煤（水体下特殊开采、铁路下特殊开采、建筑物下特殊开采）、煤田综合勘探等许多技术领域已达到世界先进水平，很多重要的技术经济指标都取得了历史性突破。大多数煤矿从过去单一品种、单一经营的状况，开始向以煤为主，多品种、多种经营的方向发展。在煤炭工业发展的过程中，资源综合利用的创新理念也深入到生产中，成为众多煤炭企业可持续发展的重要因素之一。

煤炭资源综合开发利用正是针对过去煤炭企业粗放式的开发、简洗加工、低效利用、污染环境、效益低下的现状，以煤炭资源综合开采、深度加工、多元发展为基础，以获得最佳的综合效益为目标，按其煤炭资源的特性进行充分利用，从根本上改变以高耗资源、损坏环境为代价的局面。开展煤炭资源综合利用，能最大限度地提高煤炭资源利用效率，对煤层气、矿井水、煤矸石、粉煤灰等多种资源及废弃物，统筹规划、综合利用、变废为宝；开展煤炭资源综合利用，能拓宽煤炭产业面、拉长煤炭产业链，促进产业结构优化升级；开展煤炭资源综合利用，能减少污染、改善环境，促使煤炭工业走循环经济之路，并最终实现煤炭工业的可持续发展。

2. 煤炭资源综合利用概况

我国人口众多，资源相对短缺，生态脆弱。资源存量和环境承载能力都已经不起传统经济形式下的高度资源消耗和环境污染。长期以来，煤炭在我国一次能源的消费中一直占 70% 左右，煤炭工业作为能源支柱产业在我国社会经济发展中发挥了巨大的作用。但随着国民经济的持续快速增长，我国对能源的需求日益增加，传统的"高度开采、高度浪费、低度利用"的能源开发利用模式不但造成了严重的资源浪费和环境破坏，更难以满足经济发展的需求。循环经济作为一种促使资源、环境与经济协调发展的先进发展模式，成为煤炭工业

---

① 中国矿业网（http：//www. chinamining. com. cn/report/default. asp? V _ DOC _ ID=1348）。

② 铁煤集团（http：//www. tfcoal. com/Article/Index. html）。

探索新型工业化道路的必然选择。将循环经济的理念与我国煤炭工业实际相结合，寻求煤炭工业循环经济发展模式具有重要的战略意义。以生态工业园为主要载体的循环经济的理论方法为"可持续发展"提供了有效途径。基于这种认识，要从战略上、理论上和政策上付诸实施，把循环经济的理论与方法纳入到煤炭工业发展的体系中来；我国正处于工业社会发展前期，只有走以最有效利用资源和环境保护为基础的循环经济之路，可持续发展才能得到真正实现。

以科学发展观为指导，以优化煤炭工业发展模式为核心，以清洁、高效、安全为目标，提高煤炭资源回收率和利用率，推广煤炭资源的综合利用，减少环境污染，促进煤炭工业可持续发展是煤炭行业发展循环经济的指导思想。煤炭工业发展循环经济的目标是：要立足于生产与消费过程中资源消耗的节约、废弃物减量化、资源化再利用和"零排放"，促进煤炭企业的经济效益、社会效益和环境效益的同步增长，实现矿区经济与环境的协调发展，最终建成经济发达、环境优美、社会和谐的矿区。判断是否实现这一目标的主要指标为：煤矸石为主的固体废弃物利用率要达到 90% 以上；矿井水为主的液体废弃物综合利用率要达到 95% 以上；土地复垦为主的生态环境美化率要达到 90% 以上；煤层气的利用率要达到 90% 以上。与此同时，要加大煤炭就地转化加工的比例，加大共伴生矿物的综合开发与利用，提高煤炭企业的经济效益。

2006 年，国家发改委启动第一个以粉煤灰为原料的大型氧化铝项目。依据《铝工业产业发展政策》和《铝工业发展专项规划》核准了内蒙古蒙西高新技术集团有限公司年产 40 万吨粉煤灰氧化铝工程项目。该项目建设规模为年产氧化铝 40 万吨，完全以当地电厂粉煤灰为原料，建设内容包括氧化铝熟料烧成、拜尔法系统以及辅助设施。该项目的实施完全体现了发展循环经济的理念和要求，既有经济效益，又有良好的社会效益，对于发展循环经济、建设资源节约型社会具有十分重要的示范意义。

2007 年，国家发改委印发了《关于 2007～2010 年煤矸石综合利用电厂项目建设有关事项的通知》，确定 2007～2010 年全国新建煤矸石综合利用电厂 50 座，总装机规模 2000 万千瓦。

3. 山西省煤炭资源综合利用概况

开展资源综合利用，是我国的一项重大技术经济政策，对促进经济增长方式由粗放型向集约型转变，实现资源优化配置和可持续发展具有重要意义。山西省已经确定把资源综合利用同调整产品产业结构相结合，引导扶持一批大的资源综合利用项目，采用技术先进的循环流化床锅炉，大量燃用中煤、劣质煤、煤矸石和煤泥等低热值燃料发电。近年来，山西省资源综合利用工作取得了积极进展。

（1）工业废弃物回收利用水平明显提高，利用领域日益扩大。2008 年全省规模以上工业回收利用高炉煤气 316.68 亿立方米，回收热力 208.59 万百万千焦，利用煤矸石 1466.61 万吨，三项合计达 843.93 万吨标准煤。目前，省内已有煤矸石综合利用电厂 60 余家，各类煤矸石、粉煤灰新型墙材企业尽百家。工业废弃物在筑路、建坝、化工、保温材料生产等领域的应用技术进一步增强，应用范围进一步扩展。

（2）大力推进煤层气综合利用，煤层气开发利用成效显著。作为煤炭的伴生资源，煤层气的开发利用得到足够重视。目前，全省已形成煤层气年产能 16 亿立方米，年产量 5.38 亿立方米，利用量 2.2 亿立方米。利用领域涉及民用、工业燃气，汽车燃料用气等。井下煤层气抽采利用规模日益扩大，全省瓦斯年抽采量达 19 亿立方米，利用量 4.5 亿立方米，利用率 24%。输气管网建设明显提速。

（3）单位产品能耗水平稳步下降，能源利用效率明显提升。2008 年全省吨原煤生产综合能耗下降 9.82%，炼焦工序单位能耗下降 5.91%，吨钢综合能耗下降 0.61%，单位氧化铝综合能耗下降 9.54%，电厂火力发电标准煤耗下降 1.85%，单位烧碱生产综合能耗下降 16.97%，吨水泥综合能耗下降 14.60%。2008 年全省规模以上工业万元增加值能耗为 4.88 吨标准煤，同比下降 9.33%，高耗能行业能耗得到有效的控制。

（4）废污水回用有较大进步，垃圾无害化处理率大幅上升。全省工业用水重复利用率由 2005 年的 60% 上升到 2007 年的 94.57%，提高了 34.57 个百分点；大中型煤矿矿井水复用率由 2005 年的 50% 上升到 2007 年的 55%，提高了 5 个百分点。2008 年年末全省城市污水处理率达到 65.3%，提高了 2 个百分点；城市生活垃圾无害化处理率达到 45.2%，提高了 9.9 个百分点；集中供热普及率达到 72.2%，提高了 5.1 个百分点。

4. 山西省煤炭资源综合利用潜力

山西省经济结构以煤炭、炼焦、电力、冶金等传统产业为主体，各类工业固体废弃物排放量居全国各省区第一，具有独特的"二次资源"条件。加大对"二次资源"的综合利用，在一定程度上不仅可有效缓解资源约束压力，还可发展成为新的经济增长点。

（1）独特的二次资源，具备资源综合利用的良好承载平台。山西省作为全国最大的能源重化工生产基地，煤矸石、焦炉煤气、煤焦油、粉煤灰、冶金渣等工业可再利用资源量居全国第一，但利用水平却相对较低，为全省开展资源综合利用提供了充足的资源保障，且极易形成规模效益。目前，省内煤矸石累计储存量已达 10 亿吨，占全国总量的 1/3，形成了 300 多座煤矸石山，且每年还以 5000 万吨的速度增长。焦炉煤气年排放量约 120 亿立方米，排空量多达 80 亿立方米，与"西气东输"输气量基本相当。电厂粉煤灰年排放量达 2000 万吨以上、冶炼矿渣年产生量 1000 万吨以上、矿井废水高达 5 亿吨。此外，全省废旧物质的资源化利用还处于初级阶段，城市垃圾分类、垃圾有机质能以及废玻璃、废轮胎、废家电等废物的回收利用率低于发达国家平均水平，利用潜力很大。农作物秸秆、禽类粪便等可再生能源的开发利用占农村生活和生产能源总数的比重不足 10％，再生资源的开发利用尚有充足的余地。

（2）产业相近且易耦合，实施资源综合利用的比较优势突出。山西的主导经济产业大多属资源型产业，产业之间具有容易耦合的条件，为实施资源综合利用提供了良好的支撑。各产业在生产过程中产生的废物绝大多数具有极高的利用价值，较易回到本生产系统，或者为别的产业所利用。如煤矸石热值高，粉煤灰品质好，矿井水用途广泛等。在产业联动过程中，很容易融入资源综合利用的内容，特别是以煤为原料的焦化、电力、钢铁企业，在煤矸石、粉煤灰、废钢渣综合利用和废气、废水、余热回收等方面都有很强的关联性，为行业和企业走上资源节约与循环之路创造了便利条件。同时，资源型产业也构成了突出的资源型板块经济特色，煤炭及其焦化产业、冶炼及其铸造产业、铝土及铝工业、原镁及其镁合金工业、电力工业等，既是重污染型产业，也是资源综合利用发展的重要平台。随着世界能源供应结构的变化，以资源节约和综合利用为手段，促进煤炭资源的清洁利用和延伸煤化工产业链，必将成为山西经济建设最具成长前景和最重要的领域。

三、煤炭资源综合利用系统分析

煤炭资源综合利用被看做是一项系统工程，建立矿区煤炭资源综合利用系统，对其进行系统分析，可以取得更好的经济、社会效益，促进煤炭工业可持续发展。

（一）系统分析方法

1. 系统分析方法概述

系统分析方法来源于系统科学。系统科学是 20 世纪 40 年代以后迅速发展起来的一个横跨多个学科的一门新的科学，它从系统的着眼点或角度去考察和研究整个客观世界，为人类认识和改造世界提供了科学的理论和方法。它的产生和发展标志着人类的科学思维由主要以"实物为中心"逐渐过渡到以"系统为中心"，是科学思维的一个划时代突破。

系统分析方法是指把要解决的问题作为一个系统，对系统要素进行综合分析，找出解决问题的可行方案的咨询方法。著名的运筹学研究组织——美国兰德公司倡导了"系统分析"方法。兰德认为，系统分析是一种研究方略，它能在不确定的情况下，确定问题的本质和起因，明确咨询目标，找出各种可行方案，并通过一定标准对这些方案进行比较，帮助决策者在复杂的问题和环境中作出科学抉择。

2. 系统分析方法的步骤

系统分析方法的具体步骤包括：明确问题、确定目标、调查研究和收集数据、提出备选方案和评价标准、评估备选方案和提出最可行方案。

（1）明确问题。所谓问题，是现实情况与计划目标或理想状态之间的差距。系统分析的核心内容有两个：其一是进行"诊断"，即找出问题及其原因；其二是"开处方"，即提出解决问题的最可行方案。所谓明确问题，就是要明确问题的本质或特性、问题存在范围和影响程度、问题产生的时间和环境、问题的症状和原因等。明确问题是系统分析中关键的一步，因为如果"诊断"出错，以后开的"处方"就不可能对症下药。在明确问题时，要注意区别症状和问题，探讨问题原因不能先入为主，同时要判别哪些是局部问题，哪些是整体问题，问题的最后确定应该在调查研究之后。

（2）确定目标。系统分析目标应该根据客户的要求和对需要解决问题的理解加以确定，如有可能应尽量通过指标表示，以便进行定量分析。对不能定量描述的目标也应尽量用文字说明清楚，以便进行定性分析和评价系统分析的成效。

（3）调查研究和收集数据。应该围绕问题起因进行，一方面要验证在确定问题阶段形成的假设；另一方面要探讨产生问题的根本原因，为下一步提出解决问题的备选方案做准备。

调查研究常用的有四种方式，即阅读文件资料、访谈、观察和调查。收集的数据和信息包括事实（Facts）、见解（Opinions）和态度（Attitudes）。要对数据和信息去伪存真，交叉核实，保证真实性和准确性。

（4）提出备选方案和评价标准。通过深入调查研究，使真正有待解决的问题得以最终确定，使产生问题的主要原因得到明确，在此基础上就可以有针对性地提出解决问题的备选方案。备选方案是解决问题和达到咨询目标可供选择的建议或设计，应提出两种以上的备选方案，以便提供进一步评估和筛选。为了对备选方案进行评估，要根据问题的性质和客户具备的条件。提出约束条件或评价标准，供下一步应用。

（5）评估备选方案。根据上述约束条件或评价标准，对解决问题备选方案进行评估，评估应该是综合性的，不仅要考虑技术因素，也要考虑社会经济等因素，评估小组应该有一定代表性，除咨询项目组成人员外，也要吸收客户组织的代表参加。根据评估结果确定最可行方案。

（6）提出最可行方案。最可行方案并不一定是最佳方案，它是在约束条件之内，根据评价标准筛选出的最现实可行的方案。如果客户满意，则系统分析达到目标。如果客户不满意，则要与客户协商调整约束条件或评价标准，甚至重新限定问题，开始新一轮系统分析，直到客户满意为止。

（二）建立煤炭资源综合利用系统分析模型

1. 系统目标

鉴于上面已作阐述的煤炭资源开发利用中存在的突出问题，对矿区而言，有必要建立煤炭资源综合利用系统，全面分析影响煤炭资源综合利用的经济效益的因素，对煤炭及其相关资源进行统筹规划、合理配置；不断提高资源开发利用的技术水平，减少生产过程中产生的废物，节约资源并有效利用资源，争取少浪费少污染，甚至不浪费不污染，进而实现最优的环境效益和社会效益。煤炭资源综合利用系统的目标就是在保护生态环境的前提下，合理分配各转化方式用煤量，提高煤炭转化率；有效利用煤炭生产过程中产生的废气、废水、废渣，提高资源利用率，实现经济效益最大化。

2. 影响煤炭资源综合利用经济效益的因素分析

影响煤炭资源综合利用经济效益的主要因素有：煤炭产量分配、转化成本、相关资源数量及利用率、最终产品售价和转化投资。转化后产品产量越大、售价越高、成本越低、投资越少，则效益越好。

（1）产量。煤炭转化产品的产量取决于转化率，而转化率又与转化方式和转化工艺有关。如选煤厂精煤产量与洗选工艺有关，洗选工艺常用的主要有重介质选煤和动筛淘汰选煤，前者比后者精煤产量高。又如煤炭液化工艺有间接液化和直接液化两类，其中煤炭直接液化工艺有美国的 HTI 工艺、俄罗斯的低压加氢工艺、德国的 IGOR 工艺和日本的 NEDOL 工艺。比较而言，煤炭直接液化比间接液化转化率高，而美国的 HTI 工艺又比其他直接液化工艺转化率高。而煤泥、煤矸石数量则按原煤设计生产能力的百分比计算（一般按45%计算）。

（2）成本。主要受以下因素约束：动力费（电费）、材料费、工资福利费、设备修理费和其他支出等。如经营成本主要有水电费、介质损耗费、工资福利费、设备修理费和其他支出等；煤炭直接液化经营成本主要有硫酸铁、石灰、甲苯、包装袋等投入物费用、水电费、工资福利费、设备修理费和其他支出等；发电经营成本主要有生产运行维修中耗用的材料、水处理化学药品、事故备品、低值易耗品、水费、工资福利费、设备修理费和其他支出等；煤化工经营成本主要有电费、材料燃料费、工资福利费、设备修理费和其他支出等。

（3）产品售价。主要取决于产品质量、市场供求和外部运输条件。具体来说，如果煤质好，交通运输便利，市场需求量大，售价高，那么煤炭直接外销效益肯定最好。因为它不需增加投资和成本。但是如果煤质不好或不能满足客户的要求，售价就低，这时必须建选煤厂，对煤进行洗选，以使洗选后的煤价上涨所带来的利润大于或等于增加的选煤厂投资和洗选成本。反之，如果洗选后的煤价上涨所带来的利润不足以弥补选煤厂投资和洗选成本时，则考虑煤炭液化成油品（前提是煤质适合液化）或煤化工、发电，哪种方式带来的利润大，就选用哪种。

（4）投资。影响因素主要有煤炭转化工艺设备选型、配套设施、环保设施、地价、当地经济发展水平等。投资和产量是密切相关的，一般来说，投资越大，产量越大，但它们之间不是线性关系，而是非降的阶梯形函数关系，因为一套煤炭工艺设备的转化能力是有限的，超出其转化能力的产量必须通过增加设备的套数来实现，而配套设施、环保设施的投资增加则不明显。如一套煤炭直接液化的设备年产50万吨油品，因此煤炭液化项目的规模就只能是50万吨的倍数，在设备套数不变的情况下，配套设施投资再增加，产量也不会增加。

3. 煤炭资源综合利用系统建模

王建设、陈仲元、李慧民、侯渡舟等人建立的煤炭综合利用系统模型，只分析了煤炭本身的综合利用，并未考虑在煤炭开发利用过程中产生的废气、废水、废渣的综合利用。本章将对该模型加以改进，为煤炭及相关资源的综合利用建立模型。

设矿区第 t 年总产煤量为 Q_t，煤资源利用方式有直接外销、洗选、液化成油品、发电、煤化工共五种，其他可利用资源有煤层气、矿井水、煤泥、煤矸石，各相关参数如表 4—2 所示。

表 4-2　煤炭资源综合利用系统模型各相关参数

序号	转化方式（或相关资源）	耗煤量（或数量）	转化率（或利用率）	产品售价	经营成本	投资	固定资产余值	流动资金	回收流动资金
1	直接外销	Q_{t1}		P_{t1}					
2	洗选	Q_{t2}	r_2	P_{t2}	C_{t2}	I_{t2}	G_2	F_{t2}	H_2
3	液化	Q_{t3}	r_3	P_{t3}	C_{t3}	I_{t3}	G_3	F_{t3}	H_3
4	发电	Q_{t4}	r_4	P_{t4}	C_{t4}	I_{t4}	G_4	F_{t4}	H_4
5	煤化工	Q_{t5}	r_5	P_{t5}	C_{t5}	I_{t5}	G_5	F_{t5}	H_5
6	煤层气	Q_{t6}	r_6	P_{t6}	C_{t6}	I_{t6}	G_6	F_{t6}	H_6
7	矿井水	Q_{t7}	r_7	P_{t7}	C_{t7}	I_{t7}	G_7	F_{t7}	H_7
8	煤泥、煤矸石	Q_{t8}	r_8	P_{t8}	C_{t8}	I_{t8}	G_8	F_{t8}	H_8

设计算期为 n 年，则矿区煤炭资源综合利用的经济净现值为：

$$
\begin{aligned}
ENPV = &\sum_{t=1}^{n}(Q_{t1} \times P_{t1}) \times (1+i_s)^{-t} + \\
&\sum_{t=1}^{n}[Q_{t2} \times r_2 \times P_{t2} - (I_{t2}+F_{t2}+C_{t2})] \times (1+i_s)^{-t} + \\
&\sum_{t=1}^{n}[Q_{t3} \times r_3 \times P_{t3} - (I_{t3}+F_{t3}+C_{t3})] \times (1+i_s)^{-t} + \\
&\sum_{t=1}^{n}[Q_{t4} \times r_4 \times P_{t4} - (I_{t4}+F_{t4}+C_{t4})] \times (1+i_s)^{-t} + \\
&\sum_{t=1}^{n}[Q_{t5} \times r_5 \times P_{t5} - (I_{t5}+F_{t5}+C_{t5})] \times (1+i_s)^{-t} + \\
&\sum_{t=1}^{n}[Q_{t6} \times r_6 \times P_{t6} - (I_{t6}+F_{t6}+C_{t6})] \times (1+i_s)^{-t} + \\
&\sum_{t=1}^{n}[Q_{t7} \times r_7 \times P_{t7} - (I_{t7}+F_{t7}+C_{t7})] \times (1+i_s)^{-t} + \\
&\sum_{t=1}^{n}[Q_{t8} \times r_8 \times P_{t8} - (I_{t8}+F_{t8}+C_{t8})] \times (1+i_s)^{-t} + \\
&(\sum_{i=2}^{8}G_i + \sum_{i=2}^{8}H_i) \times (1+i_s)^{-n}
\end{aligned}
$$

为了简化计算和便于方案比较决策，设建设期均为 2 年，计算期为 20 年（含建设期），各转化方式每年的产量、各相关资源数量和经营成本不变，即 $Q_t=Q$，$Q_{ti}=Q_i$，$C_{ti}=C_i$，流动资金 F_i 在第三年初投入，第 20 年年末回收，

社会折现率 i_s 取 10%，则上式简化为：

$$ENPV = Q_1 \times P_1 \times (P/A,10\%,20) + (Q-Q_1) \times P_1 \times (P/A,10\%,2) -$$

$$\sum_{t=1}^{2} (I_{t2} + I_{t3} + I_{t4} + I_{t5} + I_{t6} + I_{t7} + I_{t8}) \times (1+10\%)^{-t} - \sum_{i=2}^{8} F_i \times$$

$$(P/F,10\%,2) + \sum_{i=2}^{8} (Q_i \times r_i \times P_i - C_i) \times (F/A,10\%,18) \times$$

$$(P/F,10\%,20) + \sum_{i=2}^{8} (F_i + G_i) \times (P/F,10\%,20)$$

$$= 6.7881 \times Q_1 \times P_1 + 1.7355 \times Q \times P_1 - 0.9091 \times \sum_{i=2}^{8} I_{1i} -$$

$$0.8264 \times \sum_{i=2}^{8} (I_{2i} + F_i) + 6.7780 \times \sum_{i=2}^{8} (Q_i \times r_i \times P_i - C_i) +$$

$$0.1486 \times \sum_{i=2}^{8} (F_i + G_i)$$

由此得到矿区煤炭资源综合利用效益估算模型如下：

目标函数：

$$maxENPV = 6.7881 \times Q_1 \times P_1 + 1.7355 \times Q \times P_1 - 0.9091 \times \sum_{i=2}^{8} I_{1i} -$$

$$0.8264 \times \sum_{i=2}^{8} (I_{2i} + F_i) + 6.7780 \times \sum_{i=2}^{8} (Q_i \times r_i \times P_i - C_i) +$$

$$0.1486 \times \sum_{i=2}^{8} (F_i + G_i)$$

约束条件：$\sum_{t=1}^{n} Q_t = Q;$

$$\sum_{t=1}^{n} I_t \leqslant I_m;$$

$$I_e \geqslant a \times \sum_{t=1}^{n} I_t;$$

$$Q_i \geqslant 0 \quad (i = 1,2,3,4,5,6,7,8)$$

说明：经营成本 C_i 为净增值，不包括项目之间的内部转移费用；I_m 为矿区为煤炭综合利用能筹集到的最大资金量；I_e 为煤炭转化项目的环保投资；a 为环保投资占总投资的最低比例。设置 $I_e \geqslant a \times \sum_{t=1}^{n} I_t$ 的目的是保证环保设施的建设，从而保证环境尽可能地不受破坏。

上述模型是一个线性规划的数学模型。实际应用中应结合具体的项目情况求解，一般先根据煤炭产量、煤质及可能的转化方式、资金、外部市场需求、当地环境承载能力等情况，确定几个合理的产量分配方案，据此选择相应的转化工艺，然后估算各方案的投资、成本、流动资金，再根据市场及运输条件预测各转化产品售价，代入目标函数，分别求出满足约束条件的各方案的经济净现值。则经济净现值最大的方案就是最优的煤炭资源综合利用方案。

对某一矿区而言，经过技术论证后，可行的煤炭转化方案一般只有两三个，因此在实践中对此数学模型的求解，只需将满足约束条件的所有方案的参数求出，计算对应的 ENPV，进行比较，则 ENPV 最大者为最优方案。

4. 模型评价

（1）从目标函数可以直观看出，要提高煤炭资源综合利用的经济效益，必须尽可能地降低投资成本，提高转化产品产量和售价，而要提高产量，必须选择合适的转化工艺提高煤炭转化率和资源利用率。

（2）环保投资占总投资的最低比例 a 的设置迫使投资方树立环保理念，重视环保，保护环境，从而保证矿区循环经济的发展。

（3）该模型从侧面反映了煤炭资源综合利用系统的设计思路：煤炭产量、煤质、资金等限制→转化产量分配方案→转化工艺方案、相关资源利用方案→估算投资、成本、流动资金、售价→效益测算（ENPV）→优选确定方案（Q_i）。

总之，综合利用煤炭资源要想提高经济效益，必须注重煤炭加工转化和资源综合利用、煤炭直销与就地转化并举，延长产业链，形成具有特色、有比较优势和竞争优势的产业结构和产品结构。在煤炭转化项目和产品的选择上，一是选择市场缺口大，"瓶颈"制约矛盾突出，发展前景广阔的产品；二是选择技术含量高的产品；三是选择有市场竞争力的产品。通过大规模开发建设和产业结构优化调整，建设一批带动作用明显的大型骨干项目，培植和引进一批具有较强经济实力的大型企业集团，形成一批在国内国际市场有较强竞争力的名牌产品。

（三）实证研究——山西朔州某矿煤炭资源综合利用

山西朔州某矿生产能力为 140 万吨/年，矿区服务年限为 30 年。到目前为止，该矿一直以原煤销售为主，产品结构单一，议价能力不高；在煤炭开采过程中，对煤层气、矿井水、煤泥、煤矸石等没有充分高效利用，使得矿区受到污染，周边生态环境遭到破坏。在可持续发展和循环经济的呼声越来越高的今天，整个矿区的发展也要朝着可持续和循环经济的方向迈进。

该矿计划总投资 3690 万元，发展煤炭转化及相关资源综合利用项目，其中环保投资 200 万元。在对现有开采利用技术、投资成本等资金状况分析之后，认为煤炭液化的转化方式对本矿不适合，由于煤炭液化投资大，成本高，生产能力为 1 万吨/年的煤制油项目需投资上亿元，对于一个年产百万吨的煤炭企业来说，是难以负担的；因此 Q_3 方案作为不可行方案被排除，可行方案将从 Q_1、Q_2、Q_4、Q_5 或其组合中筛选。

在选择方案时，不仅要考虑矿区的经济效益，还要考虑社会效益和环境效益。为了满足矿区周边居民的燃煤需求，Q_1 方案是必选的，且直销量至少要达到原煤产量的 45％；对于煤层气、矿井水、煤泥及煤矸石等资源的综合利用，不管选择哪种方案，都要将其列入规划中。在技术条件制约下，煤层气、矿井水、煤泥及煤矸石的利用率可达到 87％、90％、85％。

在本案例中，仍遵循前述煤炭资源综合利用系统建模中的假设，即假设建设期为 2 年，计算期为 20 年（含建设期），各转化方式每年的产量、各相关资源数量和经营成本不变，即 $Q_t = Q$，$Q_{ti} = Q_i$，$C_{ti} = C_i$，流动资金 F_i 在第三年初投入，第 20 年末回收，社会折现率 i_s 取 10％，初始数据见表 4—3，其他数据要根据方案选择进行估算。

表 4—3　山西朔州某矿煤炭资源综合利用初始数据　　　单位：万元

序号	转化方式（或相关资源）	数量（万吨）	转化率（或利用率）	产品售价（元/吨）	经营成本	投资	固定资产余值	流动资金
1	直接外销	Q_1		450				
2	洗选	Q_2	0.95	1260	C_{t2}	I_{t2}	G_2	F_{t2}
4	发电	Q_4	0.7	470	C_{t4}	I_{t4}	G_4	F_{t4}
5	煤化工	Q_5	0.9	1800	C_{t5}	I_{t5}	G_5	F_{t5}
6	煤层气	150	0.87	2.1	42.56	650	160	20.8
7	矿井水	81.5	0.9	2.2	15	97	21	30.12
8	煤泥、煤矸石	32.5	0.85	40	20	80	10	50

注：因方案 Q_3 已被排除，所以不在表中出现。

下面对各方案的组合 ENPV 进行计算，分别在电子表格中建立线性规划模型，用规划求解来得到各方案的最优 ENPV，并比较这些 ENPV，取其最大值所对应的方案组合。

对于 Q_1Q_2 方案组合，有如下约束：

直销比率≥45%

洗选比率≥45%

$Q_1+Q_2=140$，Q_1、Q_2 均为非负。

将投资预算数据输入到电子表格中，如图4—5所示。

	A	B	C	D	E	F	G	H	I	J	K
1	煤炭资源综合利用系统模型(Q1&Q2)										
2	单位：万元										
3		数量	转化率（或利用率）	产品售价	经营成本	第一年投资	第二年投资	固定资产余值	流动资金		
4	转化方式及相关资源	Q_i(万吨/万m³)	r_i	P_i(元/t、m³)	C_i	I_1	I_2	G_i	F_i		$Q_i r_i + P_i - C_i$
5	直销			450							
6	洗选		0.98	1360	211.5	2120	350	300	145		-211.5
7											
8											
9	煤层气	150	0.87	2.1	42.56	650	160	20.8	33		231.49
10	矿井水	81.5	0.9	2.2	15	97	21	30.12	17		146.37
11	煤泥、煤矸石	32.5	0.85	40	20	80	10	50	15		1085
12		0									
13		原煤产量Q				ΣI_{1i}	ΣI_{2i}	ΣG_i	ΣF_i		Σ
14		140				2947	541	400.92	210		1251.36
15											
16	可筹集到的最大资金量	环保投资			环保投资比例	总投资					
17	Im	Ie≥	$a*(I_{1i}+I_{2i})$		a	$\Sigma(I_{1i}+I_{2i}+Ie)$					
18	3690	200	104.64		0.03	3688					
19											ENPV
20											
21	直销比率≥	45%									
22	洗选比率≥	45%									

图4—5　煤炭资源综合利用系统模型 Q_1Q_2 方案组合电子表格结构图

其中，B5：B6 单元格是可变单元格，K20 是目标单元格。且 K20＝6.7881×B5×D5＋1.7355×B14×D5－0.9091×F14－0.8264×（G14＋I14）＋6.778×K14＋0.1486×（I14＋H14），对模型进行规划求解，得到最优的 ENPV＝1002648.208，见图4—6。

	A	B	C	D	E	F	G	H	I	J	K
1	煤炭资源综合利用系统模型(Q1&Q2)										
2	单位：万元										
3		数量	转化率（或利用率）	产品售价	经营成本	第一年投资	第二年投资	固定资产余值	流动资金		
4	转化方式及相关资源	Q_i(万吨/万m³)	r_i	P_i(元/t、m³)	C_i	I_1	I_2	G_i	F_i		$Q_i r_i + P_i - C_i$
5	直销	63		450							
6	洗选	77	0.98	1360	211.5	2120	350	300	145		102414.1
7											
8											
9	煤层气	150	0.87	2.1	42.56	650	160	20.8	33		231.49
10	矿井水	81.5	0.9	2.2	15	97	21	30.12	17		146.37
11	煤泥、煤矸石	32.5	0.85	40	20	80	10	50	15		1085
12		140									
13		原煤产量Q				ΣI_{1i}	ΣI_{2i}	ΣG_i	ΣF_i		Σ
14		140				2947	541	400.92	210		103876.96
15											
16	可筹集到的最大资金量	环保投资			环保投资比例	总投资					
17	Im	Ie≥	$a*(I_{1i}+I_{2i})$		a	$\Sigma(I_{1i}+I_{2i}+Ie)$					
18	3690	200	104.64		0.03	3688					
19											ENPV
20											1002648.208
21	直销比率≥	45%									
22	洗选比率≥	45%									

图4—6　煤炭资源综合利用系统模型 Q_1Q_2 方案组合电子表格计算结果图

同样，将其他方案组合的约束及投资预算数据输入到电子表格中，分别进行规划求解，结果如下：

Q_1Q_4 方案组合，最优的 ENPV＝489229.7854，见图 4－7。

K20　　　　 ＝6.7881*B5*D5+1.7355*B14*D5-0.9091*F14-0.8264*(G14+I14)+6.778*K14+0.1486*(I14+H14)

	A	B	C	D	E	F	G	H	I	J	K
1	煤炭资源综合利用系统模型(Q1&Q2)										
2	单位：万元										
3		数量	转化率（或利用率）	产品售价	经营成本	第一年投资	第二年投资	固定资产余值	流动资金		
4	转化方式及相关资源	Q_i（万吨/万m³）	r_i	P_i（元/t、m³）	C_i	I_1	I_2	G_i	F_i		$Q_i*r_i*P_i-C_i$
5	直销	77		450							
6		0									
7	发电	63	0.7	470	380.6	2135	335	383	56		20346.4
8											
9	煤层气	150	0.87	2.1	42.56	650	160	20.8	33		231.49
10	矿井水	81.5	0.9	2.2	15	97	21	30.12	17		146.37
11	煤泥、煤矸石	32.5	0.85	40	20	80	10	50	15		1085
12		140									
13		原煤产量Q				$\sum I_{1i}$	$\sum I_{2i}$	$\sum G_i$	$\sum F_i$		$\sum$
14		140				2962	526	483.92	121		21809.26
15											
16	可筹集到的最大资金量	环保投资			环保投资比例	总投资					
17	Im	Ie≥		a*（I₁ᵢ+I₂ᵢ）	a	∑（I₁ᵢ+I₂ᵢ+Ie）					
18	3690	200		104.64	0.03	3688					
19											ENPV
20											489229.7854
21	直销比率≥		45%								
22	发电比率≥		45%								
23											

图 4－7　煤炭资源综合利用系统模型 Q_1Q_4 方案组合电子表格计算结果图

Q_1Q_5 方案组合，最优的 ENPV＝1057970.369，见图 4－8。

	A	B	C	D	E	F	G	H	I	J	K
1	煤炭资源综合利用系统模型(Q1&Q2)										
2	单位：万元										
3		数量	转化率（或利用率）	产品售价	经营成本	第一年投资	第二年投资	固定资产余值	流动资金		
4	转化方式及相关资源	Q_i（万吨/万）r_i		P_i（元/t、m³）C_i		I_1	I_2	G_i	F_i		$Q_i*r_i*P_i-C_i$
5	直销	63		450							
6	化工	77.000001	0.8	1800	306.11	2010	460	500	180		110573.8914
7											
9	煤层气	150	0.87	2.1	42.56	650	160	20.8	33		231.49
10	矿井水	81.5	0.9	2.2	15	97	21	30.12	17		146.37
11	煤泥、煤矸石	32.5	0.85	40	20	80	10	50	15		1085
12		140.000001									
13		原煤产量Q				$\sum I_{1i}$	$\sum I_{2i}$	$\sum G_i$	$\sum F_i$		$\sum$
14		140				2837	651	600.92	245		112036.7514
15											
16	可筹集到的最大资金量	环保投资			环保投资比例	总投资					
17	Im	Ie≥		a*（I₁ᵢ+I₂ᵢ）	a	∑（I₁ᵢ+I₂ᵢ+Ie）					
18	3690	200		104.64	0.03	3688					
19											ENPV
20											1057970.369
21	直销比率≥		45%								
22	化工比率≥		45%								
23											

图 4－8　煤炭资源综合利用系统模型 Q_1Q_5 方案组合电子表格计算结果图

$Q_1Q_2Q_4$ 方案组合，最优的 ENPV＝750382.136，见图 4－9。

煤炭资源综合利用系统模型
单位：万元

转化方式及相关资源	数量 Q_i(万吨/万m³)	转化率(或利用率) r_i	产品售价 P_i(元/t、m³)	经营成本 C_i	第一年投资 I_1	第二年投资 I_2	固定资产余值 G_i	流动资金 F_i		Q_i*r_i*P_i−C_i
直销	63		450							
洗选	42.000001	0.95	1360	211.5	1227	178	130	50		54052.5013
发电	34.999999	0.7	470	380.6	725	340	183	30		11134.3997
煤层气	150	0.87	2.1	42.56	650	160	20.8	33		231.49
矿井水	81.5	0.9	2.2	15	97	21	30.12	17		146.37
煤泥、煤矸石	32.5	0.85	40	20	80	10	50	15		1085
	140									
原煤产量Q					ΣI_{1i}	ΣI_{2i}	ΣG_i	ΣF_i		Σ
	140				2779	709	413.92	145		66649.761
可筹集到的最大资金量 Im	环保投资 Ie≥	a*(I_{1i}+I_{2i})	环保投资比例 a		总投资 Σ(I_{1i}+I_{2i}+Ie)					
3690	200	104.64	0.03		3688					ENPV 750382.136
直销比率≥	45%									
洗选比率≥	25%									
发电比率≥	25%									

图4—9 煤炭资源综合利用系统模型 $Q_1Q_2Q_4$ 方案组合电子表格计算结果图

$Q_1Q_2Q_5$ 方案组合，最优的 ENPV=1022306.379，见图4—10。

煤炭资源综合利用系统模型(原)
单位：万元

转化方式及相关资源	数量 Q_i(万吨/万m³)	转化率(或利用率) r_i	产品售价 P_i(元/t、m³)	经营成本 C_i	第一年投资 I_1	第二年投资 I_2	固定资产余值 G_i	流动资金 F_i		Q_i*r_i*P_i−C_i
直销	62.999999		450							
洗选	34.999999	0.95	1360	211.5	840	225	130	50		45008.49877
	0									
化工	42.000001	0.8	1800	177.4	1227	178	245	85		60302.60137
煤层气	150	0.87	2.1	42.56	650	160	20.8	33		231.49
矿井水	81.5	0.9	2.2	15	97	21	30.12	17		146.37
煤泥、煤矸石	32.5	0.85	40	20	80	10	50	15		1085
	140									
原煤产量Q					ΣI_{1i}	ΣI_{2i}	ΣG_i	ΣF_i		Σ
	140				2894	594	475.92	200		106773.9601
可筹集到的最大资金量 Im	环保投资 Ie≥	a*(I_{1i}+I_{2i})	环保投资比例 a		总投资 Σ(I_{1i}+I_{2i}+Ie)					ENPV
3690	200	104.64	0.03		3688					1022306.379
直销比率≥	45%									
洗选比率≥	25%									
化工比率≥	25%									

图4—10 煤炭资源综合利用系统模型 $Q_1Q_2Q_5$ 方案组合电子表格计算结果图

$Q_1Q_2Q_4Q_5$ 方案组合，最优的 ENPV=909158.0531，见图4—11。

对比这些方案组合的最优 ENPV，最大值是由 Q_1Q_5 方案组合得到的 1057970.369，因此对该矿区来说，最优的煤炭资源综合利用系统方案是直销与煤化工并进，同时兼顾煤层气、矿井水、煤泥及煤矸石等资源的综合利用。

	数量	转化率（或利用率）		产品售价	经营成本	第一年投资	第二年投资	固定资产余值	流动资金	
煤炭资源综合利用系统模型										
单位：万元										
转化方式及相关资源	Q_i(万吨/万m³)r_i			P_i(元/t、m³)C_i		I_1	I_2	G_i	F_i	$Q_i*r_i*P_i-C_i$
直销	63			450						
洗选	42	0.95		1360	211.5	917	110	86	33	54052.5
发电	14	0.7		470	180.6	494	345	125	26	4425.4
化工	21	0.8		1800	106.23	765	130	175	41	30133.77
煤层气	150	0.87		2.1	42.56	359	160	20.8	33	231.49
矿井水	81.5	0.9		2.2	15	97	21	30.12	17	146.37
煤泥、煤矸石	32.5	0.85		40	20	80	10	50	15	1085
	140									
	原煤产量Q					$\sum I_{1i}$	$\sum I_{2i}$	$\sum G_i$	$\sum F_i$	$\sum$
	140					2712	776	486.92	165	90074.53
可筹集到的最大资金量环保投资			环保投资比例		总投资					
Im	$Ie\geq$	a* ($I_{1i}+I_{2i}$)	a		$\sum$ ($I_{1i}+I_{2i}+Ie$)					
3690	200	104.64	0.03		3688					
										ENPV
										909158.0531
直销比率≥	45%									
洗选比率≥	30%									
发电比率≥	10%									
化工比率≥	10%									

图 4—11　煤炭资源综合利用系统模型 $Q_1Q_2Q_4Q_5$ 方案组合电子表格计算结果图

四、山西省煤炭资源综合利用对策研究

（一）创新煤炭资源管理模式

1. 现有的煤炭资源资产化管理模式分析

国务院相继把山西列入煤炭工业可持续发展试点和深化煤炭资源有偿使用制度改革试点。山西省坚持推进煤炭资源整合和有偿使用相结合，率先在全国开展矿业权公开出让，并取得了一些成效。

以临汾市为例。作为山西"煤炭采矿权有偿使用"的试点城市，临汾市通过拍卖、转让等多种形式，对 440 座煤矿占有的 11 亿吨煤炭资源实行了有偿出让，收回价款 16 亿元。通过改革，临汾市煤炭行业发生显著变化：采矿权与经营权的统一，矿主抓安全生产的积极性高涨；扩大了规模效益，全市煤矿单井的年生产能力全部达到 9 万吨以上，出现了一些年产 45 万吨以上，甚至规模更大的乡镇煤矿；全市煤矿回收率已由改革前的不足 30% 提高到目前的 70% 左右。出让所得款项将用于关井补偿、资源合理开发利用、安全设施投入等。

针对煤炭资源综合利用管理中存在的一些问题，山西省煤炭工业局已向省政府提出建议：在推行采矿权有偿使用的基础上，按照"资源资产化管理，企业股份化改造，区域集团化重组"的思路，加快建立与煤炭行业特点相适应的

"产权归属清晰、主体权责明确、经营方式规范、管理科学严格"的现代煤矿企业制度，逐步建立责、权、利相统一的煤炭资源综合利用管理新模式，促使煤矿企业采取科学合理的采煤方法，提高资源回采率，增加安全生产投入，以保证煤矿长远利益和最大利益。

2. 煤炭资源管理体系创新

煤炭资源管理体系首先应有健全合理的法律保障。尽管有相关的法律法规，但现有的法律法规并不完善，许多内容描述的权、责、利模糊不清，在具体实施过程中容易被曲解，或者根本无法实施。应对现有的相关法律法规应该再次修订，以保证煤炭资源的合理有效、系统科学的管理。

其次，煤炭资源管理体系应实现科学化。煤炭资源综合开发利用是一项系统工程，山西省煤炭资源管理应从系统工程的角度出发，不仅考虑煤炭资源本身，还要考虑煤炭资源所依托的周边生态环境的管理；不仅考虑近期的煤炭资源供需平衡，还要考虑资源永续利用；不断优化煤炭资源配置方式，建立科学合理的煤炭资源及其周边生态环境的综合评估体系，完善煤炭资源管理体系，以科学的方法、系统的理论来指导煤炭资源管理实践。

不仅在大型煤炭企业，而且在中小型煤炭企业，推广、采用煤炭资源信息管理系统，运用现代化的技术手段，实现煤炭资源勘探、储量管理、开采开发、网对网调运等综合开发利用的信息化。可以建立大型信息化煤炭企业示范基地，以基地的示范作用为龙头，带动一批有条件的企业，并最终在整个煤炭行业形成一个完整的、相互独立又相互联系的信息管理系统，有利于提高资源管理效率，改善煤炭企业的安全生产能力，对煤炭工业可持续发展起到积极的推动作用。

3. 煤炭资源综合利用管理制度、管理手段创新

煤炭资源是国有资源，政府在资源管理方面占主导地位，应建立有效的资源管理监管制度，着眼于煤炭资源综合利用管理的可持续发展，运用行政管理手段，充分发挥主体作用。在煤炭资源的勘探、开采、运输、使用等一系列过程中，逐步完善每一个环节的管理制度。制定煤炭资源勘探、开采规划，依法确定煤炭资源矿业权，建立资源补偿机制，逐步完善煤炭资源有偿使用制度；以市场需求为导向，加强对煤炭开采、运输企业的市场化管理；创新煤炭资源价格制度，由市场机制来配置煤炭资源；转变资源开发利用观念，改变煤炭资源的传统利用方式，正确引导和促进煤炭资源综合开发和有效利用。

不断创新煤炭资源综合利用管理制度和管理手段，是促进煤炭资源综合利用管理模式创新的必要途径。

（二）拓展与优化煤炭产业链

1. 煤炭产业链的含义及构成

产业链是围绕某类产品或服务，以各种产业联系为基础而形成的涉及多个产业环节的链式结构。从范围上讲，不仅包含各参与企业的链接，而且还强调各参与企业所在行业之间的链接。从内涵上讲，不仅包括经济全球化背景下，在产业中的生产、贸易和服务功能的一体化趋势，还深化到产业链上物料供应、信息流动、产业组织形式、技术创新、价值实现与利益分配等各个方面的内容。产业链较之价值链、供应链等概念，涵盖的范围更广，内容更丰富，技术的创新与进步是产业链的发展与演化的重要驱动力。

产业链的本质是用于描述一个具有某种内在联系的产业群，它的基本特征是存在大量的上下游关系。在一条产业链上，上游环节和下游环节之间存在交换关系，上游环节向下游环节输送产品（可以是有形的物质产品，也可以是技术和服务等特殊商品），下游环节向上游环节反馈价值。

具体到煤炭产业，凡属于下列三种情况之一的产业群就可以称做产业链，如表4—4所示：

表4—4 煤炭产业链类型

三种情况	构成	特 征
1	企业集合	满足煤炭企业生产过程的最终需求，具有上下游关系
2	企业集合	满足煤炭生产过程的某一产品或服务从元器件到整机的生产过程
3	企业集合	涉及某一产品或服务的研发设计、生产、销售及售后服务

因此，煤炭产业链是以原煤开采为基础，生产经营系列煤炭产品和与之相关联的下游产品或者从事相关的煤产品链条。根据国内外的经验，煤炭企业的产业链条构成如下：原煤及原煤经洗选加工成的多品种的系列煤炭产品；用动力煤及洗选加工产品等低热值燃料发电；建设大型坑口电站变输煤为送电；用炼焦精煤炼焦；煤焦油深加工生产煤化工产品及有机化工原料；煤炭气化、液化及开发煤基化工产品；用矿区电力发展高能耗产品；利用废渣及其他原料生产建筑材料；开采和利用共生伴生矿物资源和煤层气。同时还包括经营矿区铁路及专用线、公路、港口和航运，煤炭企业物流已经成长为降低成本提高效益的亮点。煤炭产业链条示意图见图4—12。

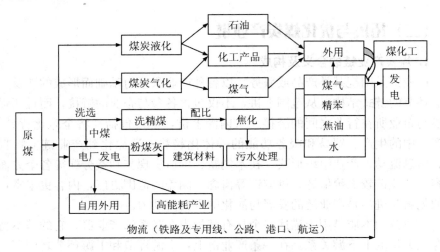

图 4—12 煤炭产业链条示意图

2. 煤炭产业链的作用分析

煤炭产业链的构建、延伸、升级为煤炭企业的可持续发展提供了充足的条件，为创建矿区内外经济耦合协同发展构建了一个科学有效的平台，最终达到经济、环境、社会的和谐统一。煤炭产业链的作用如下：

（1）能达到经济、环境、社会三者的协调统一。评价 21 世纪经济发展的合理性，需要考虑可持续发展的三个维度，即从经济角度、社会角度与环境角度进行三维整合。按可持续发展模式的要求，在经济方面要创造更多的价值；在环境方面要减少负面影响；在社会方面要解决充分就业。煤炭产业链把经济发展、环境保护、社会进步统一起来，从三维单向的发展走向三维整合的发展，从而达到"三赢"的目的。在煤炭资源综合利用产业链中，生产所需资源和能源供给的内部化，污染物的减量与资源化，新的经济形态等，为矿区开辟了新的经济增长空间。而且每个阶段的物质资源都尽量做到了物尽其用、物尽其能，充分、有效地利用了资源，实现了资源的优化配置和资源效益的最大化。同时把传统的环境保护从生产的末端向前推进到生产的源头和全过程，实现了从原材料到产品整个生命周期的有效环境管理，做到了用经济活动的形式从事环境保护，提高了环境保护的经济效益。由于产业链的延伸与拓宽，不仅增加了产业内的从业人员，而且还会带动第三产业的发展，增加第三产业的服务人员。

（2）为产业集群提供了基础和空间。培育生成区域产业集群对一个区域持续发展的重要作用，可以说已从许多国家的实践上得到了验证。因此，发展产业集群也是实现矿区可持续发展的有效途径。构建煤炭资源循环利用产业链，除为了实现经济、环境、社会"三赢"目标之外，还能起到吸引相对于矿区生态产业共生体系的外界上下游企业、社区建设及服务等行业的进入。从这一点上说，煤炭资源循环利用产业链能为矿区逐步培育产业集群创造基础条件，并提供产业物流空间。

（3）为区外经济耦合协同发展系统提供平台。矿区的历史发展轨迹和理论研究已经证明：一个内部互相独立的、条块分割的"孤岛式"运行系统和"坐吃山空"的发展模式是无法长期生存和演进的。因此，必须通过与区外系统耦合，才能达到区域经济社会的协同发展，最终实现矿区转型和可持续发展目标。

耦合是指两个或两个以上的系统或运动方式之间通过各种相互作用而彼此影响以至于联合起来的现象，是在各子系统间的良性互动下，相互依赖、相互协调、相互促进的动态关联关系。煤炭资源循环利用产业链与区域经济发展这两个系统通过各自的耦合元素产生相互作用彼此影响，并通过"异性互补、关联扩张"的耦合元素产生相互作用，进行资源整合、结构调整和资产重组，最终将矿区融入区域经济社会之中。所谓"异性互补、关联扩张"即矿区为实现可持续发展的目标，充分利用市场配置资源的基础性作用，打破地区和行业的界限，根据产品、服务、技术、市场、管理、信息等方面的关联度，联合区域内相关企业及农业部门、居民生活区、信息服务部门等，形成一个自然、工业和社会的复合体。

3. 构建优化煤炭产业链的模式

构建煤炭产业链的模式要遵从可持续发展和循环经济模式的特点，体现两个方向的优点，要加大技术创新力度，研究与开发适合本矿区地质条件的采掘工艺，提高工效，降低成本，构建产业链主导核心竞争力；符合煤炭产业链延伸方向，即煤炭企业以煤为基础，煤和非煤相关产业并举的多个价值主链的综合高效型企业；以煤炭资源为基础的价值链延伸方式符合矿区的发展模式。

煤炭产业链是把产业系统视为生物圈的有机组成部分，在生态学、产业生态学等原理的指导下，按物质循环、生物和产业共生原理，通过对产业链横向纵向的系统优化耦合而形成的高效率、低消耗、无（低）污染、经济增长与生态环境相协同，具有和谐的生态功能的网络型、进化型产业体系。煤炭产业链构建应根据矿区资源状况和矿井分布情况，通过产业间的物质集成、能量集成和信息集成，形成产业间的工业代谢和共生关系。

（1）生态背景分析。生态背景分析主要指矿区经济结构与物流、能流、信息流情况的分析。在此基础上还要开展技术关联与耦合研究。否则，构建煤炭资源综合利用产业链就失去了可靠的基础。

（2）纵向主导产业链的构建。从现实情况来讲，煤矿区是以煤开采为主的区域，因此应以煤炭和煤系共伴生资源的开采加工作为纵向主导产业链。以煤炭资源为基础的产业链纵向延伸方式有以下几种："煤炭—电力—市场"、"煤炭—电力—电解铝—市场"、"煤炭—气（液）化—市场"、"煤炭—气（液）化—化工—市场"、"煤炭—焦化—市场"、"煤炭—建材—市场"、"煤炭—电力—路（港、航）"综合开发模式（见图4—13）。从长远来看，随着国民经济的发展和矿区产业结构调整及市场需求状况的变化，矿区可根据实际情况，进行科学预测和充分论证，最终确定具有经营特色和市场竞争力的主导产业群。

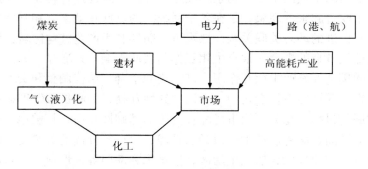

图4—13 产业链纵向延伸综合开发示意图

煤炭企业要加大科技投入，在自己的主价值链上形成核心技术；建立完善的现代市场营销体系，为价值链的延伸开拓更广泛的市场空间，把竞争的重点由国内转向国际，进行产业组合和价值链的优化，理顺物资、人才、资金、技术、信息流动渠道，使有限的资源得到有效配置，进而提升资源价值转化率；提高企业管理水平，使企业组织在不断学习中适应快速变化的外部市场环境。

（3）横向耦合共生产业链的构建。在确定好主导产业链后，根据食物链的"加工环"设计（生产环、增益环、减耗环、复合环）、食物链的"解链"设计、"加工环"设计等原理，使各种副产品、各种次级资源实现循环利用。矿区以煤炭和煤系共伴生资源的开采加工作为主导产业链，可横向耦合多条共生产业链。根据煤炭开采生产所排放的废物特征、矿区的资源条件和外部环境，有的矿区可在主导产业链的基础上，延伸出"煤层气—发电"、"煤层气—工业燃料、化工原料、生活燃料"、"煤矸石、煤泥—热电厂—热电"、"灰渣、矸石—建材厂—建材产品"、"煤矸石—充填复垦—土地资源"、"矿井水—水处理站—供水"等多条横向耦合共生产业链（见图4—14）。

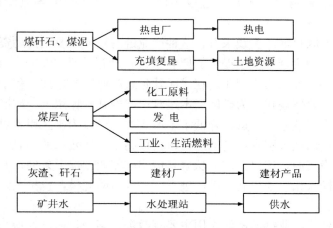

图4—14　横向耦合共生产业链示意图

可以看出，通过产业的纵向横向耦合，各种在业务上具有关联关系的产业链聚集在一起，一个生产过程产生的废物是另一生产过程的生产原料，这些生产过程或产业链依照顺序形成纵横交错高效率的资源循环利用产业网状体系，既提高了经济效益又从根本上改善了生态环境。

4. 煤炭产业链的拓展与优化

在矿区中，矿业是核心产业，关联产业是由矿业废弃物派生出来，通常为废石料加工企业、尾砂综合利用企业以及利用与煤相关的产品进一步深加工而形成的相关企业，并以此形成一个工业生态群落。

目前，许多煤炭企业都有自己简单的产业链条，这些简单的产业链条虽然在某种程度上延长了原煤价值链，且增加了企业效益。但是，一方面由于链条短而单一，给企业带来的利润没有充分利用，另一方面，简单产业链并没有减少排放废物对环境的影响。因此，矿区要实现经济的可持续发展，必须进行产业结构多元化的调整，同时要充分考虑并发挥技术创新的作用。矿区技术创新作用则集中体现在矿区进行产业链外延和内涵延伸的过程中，其实质是煤炭企业成功进行产业结构的升级和产业链的深化过程。

（1）矿区外延式产业链延伸。指在实现矿区产业多元化的过程中，涉入不同于矿区现有经济生产过程和产品以外的其他产业，在这些产业中，有些与矿区现有经济发展存在密切联系，有些相对于矿区的现有经济来说，则是全新的产业。我国矿区现有的经济结构显示，矿业经济结构过分侧重于经济的纵向联系，而横向联系则严重不足，造成矿区产业结构抵御市场风险的能力相应脆弱。

从我国矿区目前的实践来看，这种产业链的延伸主要是借助资本运营完成的。矿区充分利用资本市场提供的便利条件，通过企业的收购、兼并、参股、入股等多种方式涉入新的产业。在矿区外延式产业链的延伸过程中，矿区技术创新的作用主要体现在其为矿区资本运营所起的基础作用上。矿区通过技术创新，提高了生产效率及产量，降低了生产成本，可以为矿区积累更多的用于运营的资本，进而从事资本市场的运营；在提高了生产效率的同时，也节约了原有产业的人力资源，这也为矿区从事其他非矿产业创造了条件；并且提高了矿区的生产规模，相应地提高了矿区进行资本运营的规模，也扩大外延式产业链的延伸规模。

矿区外延式产业链的延伸作用主要有两个：第一，通过发展与矿区现有经济存在联系的产业，可以有效地促进矿区现有经济的发展，加强矿区现有产业同其他产业的联系，尽可能地减少市场交易费用，使矿区在外部产业的有效配合下，扩大生产，实现规模效应。第二，通过这种产业链的延伸，矿区能够涉足新的产业，可以为矿区寻找和培育新的产业，以便使矿区在以矿为主的产业衰退时，这些产业能过渡成为替代产业或新的主导产业，从而为矿区经济的平稳过渡创造条件，实现矿区经济的可持续发展。

（2）矿区内涵式产业链延伸。从矿区产品和矿区生产过程着手延长产业链，成为矿区可持续发展的另一重要途径，这种源于矿区原有经济生产的产业链延伸称为内涵式产业链延伸。内涵式产业链延伸，将原属于区外的生产过程合理地引入矿区或者通过技术创新增加矿区的生产过程，提高矿区产品的加工程度，增加了原有产品的技术含量，也相应增加了产品的附加值，有助于提高和改善矿区经济效益。所以，如果说外延式产业链延伸是为了解决矿区产业链过窄的问题，是从横向解决矿区产业问题，那么内涵式产业链延伸则主要是从纵向着手，解决矿区产业链过短的问题，二者相辅相成。

目前，矿区的内涵式产业链延伸方向主要集中在煤炭资源的综合利用方面。对资源进行综合利用，通过对煤进行筛分、洗选、型煤、配煤等加工过程，降低了煤燃烧时对环境造成的污染，而且也增加了煤产品的价值。矿区通过对原煤的洗选，去掉煤中的有害杂质，并生产出具有各种质量规格的煤炭产品，这样既可以保证煤炭的质量，适应用户的不同需求，经济有效地利用资源，又可以避免煤的无效运输，减少运力浪费。同时，煤炭矿区的综合利用还包括利用与煤共伴生矿。加强煤系地层中共伴生矿产资源，如高岭土（岩）、膨润土、油母页岩、石膏等矿物的开发利用，合理地配置生产要素，发展共伴生资源的深加工，对于矿区开拓新的经济增长点、提高经济效益具有重要作用。煤炭使用形式的转化技术是目前煤炭多用途利用的突破点。

（三）创建煤炭资源综合利用示范工程

依法科学合理地划定煤炭资源规划矿区和对国民经济具有重要价值的矿区，严格有序综合开发；建立煤炭资源战略储备制度，对特殊和稀缺煤种实行保护性开发。按照国家的产业政策，煤炭生产企业围绕矿区的总体目标，选好重点项目，建设具有特色的支柱产业；利用自身的优势和条件，确定煤炭资源综合利用发展战略和目标，集中力量，重点突破，坚持不懈地抓好骨干项目建设，逐步做到横向扩展，纵向延伸，构筑具有不同矿区特点的煤炭加工、转化、利用的多联产业循环经济发展模式。

以大屯煤电公司为代表，走"煤炭—电力铁路运输"的发展模式；以太原煤气化公司为代表，走"煤炭—洗选—炼焦—制气及城市煤气输配管理"的发展模式；以永荣矿务局为代表，走"煤炭—矸石发电—建材—化工"的发展模式；以焦窑煤矿为代表，走"煤炭—电力—建材—冶炼"的发展模式；以新矿集团为代表，打造"煤炭—电力—建材"、"煤炭—选煤加工—焦化"、"煤—甲醇—烯烃"、"煤—液化—油品"、"盐矿—盐化工"、"煤炭生产—选煤加工—新兴建材—建筑房地产"六大产业链条。

现有的衰老矿区要像萍乡矿业集团那样，依靠发展煤炭综合开发利用求生存，扭转了亏损的被动局面；正处于青壮年时期的矿区要像兖州矿业集团那样，充分利用国家优惠政策，发展煤炭资源综合开发利用，增加煤炭资源经济效益和社会效益，增强煤炭企业发展的后劲，形成具有自己特色的发展思路。

煤炭资源综合利用的重点是抓好煤矸石综合开发利用、煤炭洗选加工与煤矿环保产业，其中以煤矸石综合开发利用为重中之重。以煤炭洗选、煤矸石综合利用为龙头，横向发展，纵向延伸，形成煤炭的延伸增值产业链，形成煤炭资源综合利用良性循环。山西省应积极建设一批洁净煤示范工程、煤层气资源综合利用示范工程、煤矸石综合开发利用示范工程、共伴生矿资源综合利用示范工程等；积极开展液化、气化等用煤的资源评价，稳步实施煤炭液化、气化工程，加快低品位、难采矿的地下气化等示范工程建设；建设以清洁生产、绿色制造、绿色化学等新型工业化道路为特征的科技含量高、经济效益好、资源消耗低、环境污染少、人力资源优势得到充分发挥的生态工业园区。采用先进的燃煤和环保技术，提高煤炭利用效率，减少污染物排放。按照高效、清洁、充分利用的原则，开展煤矸石、煤泥、煤层气、矿井排放水以及与煤伴生资源的综合开发与利用。大力发展煤炭产品的深加工和综合利用技术，延长产业链，努力培育煤电、煤化工、煤建材、煤焦化、煤气化和液化等优势产业，大力发展冶金焦炭、煤焦油、焦炉煤气等行业，带动以煤炭为基础的新型能源化工产业发展。

五、本章小结

　　煤炭资源是不可再生的可耗竭资源，对其进行合理的开发和利用是保护煤炭资源和生态环境的有效途径，对实现煤炭工业可持续发展具有重要的实践意义。煤炭资源综合利用是可持续发展战略指导下的一种全新的资源利用方式，是实现矿区经济效益、社会效益和环境保护的有力保障。

　　本章以资源综合利用的基础理论和方法为指导，融入可持续发展、循环经济和产业生态学的理念，分析了煤炭资源综合利用中存在的问题。把煤炭资源综合利用看做是一项系统工程，运用系统分析方法，建立了矿区煤炭资源综合利用系统的线性规划模型；并将模型运用于山西朔州某矿区进行实证分析，得出该矿区煤炭资源综合利用方案，为矿区的可持续发展及发展循环经济提供了理论依据，具有实践意义的参考价值。

　　本章从资源管理的角度，对山西省煤炭资源综合利用提出了对策建议：认为要建立法制化、科学化的资源管理体系，建立健全资源综合利用管理制度，创新煤炭资源管理模式，促进煤炭资源的综合利用。以可持续发展、循环经济和产业生态学的理论为指导，构建了纵向主导和横向耦合的煤炭产业链模式，并对其进行内涵式和外延式拓展，以优化煤炭产业链条，提高煤炭资源综合利用效益。同时要大力建设煤炭资源综合利用示范工程，促进煤炭工业可持续发展。

第五章 基于可持续发展的山西煤炭企业发展模式研究

一、绪 论

我国是世界第一产煤大国，2007年我国煤炭产量为25.36亿吨，煤炭产量占世界煤炭产量的比重由1998年的27.4%，上升到2007年的38.8%。同时，煤炭是我国的主要能源，以煤为主的能源结构在未来相当长的时期内难以改变。相对落后的煤炭生产方式和消费方式加大了环境保护的压力。煤炭消费是造成煤烟型大气污染的主要原因，也是温室气体排放的主要来源。煤炭企业传统的粗放开采和低效利用发展模式造成了严重的煤炭资源浪费和生态环境破坏，照此模式发展将难以满足经济社会持续发展的需求。山西省是煤炭资源蕴藏大省和煤炭资源开发大省，同时也是我国最重要的煤炭生产基地，2007年山西煤炭产量为6.3亿吨，约占全国煤炭产量的25%，调出量占全国各省调出量的75%。所以研究山西煤炭企业的可持续发展模式有着重要的战略意义。

对煤炭资源进行合理开发及利用，使煤炭企业走可持续发展道路，是落实科学发展观的必然要求，是建设和谐社会的必然要求。《国民经济和社会发展第十一个五年规划纲要》把单位国内生产总值能源消耗降低20%左右作为经济社会发展的主要目标之一，这表明建设以资源节约和环境友好为重要主题的和谐社会是现代化进程中的中心任务。中国的城镇化、工业化仍然处于高速发展阶段，要走资源、能源节约的道路，是中国亟待破解的一个难题。因此，如何在科学发展观的统领下，研究煤炭企业的可持续发展模式，对于各级政府机构的管理决策和煤炭企业的发展规划有着重大的现实意义和指导意义。

二、可持续发展理论综述

（一）可持续发展思想概述

1. 可持续发展思想形成过程

根据重要事件（如代表性人物、代表性论著、代表性会议等）将可持续发展思想的形成过程划分为可持续发展思想的酝酿时期、可持续发展思想的初步形成时期和可持续发展思想的确立时期。

第一阶段：酝酿时期（20 世纪 20～60 年代）。在该阶段，一些注重生态、环境、资源对人类生活影响的理论先行者，提出了不少与可持续发展观有关的见解。国际公认的生物圈学说的奠基者，前苏联科学家维尔纳茨基在 20 世纪 40 年代就系统地论证了生物圈在人类生活中的地位。他指出，人是地球的公民，"他可以，也应该，从新的角度出发去思考和行动，不仅从单个人、家庭、种族、国家或国家联盟出发，而应从地球的角度出发，从他与之牢不可破地联系在一起并不可能脱离的那一部分地壳出发"。享誉世界的环境保护主义理论家、美国学者奥尔多·利奥波德则以独特的大地伦理的理论阐述了人与自然的关系，他指出："大地伦理是要把人类在共同体中以制服者的面目出现的角色，变成这个共同体中的平等的一员和公民。它暗含着对每个成员的尊敬，也包括对这个共同体本身的尊敬。"他的"像山那样思考"的呼唤，在当代得到了强烈的回应。几乎在同一时间，美国学者威廉·福格特向世人推出了他的《生存之路》，论证了人口与资源之间平衡的极端重要性。他指出了人类必须采取的两个步骤：一是控制人口；二是恢复资源，并警告说：如果不采取这些步骤，不坚决果断地加以贯彻执行，不根据有限的资源来重新调整生活方式，那就应该放弃过文明生活的一切希望，准备以不可遏制的速度陷入战争的深渊，回到野蛮时代。1962 年，美国海洋生物学家蕾切尔·卡逊出版了她的《寂静的春天》一书，该书关于农药危害人类环境的预言以及人必须与自然融洽的告诫产生了强烈的震撼。美国副总统阿尔·戈尔将《寂静的春天》的出版视做"现代环境运动的肇始"，并称赞该书"是一座丰碑，它为思想的力量比政治家的力量更强大，提供了无可辩驳的证据"。由于卡逊的书深刻揭示了工业污染对生态环境的灾难性影响，引起了生产农药的化学工业集团的反对与诋毁，导致了政府的干预，并产生了通过立法限制杀虫剂使用的政治行为，所以真正的环境运动由此开启。可持续发展观正是在经历了现实的环境运动的洗礼后踏上了一个新的阶梯。

第二阶段：初步形成时期（20 世纪 60～80 年代末）。卡逊的《寂静的春天》出版后，至少在西方对工业污染、资源利用、人与自然关系等问题的关注已渐成时尚。无论是理论研究还是现实的环境运动，都聚焦于对工业文明的发展模式和伦理价值观念的反省。正是在这种深刻的反省中，可持续发展观初步形成。在该阶段，对可持续发展观的形成起到历史性推动作用的首先是第一次人类环境会议及其两个历史性文件。1972 年 6 月，113 个国家和地区的代表召开了一次历史性会议——联合国人类环境会议。会议通过了两个著名文件：一个是《人类环境宣言》；另一个是 58 个国家的 152 位科学家参与撰写的《只有一个地球》的报告。《人类环境宣言》指出：“在现代，人类改造其环境的能力，如果明智地加以使用的话，就可以给各国人民带来开发的利益和提高生活质量的机会。如果使用不当，或轻率地使用，这种能力就会给人类和人类环境造成无法估量的损害。”基于以上认识，《人类环境宣言》向全世界呼吁：为了在自然界取得自由，人类必须利用知识在与自然合作的情况下建设一个较好的环境。为了这一代和将来的世世代代，保护和改善人类环境已成为人类的一个紧迫的目标，这个目标将同争取和平、全世界的经济与社会发展这两个既定的基本目标共同协调地实现。1982 年 10 月，联合国大会通过了《世界自然宪章》，它开宗明义地指出：“人类属于自然的一部分。”由此确定了国际社会对人与自然的伦理关系及其所应承担的道德义务的承诺，成为可持续发展观的又一哲学基础。在 1980 年前后，可持续发展观的基本框架大体形成，“可持续发展”的概念也被提出并开始得到运用。

第三阶段：确立时期（1987～1992 年）。可持续发展观的确立以三个重大事件为标志：一个是 1987 年世界环境与发展委员会起草的报告《我们共同的未来》获得通过并出版；另一个是 1991 年联合国环境规划署、世界自然保护同盟和世界野生生物基金会共同编著的《保护地球——可持续生存战略》一书的出版；最后一个则是 1992 年在巴西里约热内卢召开的举世瞩目的联合国环境与发展会议。这三大事件从理论到实践最终确立了可持续发展观在当代的重要地位。

综上所述，可持续发展的思想经过近一个世纪的发展，终于从仅仅关注资源与环境到同时关注社会与文化，从试图孤立地解决环境问题到明确环境与发展不可分离，从纯经济的视角转向哲学的视角，逐步成为与工业文明发展观、现代化发展观相区别的、具有丰富内涵和深刻意义的可持续发展观。然而即使如此，也只能说世纪之交的可持续发展观仍然是有待挖掘和丰富的发展观，并未定型。它的成熟一方面有赖于实践，另一方面也需要做更深入的理论研究与探索。

2. 可持续发展的概念

可持续发展是一个涵盖人口学、经济学、生态学和系统科学等多学科的更高层次的理论系统，涉及的领域、空间和时间十分广泛，对其理解也就有不同的角度和含义，因而产生了许多不同的提法。"可持续发展"一词，最初出现在 20 世纪 80 年代中期的一些发达国家的文章和文件中，《布伦特兰报告》以及经济合作与发展组织的一些出版物，较早地使用了这一词汇。到目前为止，可持续发展作为一个理论体系正处于形成和发展的过程中，对于可持续发展的概念或定义，全球范围内一直在进行广泛的讨论，其中最具有代表性、影响最大的可持续发展概念有以下几种：

（1）1991 年，在国际生态学联合会（INECOL）和国际生物科学联合会（IUBS）将可持续发展定义为"保持和加强环境系统的生存和更新能力"，即可持续发展是不超越环境系统再生能力的发展。

（2）Forman 1990 年提出，"可持续发展是寻求一种最佳的生态系统，以支持生态系统的完整性和人类愿望的实现，使人类的生存环境得以可持续"。

（3）1991 年，世界自然保护同盟（IUCN）、联合国环境规划署（UNEP）和世界野生动物基金会（WWF）共同发表的《保护环境：可持续生存战略》提出，"在生存不超出维持生态系统承载能力的情况下，改善人类的品质"，论述了可持续发展的最终落脚点是改善人类生活质量，创造美好的生活环境。

（4）Barbiea 1989 年在其著作中将可持续发展定义为，"在保护自然资源的质量和其所提供服务的前提下，使经济发展的净利益增加到最大限度"。

（5）英国经济学家 D. Pearce 则认为，可持续发展是"当发展能够保证当代人的福利增加时，必不会使后代人的福利减少"。

（6）1991 年，世界自然保护联盟将可持续发展定义为："改进人类的生活质量，同时不要超过支持发展的生态系统的负荷能力。"

（7）中国著名生态学家马世骏 1984 年提出了"社会—经济—自然复合生态系统理论"，并进而提出效率、公平性与可持续性三者组成复合生态系统的生态序，高的生态序是实现系统可持续性发展的充分必要条件，也是生态规划的主要目标。

（8）叶文虎、栾胜基将可持续发展定义为："不断提高人群生活质量和环境承载能力的，满足当代人需要又不损坏子孙后代满足其需求能力的，满足一个地区或国家人群需求又不损坏别的地区或国家的人群满足其需求能力的发展。"

由以上国内外各种观点的浅析可见，由于人们对可持续性发展的理解角度不同，对达到可持续性发展途径的看法也有所不同。经济学家侧重于保持和提高人类的生活水平，生态学家侧重于生态系统的承载能力。但其基本共识是，可持续性发展至少包含三层含义，即生态持续性："不超越生态系统更新能力的发展"，使人类的发展与地球承载能力保持平衡，使人类的生存环境得以持续；经济可持续性："在保护自然资源的质量和其所提供的服务的前提下，使经济发展的利益增加到最大限度"；社会可持续性："资源在当代人群之间以及代与代人群之间公平合理的分配。"目前，较为普遍接受的概念是"既满足当代人的需要，又不损坏后代人满足需要能力的发展"。这是 1987 年挪威首相布伦特兰夫人主持的世界环境与发展委员会（WCED）在其报告《我们共同的未来》中提出来的。此概念于 1989 年得到了广泛的接受和认可，并于 1992 年在联合国环境与发展大会上得到全球范围的共识。可持续发展的基本内容有：人类应坚持与自然的协调发展；当代人在追求今世的发展与消费时，应当承认并努力做到使自己的机会与后代人的机会相平等；努力尽快发展经济，满足人类日益增长的基本需要，但经济发展又不能超出生态环境的承载力；在经济发展的同时，注重保护资源和改善环境；在能源特别是不可再生能源的开采及利用上，人类不仅要考虑到现在，而且必须要考虑到将来，必须实现能源利用的可持续发展。

3. 可持续发展的基本原则

可持续发展的基本原则包括：

（1）公平性原则：指机会选择的公平性，可持续发展不仅要实现当代人之间的公平，而且也要实现当代人与未来各代人之间的公平，这也是与传统发展模式的根本区别之一。

（2）持续性原则：要求人们根据生态系统持续性条件和限制因子调整自己的生活方式和对资源的需求，在生态系统可以保持相对稳定的范围内确定自己的消耗标准。

（3）和谐性原则：可持续发展就是要促进人类及人类与自然之间的和谐，使社会进步、经济发展、资源增效和环境保护四者之间协调发展。

（4）需求性原则：可持续发展立足于人的合理需求而发展，强调人对资源和环境无害的需求，而不是一味地追求市场利益，目的是向所有人提供实现美好生活愿望的机会。

（5）高效性原则：可持续发展的进程是不间断的、高效的，是人类整体发展的综合和整体的高效。

（6）阶跃性原则：可持续发展是不断满足人类从低层次到高层次需求的阶跃性过程。

（7）系统性原则：可持续发展是一个系统的、全面的发展，根据合理的需求，对资源的利用进行全面的均衡和协调。

（二）煤炭企业可持续发展简介

可持续发展是人类实现持久生存和发展的选择，是人类发展观念和发展模式的根本改变。国际上已经公认的可持续发展的定义是：既满足当代人的需要，又不对后代人满足需要能力构成危害的发展。煤炭企业可持续发展的内涵首先要遵循这一宏观界定，同时还要体现煤炭资源的特点和煤炭企业的特点。

首先，煤炭资源有限且不可再生。煤炭资源的不可再生性和有限性决定了煤炭产业有其固有的生命周期：勘测期—开发期—发展期—成熟期—衰退期。因此，从时间上看，煤炭资源是不可永久、持续利用的，煤炭工业可持续发展的主要含义应是在积极寻求可替代能源的同时，尽量延长煤炭资源的可用时间，增加煤炭资源利用效率，提高其经济效益，从而为子孙后代留有更加广阔的生存时间。

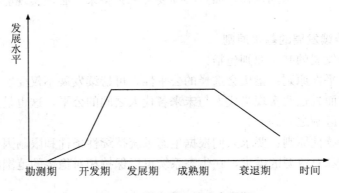

图5—1　煤炭产业的生命周期

其次，煤炭行业是国民经济的基础产业，具有典型的行业特征。从空间上看，煤炭工业可持续发展主要集中在煤炭行业和煤矿区范围内，其最终目标是实现煤炭企业的社区、经济、资源和环境的协调发展。

因此，煤炭企业可持续发展是在确保为国民经济各行各业提供品质洁净、数量充足的煤炭、煤油品、电力和煤基化学品的同时，运用市场机制，依靠科技进步，提高煤炭资源的利用效率，减缓煤矿区生态环境的恶化，实现煤炭企业的矿区、经济、资源及环境的协调发展，让有限的且不可再生的煤炭资源既能满足当代人生存和发展的需要，又能满足后代人在寻找到可替代能源之前生存和发展的需要。煤炭企业可持续发展虽属国家部门性质的可持续发展，但却是以矿区为基础的，其落脚点是以矿区所在具体区域和空间，属于区域可持续发展的范畴。因此，煤炭企业可持续发展的内涵主要包括以下几个方面：

①从时间上说煤炭资源可持续发展是相对的。虽然煤炭资源无法实现永久、持续开发和利用，但应保证其可用到替代资源出现之前。

②从空间上讲煤炭企业可持续发展主要是集中在煤矿区范围内。

③煤炭企业可持续发展的"需求"是向国民经济各行业提供清洁、高效、优良的煤炭、煤制品、电力及煤基化学品，这也是煤炭企业可持续发展的前提。

④煤炭企业可持续发展的实现可减缓煤矿区生态环境的恶化。

⑤煤炭企业可持续发展的最终目标是矿区、经济、资源与环境的和谐发展。

⑥实现煤炭企业可持续发展的根本措施是运用市场机制，依靠科技进步，提高煤炭资源的利用效率，减少对生态环境的破坏。

三、山西煤炭企业发展现状分析

（一）山西煤炭资源的基本情况

世界煤炭看中国，中国煤炭看山西。目前，山西省拥有大同、宁武、河东、西山、霍西、沁水六大煤田和大同、阳泉、潞安、晋城、霍州、华晋、平朔、太原煤炭气化集团公司、山西省焦煤等十大煤炭生产、供应基地，为国内第一产煤、输煤大省。在探明储量中，炼焦煤占 53%，动力煤占 26.8%，无烟煤占 18.7%。近年来，煤乡——山西省的资源优势正从国内向国外不断延伸。山西省煤炭除满足国内的需求外，还远销亚洲、欧洲和拉美等 20 多个国家和地区。

1. 山西煤炭资源蕴藏情况

山西省煤炭资源储量大、品种全、煤质优、埋藏浅、易开采。山西煤炭储量已探明的有 2800 多亿吨，占全国煤储总量的 1/3，远景储量达 9000 亿吨，居全国第一位。山西因此被誉为"煤乡"。山西省含煤面积 6.2 万平方公里，占国土面积的 40.4%，自北向南分布有大同、宁武、西山、河东、霍西、沁水六大煤田和浑源、繁峙、五台、垣曲、平陆五个煤产地。山西六大煤田煤炭资源储量状况，如表5-1所示。

表 5-1　山西六大煤田煤炭资源储量状况（2000 米以浅）

煤田	煤田面积（平方公里）	查明保有资源储量（亿吨）	预测资源量（亿吨）	合计
大同煤田	1704.00	373.07	0	373.07
宁武煤田	3216.50	412.12	327.61	739.73
西山煤田	1779.30	193.43	0	193.43
河东煤田	17317.62	515.52	1304.15	1819.67
霍西煤田	5775.35	309.05	189.38	498.43
沁水煤田	27301.19	843.26	1954.43	2797.69
煤产地	1419.10	6.37	123.57	129.94
合计	58513.06	2652.82	3899.14	6551.96

资料来源：《山西煤炭工业"十一五"规划》。

山西的煤不仅储量丰富，而且煤种齐全，煤质优良、地质构造简单、开采条件优越等。山西煤炭品种齐全，有九大煤炭品种，分别是气煤、肥煤、焦煤、瘦煤、无烟煤、贫煤、长焰煤、弱黏结煤、褐煤。山西煤炭具有"三低两高一强"的特点，即低硫、低灰、低磷、高发热量、高挥发分、黏结性强。大同煤田弱黏结煤以硫分和灰分低、发热量高而饮誉中外；河东煤田离石、柳林、乡宁矿区的低硫、低灰主焦煤被誉为煤中的"精粉"；沁水煤田晋城矿区的"兰花炭"更是遐迩闻名。在现有的六大煤田中，大同是全国最大的优质动力煤产地，太原西山煤田是省内最大的炼焦煤产地，阳泉是全国最大的无烟煤产地。

2. 山西煤炭资源产量情况

近年来，山西煤炭产量情况如表 5-2 所示。

表 5—2 2004～2008 年山西省煤炭产量情况   单位：亿吨；%

年度	山西煤炭产量	全国煤炭产量	山西煤炭产量全国占比
2004	5.5	19.6	28.1
2005	5.6	21.1	26.5
2006	5.8	23.3	24.9
2007	6.3	25.2	25.0
2008	6.6	27.1	24.4

资料来源：国家统计局网站。

（二）山西煤炭企业的基本情况

1. 山西煤炭企业整体情况

中国目前煤炭企业分为国有重点煤矿、国有地方煤矿和乡镇煤矿三类。

山西煤炭企业在全国煤炭工业中占有重要地位。2008 年，中国煤炭企业 100 强中山西企业有 14 家，其中前 10 名中有 5 家山西企业。如表 5—3 所示。

表 5—3 2008 年全国煤炭工业 100 强企业山西企业上榜名单   单位：万元

名次	企业名称	2007 年销售收入（或营业收入）
3	山西煤炭运销总公司	4841106
5	山西焦煤集团有限责任公司	3703184
8	山西大同煤矿集团有限责任公司	3507989
9	山西晋城无烟煤矿业集团有限责任公司	3300482
10	山西潞安矿业（集团）有限责任公司	2890126
11	山西阳泉煤业（集团）有限责任公司	2262267
20	山西煤炭进出口集团有限公司	1328501
48	山西兰花煤炭实业集团公司	400326
60	山西沁新煤焦股份有限公司	244949
69	山西汾河焦煤股份有限公司	159164
80	山西离柳焦煤集团有限公司	101911
84	山西三元煤业股份有限公司	90037
91	山西长治经坊煤业有限公司	77059
93	山西省阳泉荫营煤矿	72015

资料来源：中国煤炭工业网（www.chinacoal.org.cn）。

2. 山西重点煤炭企业简介

（1）煤炭生产型企业简介。

①同煤集团的前身大同矿务局成立于 1949 年 8 月 30 日，2000 年 7 月改制为大同煤矿集团有限责任公司。2003 年 12 月，山西省委、省政府按照现代企业制度要求，将山西省北部的煤炭生产和运销企业进行重组，成立了新的大同煤矿集团有限责任公司。2005 年 12 月实施债转股后，成为七家股东共同出资的大同煤矿集团有限责任公司，初步形成了地跨大同、朔州、忻州三市，39 个县、区，拥有煤田面积 6157 平方公里，总储量为 892 亿吨，总资产为 405 亿元，47 对矿井，20 万员工，70 万员工家属，所属子公司、分公司和二级单位 139 个。已形成以煤炭生产为主，电力、机械制造、钢铁生产、工程建设、化工、建材、物业、旅游等多业综合发展的特大型现代化企业，在中国大中型企业竞争力 500 强排名中名列第 94 位。2006 年 6 月，大同煤业 A 股在沪市成功开盘上市，标志着同煤集团首次挺进资本运营市场。2008 年，集团煤炭产销量为 1.22 亿吨。

②山西焦煤集团公司是中国目前规模最大、煤种最全、煤质优良的炼焦煤生产企业。目前，子分公司主要有西山煤电集团公司（其中西山煤电股份公司为上市公司）、汾西矿业集团公司、霍州煤电集团公司、华晋焦煤公司、山西焦化集团公司（上市公司）、煤炭销售总公司、国际发展有限公司。山西焦煤总部设在山西省省会太原市，集团公司地跨太原、临汾、运城、吕梁、忻州、晋中、长治 7 个市的 25 个县市区。现有 28 个生产矿井和 18 座洗煤厂。山西焦煤以煤炭开采加工为主，集矿井建设、煤矿机械制造、机电设备修造、发供电、化工、建筑安装、建材、运输、进出口贸易以及三产服务业于一体的主业突出、综合发展的多元化大型企业集团。山西焦煤集团 2008 年原煤产量完成 8029 万吨。

（2）煤炭销售型企业简介。山西煤炭运销集团有限公司是经山西省人民政府批准，由省国资委和 11 个市国资委出资，在原省煤炭运销总公司的基础上重组改制，组建的以煤炭生产、运销为主业，辅之以煤炭加工转化、煤化工、发电等为一体的现代大型煤炭产业集团，于 2007 年 7 月 20 日正式挂牌成立。新组建的山西煤销集团注册资本 101.56 亿元人民币，总资产 406 亿元，集团公司下设 11 个市分公司，98 个县区公司，25 个控股企业，有员工 4 万多名。经过 20 多年的发展，山西煤销集团已建成遍及山西省各地的煤炭生产、储运和行销全国 26 个主要省市的煤炭销售网络，年产运销煤炭近 3 亿吨。并与交通、光大、民生等银行，国家五大电力集团，中国神华、中煤集团和铁路、港口等国内大型企业建立了长期友好的战略合作关系。截至目前，集团公司已累计销售煤炭 31 亿吨，实现利税 270 亿元，上缴煤炭专项基金 750 亿元，是我国最大的煤炭运销专业企业。当前，全集团已经形成了多层次、全方位，集煤炭采购、仓储、发运为一体的面向全国的铁路、公路煤炭销售网络，实现了煤炭物流的全新运营模式。

（三）山西煤炭工业近五年发展情况

过去 5 年（2003～2008 年），是山西煤炭企业发展最好最快、对山西省经济社会发展贡献最大的时期，是煤炭经济结构继续优化、发展方式深刻变革的时期，也是煤炭工业发展成果惠及广大人民群众最多的时期。5 年来，山西省煤炭行业努力在集团化、清洁化、多元化、现代化、内涵式发展上下工夫，山西省煤炭工业发生了深刻变化，逐步走上了转型发展、安全发展、和谐发展的轨道。与 2003 年相比：

①山西省矿井数量减少 46.7％，由 4878 座减少到 2598 座；煤炭年产量增长 46.7％，由 4.5 亿吨增加到 6.6 亿吨。②煤炭年出省销量增长 76.7％，由 3 亿吨增加到 5.3 亿吨。③煤炭行业年销售收入增长 3.85 倍，由 722 亿元增加到 3500 亿元。④煤炭行业实现利润增长 3.9 倍，由 65.3 亿元增加到 320亿元；上缴税收增长 3.7 倍，由 88.5 亿元增加到 415 亿元。⑤国有重点煤炭企业职工年人均收入增长 1.9 倍，由 15130 元增加到 43988 元。⑥山西省各类煤矿单井平均规模提高了 3 倍多，由 7.4 万吨提高到 36 万吨左右。⑦五大煤炭集团非煤产业销售收入由 76 亿元增加到 942 亿元，五年增长了 11 倍多，非煤产业占销售收入的比重由 23.6％提高到 43.4％。⑧煤炭生产百万吨死亡率由 2003 年的 1.18 下降到 2008 年的 0.42，为同期全国百万吨死亡率的 35.5％。

（四）山西煤炭企业存在的主要问题

1. 污染环境严重

煤炭经济对山西来说是一把"双刃剑"：煤炭是宝贵的资源财富，煤炭经济是山西最重要的经济支柱，为全省和全国的建设发展作出了重大贡献；但与此同时，长期过度无序开采和生产方式分散落后也造成了资源浪费、生态破坏、环境污染、地表沉陷、矿难频发等一系列问题。

2. 产业集中度低

2005 年底，在资源整合工作正式实施之前，山西省拥有生产煤矿 3811

座、4278 对井，平均单井能力不足 14 万吨，特别是乡镇煤矿，平均单井能力只有 7.48 万吨。山西省属五大国有重点煤炭集团的煤炭产量占全省总产量尚不足 40%、占全国煤炭总产量不足 10%。产业集中度低，与全国重要产煤省的地位不符。

3. 煤炭企业矿区接续和替代产业发展任务艰巨

经过 20 多年大规模、高强度的开采，山西省煤炭开采强度达到 23.13%，分别高出陕西 14.3%、内蒙古（西）14.7%。但近几年资源勘探工作滞后，可供建井的精查储量明显不足。2000～2005 年，山西省重点煤矿已有一局（原轩岗矿务局）17 矿，因资源枯竭关闭破产，减少生产能力 1600 万吨/年。预计 2005～2020 年间，五大国有重点煤炭集团将有 36 处生产矿井面临资源枯竭，减少生产能力 4800 万吨/年；地方国有煤矿有近 1/3 的矿井因资源枯竭而关闭，减少生产能力约 3000 万吨/年；乡镇煤矿近一半矿井关闭，减少能力近亿吨。其中，孝义市被国务院确定为煤炭资源枯竭城市。

4. 煤炭企业成本核算体系落后

我国长期实行资源无价或低价政策，煤炭价格没有反映资源资产的价值，占煤炭消费总量一半的电煤价格并没有真正放开。现行煤炭价格未能真正反映煤炭完全成本，一些煤炭开采过程中客观存在的成本费用，如安全成本、发展成本、退出成本，特别是采煤造成的资源、环境损耗等外部成本没有或很少列入现行成本。由于价格机制、流通体制尚未完全理顺，煤炭企业特别是大型煤炭生产企业的可持续发展能力受到极大制约。

5. 煤矿安全生产基础薄弱

一是小煤矿安全生产基础差。众多小煤矿生产力水平低、安全装备落后、采掘机械化程度低，系统不完善、矿井综合防灾抗灾能力差。二是安全欠账严重。据统计，山西省煤矿企业安全生产欠账累计达 189 亿元。三是从业人员素质低下。全省地方煤矿采掘一线人员 80% 以上来自农民工，大多数为初中以下文化程度，极不适应煤炭安全生产的需要。

四、山西煤炭企业走可持续发展道路的战略定位

（一）山西煤炭企业走可持续发展道路的必要性

未来 20 年是中国实现现代化的重要战略机遇期。2007 年山西省人均 GDP

已超过 2500 美元，开始向中等收入地区迈进。国际经验表明，从低收入地区步入中低收入地区行列的阶段，对任何国家和区域的成长来说都是一个极为重要的历史阶段，它既是一个"黄金发展时期"，又是一个"矛盾凸显时期"。特别是随着经济快速增长和人口不断增加，水、土地、能源、矿产等资源不足的矛盾会越来越突出，生态建设和环境保护的形势日益严峻。面对这种情况，按照科学发展观的要求，走可持续发展道路，加快建立资源节约型社会，就显得尤为重要、尤为迫切。

1. 走可持续发展道路是缓解资源约束矛盾的根本出路

山西省地处中国的中部经济带，拥有丰富的矿产资源，尤其是煤炭资源；但其他自然资源尤其是水资源和森林资源等方面相对贫乏，其经济体系也是依托煤炭建立的单一经济结构，整体经济发展水平较低。多年来经济发展过度依赖煤炭产业，过量低水平开采，低效利用，浪费严重，造成了严重的污染，生态系统被破坏。在国家公报的 2007 年各省 GDP 能耗中，山西以每万元 GDP 消耗 2.757 吨标准煤，在全国列倒数第四位，属高能耗省市。

加快全面建设小康社会进程，保持经济持续快速增长，资源消费的增加是难以避免的。但如果继续沿袭传统的发展模式，以资源的大量消耗实现工业化和现代化是难以为继的。为了减轻经济增长对资源供给的压力，必须走可持续发展道路，促进资源的高效利用和循环利用。研究表明，如果采取强化节能的措施，大幅度提高能源利用效率，到 2020 年使万元 GDP 能耗由 2002 年的 2.68 吨标准煤降低到 1.54 吨标准煤，那么能源消费总量就能控制在 30 亿吨标准煤。又如预计到 2015 年我国木材供需缺口达 1.4 亿～1.5 亿立方米，如果木材综合利用率提高 10 个百分点，就可弥补供需缺口的 30%。到 2020 年我国再生铝比重如果能从目前的 21% 左右提高到 60%，就可替代 3640 万吨的铝矿石需求，节电 1365 亿千瓦时，节水 9100 万立方米。由此可见，走可持续发展道路是缓解资源约束矛盾、实现可持续发展的必然选择。

2. 走可持续发展道路是从根本上减轻环境污染的有效途径

山西省是中国污染最为严重的省份，环境污染状况日益严重。"十五"期间，主要污染物排放总量仍处于增长的趋势，2005 年二氧化硫、烟尘排放量分别为 151.6 万吨和 110 万吨，居全国第三位和第一位，与 2000 年相比分别增长 26.1% 和 8.4%；废水、COD 排放量分别为 9.51 亿吨和 38.7 万吨，与 2000 年相比分别增长 4.5% 和 22.1%；工业固体废物产生量为 11183 万吨，比 2000 年增长 45.4%。主要污染物排放强度远高于全国平均水平，单位 GDP 二氧化硫和化学需氧量排放量分别是全国平均水平的 2.63 倍和 1.21 倍；单位国土面积二氧化硫和化学需氧量排放量是全国平均水平的 3.76 倍和 1.72 倍。

山西省大气和水环境质量整体处于较高污染水平。2008 年山西省 11 个重点城市中有 8 个城市环境空气质量达到国家二级标准。但孝义、灵石、河津、清徐等焦化、钢铁、建材行业相对集中的县、市区域大气环境污染也相当严重，山西省大气污染呈现出由点源到面源逐步扩大的趋势。2008 年在山西省地表水监测的 103 个断面中，仍有 58.3% 的断面为劣 V 类；部分城市集中式水源地水质和地下水源受到不同程度污染。

山西省固体废物产生量持续增长，仍是全国排放量最大的省份。垃圾处理能力明显不足，城镇生活垃圾、农村生活垃圾的产生量不断增加，大部分未得到无害化处理；危险废物和医疗废物安全处置设施尚在启动阶段。

山西省自然生态系统脆弱。植被覆盖率低，裸露和覆盖度低的土地占总面积的 43.1%；水资源短缺，水土流失严重，50 个贫困县全部集中在水土流失严重区，侵蚀模数大于 1 万吨/平方公里的地区占 1/10；长期采煤对水资源的破坏面积已达 20352 平方公里，占山西省国土面积的 13%，严重破坏区面积占到 1.7%；矿产资源的开采造成大面积地表沉陷，2005 年累计已达 3000 平方公里，采空区面积达 5000 平方公里，且每年以 74 平方公里的速度递增；煤矸石累计堆存量已达 10 亿吨，占地达 2 万多公顷，且每年新增约 4000 多万吨；矿山生态总体恶化的趋势尚未扭转，地质灾害分布面积超过 6000 平方公里，占到山西省国土面积的 3.83%。

目前，我国解决环境问题的重要方式是末端治理。这种治理方式难以从根本上缓解环境压力。一方面投资大、费用高，建设周期长，经济效益低，企业缺乏积极性，难以为继；另一方面，末端治理往往使污染物从一种形式转化为另一种形式，如废气治理产生废水、废水治理产生污泥、固体废物治理产生废气等，不能从根本上消除污染。

走可持续发展道路，可将经济社会活动对自然资源的需求和生态环境的影响降低到最小限度，以最少的资源消耗、最小的环境代价实现经济的可持续增长，从根本上解决经济发展与环境保护之间的矛盾，走出一条生产发展、生活富裕、生态良好的文明发展道路。

3. 走可持续发展道路是提高经济效益的重要措施

改革开放 30 年来，山西省通过大力调整经济结构，加快企业技术改造和加强管理，资源利用效率有了较大提高。但从总体上看，山西乃至全国资源利用效率与国际先进水平相比仍然较低，成为企业成本高、经济效益差的一个重要原因。目前，山西省的资源利用效率，可以概括为"四低"：资源产出率低；

资源利用效率低；资源综合利用水平低；再生资源回收利用率低。

实践证明，较低的资源利用水平，已经成为企业降低生产成本、提高经济效益和竞争力的重要障碍；大力发展循环经济，提高资源的利用效率，增强国际竞争力，已经成为面临的一项重要而紧迫的任务。

4. 走可持续发展道路是落实科学发展观的本质要求

大量事实表明，传统的高消耗的增长方式，向自然过度索取，导致生态退化和自然灾害增多，给人类的健康带来了极大的损害。据有关部门测算，受污染影响，山西省新生儿缺陷率高于全国的平均缺陷率；呆傻症发病率是全国的4倍；肺癌发病率和死亡率明显高于全国平均水平。

如前所述，目前山西自然资源开发利用中存在一系列的问题，这些问题已经直接制约了山西经济的进一步可持续发展，影响了人民的健康生活和生活水平的进一步提高。2004年中科院可持续发展研究报告显示，山西省的可持续发展能力、生存支持系统、环境支持系统分别排在第28、31、30位，可持续发展能力不足的问题已成为山西省经济社会发展中的主要问题。

要加快发展、实现全面建设小康社会的目标，根本出发点和落脚点就是要坚持以人为本，不断提高人民群众的生活水平和生活质量。这就要求在发展过程中不仅要追求经济效益，还要讲求生态效益；不仅要促进经济增长，更要不断改善人们的生活条件，要真正做到这一点，必须走可持续发展道路，搞好资源节约和综合利用，加强生态建设和环境保护，走出一条科技含量高、经济效益好、资源消耗低、环境污染少、人力资源优势得到充分发挥的新型工业化道路，以最少的资源消耗、最小的环境代价实现经济社会的可持续增长。

总之，走可持续发展道路有利于形成节约资源、保护环境的生产方式和消费模式，有利于提高经济增长的质量和效益，有利于建设资源节约型社会，有利于促进人与自然的和谐，充分体现了科学发展观的本质要求，是实现全面建设小康社会宏伟目标的必然选择，也是关系山西省长远发展的根本大计。

（二）山西省煤炭企业实现可持续发展的指导思想

山西省煤炭企业走可持续发展道路、探索可持续开发模式应该依据可持续发展的相关理论和运作机制，针对煤炭行业自身的特点，在国家和山西省煤炭行业发展规划的战略框架下开展。本章主要参考了《山西省煤炭工业"十一五"发展规划》、《煤炭工业发展"十一五"规划》、《国家环境保护"十一五"规划》等发展规划。

《山西省煤炭工业"十一五"发展规划》中关于山西省煤炭工业发展方向

的表述：按照建设新型能源和工业基地的战略部署，统筹煤炭工业与相关产业协调发展、统筹煤炭开发与生态环境协调发展、统筹矿山经济与区域经济协调发展，紧紧围绕大型煤炭基地建设，坚持以人为本、新型工业化，坚定不移地走集团化、洁净化、多元化和现代化的发展道路，加快推进资源整合、加快深化企业改革和结构调整，全面提升山西省煤炭产业集中度和产业素质，实现我省由煤炭资源和煤炭工业大省向新型煤化工大省和煤炭经济强省转变，推动我省煤炭经济集约发展、循环发展、安全发展、高效益发展和可持续发展。

《煤炭工业发展"十一五"规划》中关于煤炭行业可持续发展的表述：建设资源节约型和环境友好型矿区。①大力发展循环经济；②加快煤层气开发和利用；③积极发展煤炭洗选加工；④有序推进煤炭转化示范工程建设；⑤加强矿区环境的保护和治理。

在《国务院关于促进煤炭工业健康发展的若干意见》中对煤炭企业可持续发展的表述：加强综合利用与环境治理，构建煤炭循环经济体系。①推进洁净煤技术产业化发展。发改委要制定规划，完善政策，组织建设示范工程，并给予一定资金支持，推动洁净煤技术和产业化发展。大力发展洗煤、配煤和型煤技术，提高煤炭洗选加工程度。积极开展液化、气化等用煤的资源评价，稳步实施煤炭液化、气化工程。加快低品位、难采矿的地下气化等示范工程建设，带动以煤炭为基础的新型能源化工产业发展。采用先进的燃煤和环保技术，提高煤炭利用效率，减少污染物排放。②推进资源综合利用。按照高效、清洁、充分利用的原则，开展煤矸石、煤泥、煤层气、矿井排放水以及与煤共伴生资源的综合开发与利用。鼓励瓦斯抽采利用，变害为利，促进煤层气产业化发展。按照就近利用的原则，发展与资源总量相匹配的低热值煤发电、建材等产品的生产。修改制定配套法规、标准和管理办法，落实和完善财税优惠政策，鼓励对废弃物进行资源化利用，无害化处理。在煤炭生产开发规划和建设项目申报中，必须提出资源综合利用方案，并将其作为核准项目的条件之一。③保护和治理矿区环境。煤炭资源的开发利用必须依法开展环境影响评价，环保设施与主体工程要严格实行建设项目"三同时"制度。按照"谁开发、谁保护，谁污染、谁治理，谁破坏、谁恢复"的原则，加强矿区生态环境和水资源保护、废弃物和采煤沉陷区治理。研究建立矿区生态环境恢复补偿机制，明确企业和政府的治理责任，加大生态环境治理投入，逐步使矿区环境治理步入良性循环。对原中央国有重点煤矿历史形成的采煤沉陷等环境治理欠账，要制订专项规划，继续实施综合治理，中央政府给予必要的资金和政策支持，地方各级人民政府和煤炭企业按规定安排配套资金。④大力开展煤炭节约和有效利用。

积极引导合理用煤、节约用煤和有效用煤，努力缓解当前煤炭供求紧张状况，解决煤炭产需长期矛盾。大力调整经济结构，切实转变增长方式，抓紧完善产业政策和产品能耗标准，限制高耗能工业的发展。优化能源生产和消费结构，鼓励发展新能源，努力减少和替代煤炭使用。依靠科技进步和创新，推广先进的节煤设备、工艺和技术。强化科学管理，减少煤炭生产、流通、消费等环节的损失和浪费。制定有利于节约用煤的经济政策、技术标准和法规，利用经济、法律和必要的行政手段，实行全面、严格的节煤措施，在全社会形成节约用煤和合理用煤的良好环境。

在《国家环境保护"十一五"规划》中关于在资源类行业可持续发展的表述：①加快推进循环经济。根据发展循环经济的要求，制定相关配套法规，完善评价指标体系。实行有利于资源节约和循环经济发展的经济政策。推进重点行业、产业园区和省市循环经济试点工作，推广循环经济先进适用技术和典型经验，建设循环经济试点示范工程。加快制定重点行业清洁生产标准、评价指标体系和强制性清洁生产审核技术指南，建立推进清洁生产实施的技术支撑体系。进一步推动企业积极实施清洁生产方案。对污染物排放超过国家和地方标准或总量控制指标的企业，以及使用有毒有害原料或者排放有毒物质的企业，要依法实行强制性清洁生产审核。②大力开展资源节约和综合利用。按照低投入、高产出、低消耗、少排放、能循环、可持续的原则，把节能、节水、节地与削减污染物排放总量有机结合起来，实行统筹规划，同步实施，以提高能源资源利用效率为重要措施，完成"十一五"主要污染物减排目标。

在《山西省环境保护"十一五"规划》中关于在煤炭行业可持续发展的表述：加快切实抓好煤炭开采生态补偿政策措施试点工作，制定煤炭开采生态环境治理与恢复规划。依法取缔违反环保法规、淘汰不符合国家产业政策规定的煤矿，强制淘汰年产9万吨以下的小煤矿；对地处生态敏感区，造成地表塌陷和生态破坏严重的煤矿实施限产、改造和治理措施；所有煤矿应完成矿井水达标治理和矿井水资源化设施建设，完成矿区生产、生活废水达标治理；完成矸石山自燃治理和扬尘治理；要把环保达标作为矿山取得合法生产资格的条件之一；启动矿山生态治理工程。在太原、大同、阳泉等地建设10～20个矿山生态恢复示范工程。

（三）山西省煤炭企业走可持续发展道路的战略部署

煤炭企业进行可持续发展模式的探索要立足于生产和消费过程中资源消耗的节约、废弃物减量化、资源化、再利用和"零排放"，促进煤炭企业的经济效益、社会效益和环境效益的同步增长，实现矿区经济与环境的协调发展，最终建成经济发达、环境优美、社会和谐的矿区。

结合相关规划和山西省煤炭行业的特点，在5～10年内要达到的主要指标为：煤矸石为主的固体废弃物利用率要达90％以上；矿井水为主的液体废弃物综合利用率要达95％以上；土地复垦为主的生态环境美化率要达90％以上；煤层气的利用率要达到90％以上。与此同时，要加大煤炭就地转化加工的比率，加大共伴生矿物的综合开发与利用，提高煤炭企业的经济效益。其具体实现路径为：

1. 节约煤炭资源

完善资源有偿使用制度，建立煤炭资源税费与动用储量挂钩的机制，加大资源监管力度，提高煤炭资源回收率。制定政策，鼓励采用先进技术，开采建筑物下、铁路下、水体下煤层和极薄煤层。充分调动社会各界力量，增加煤田灭火工程投资，加快煤田火区治理，保护煤炭资源和生态环境。

2. 加快煤层气（煤矿瓦斯）开发利用

完善煤层气（煤矿瓦斯）开发宏观调控管理、法规体系建设和经济扶持政策，协调煤炭开采与煤层气抽采的关系，改进煤层气矿业权管理，加强煤层气开发关键技术的攻关，制定"先采气、后采煤"的具体实施办法，统筹规划建设长输管网。

3. 鼓励洁净煤技术产业化

加强技术攻关，解决煤炭气化的技术障碍，促进煤炭深度加工转化。完善煤炭产品质量标准，促进煤炭洗选加工的发展，限制未经洗选加工煤炭的长距离运输和使用。

4. 推进清洁生产

实行污染物总量控制。完善污染物排放管理办法，加大污染物防治力度，以环境质量日报、环境总量控制为手段，实行污染现有量、削减量、新增量的统一调配的污染物总量控制，完善考核办法，实行环保一票否决制。完善排污许可证制度，建立排污权交易机制。加强国际合作，积极推行清洁发展机制（CDM）。

5. 加强资源综合利用

新建和扩建煤矿项目必须提出资源综合利用方案，严禁设立永久性煤矸石堆场。以煤矸石等低热值燃料电厂为重点，建立资源综合利用项目认证和督察制度。对综合利用煤矸石、煤泥等资源，实行更加合理的财税扶持政策。

6. 保护和治理矿区环境

研究建立矿区生态环境恢复补偿机制、煤炭清洁生产评价指标体系和标准，明确企业和政府的责任，加大生态环境保护和治理投入，逐步使矿区环境保护和治理步入良性循环。

五、山西煤炭企业可持续发展模式构建

（一）煤炭企业循环经济发展模式

循环经济伴随着可持续发展理论而兴起。循环经济提升了环境保护的高度、深度和广度，将环境保护与经济增长模式统一协调，将环境保护与生活和消费模式同步考虑，从资源的开采减量化，生产过程中的再使用到生产后的再循环，全程考虑了经济发展与资源、环境之间的相互协调。

1. 循环经济发展的典型模式

循环经济发展的典型模式为工业园区模式，生态工业园区模式的典型代表为丹麦卡伦堡工业园区。这个工业园区的主体企业是电厂、炼油厂、制药厂和石膏板生产厂，以这 4 个企业为核心，通过贸易方式利用对方生产过程中产生的废弃物或副产品，作为自己生产中的原料，不仅减少了废物产生量和处理的费用，还产生了很好的经济效益，形成经济发展和环境保护的良性循环。其循环示意图如图 5－2 所示。

2. 大同煤矿集团塔山工业园区

大同煤矿集团 2003 年初规划、开发了以煤为主，集煤、电、建材为一体的塔山工业园区。大同塔山工业园区以其未来大规模的产量，国际先进水平的生产技术以及前所未有的先进管理体制成为国家"精品工程"新亮点。

2003 年元月，同煤大唐塔山煤矿、同煤大唐热电厂和铁路公司已正式成立，同煤集团历史上规模最大的煤炭工业园区开始全面施工建设。"循环经济"是同煤集团建设塔山工业园区的一大特色。整个循环从采煤开始，年产 1500 万吨的矿井内通过大功率带式输送机，从工作面直接把原煤运到地面 1500 万吨的洗煤厂入洗，洗选出的精煤直接对外输送。对洗选中产生的中煤、尾煤等低热质煤和排放出的煤矸石、煤泥等废弃物，输送到资源综合利用电厂和坑口电站进行发电，发出的电力除供整个园区使用外还可对外输送。同时建设热电联供系统，利用发电产生的余热，取代锅炉对居民进行供暖，工程完成后可以

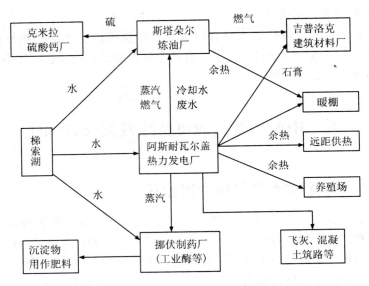

图5—2　丹麦卡伦堡生态工业园示意图

保证对同煤集团整个生活区的供热问题。高岭岩加工厂对洗选排放出煤炭中含有的高岭岩矿石进行深加工，制作高岭岩系列产品后，作为化妆品、陶瓷和造纸等产品的原材料。高岭岩加工厂和电厂排放出来的粉煤灰作为水泥厂的生产原料。水泥厂排放出的废渣作为砌体材料厂的原料。将矿井排放出的工业废水、生活排放水，全部集中回收进入污水处理厂，净化处理后再进入电厂使用。整个工业园区组成生态工业链，做到多业并举，实现煤炭资源利用低消耗、低排放、高效率，从而更加有效地利用资源和保护环境。全部项目建成后，整个园区年销售收入可达 2511669 亿元。

塔山工业园区必将起到辐射带动作用，在企业、园区实现循环经济的基础上，同煤集团还要进一步建设晋北基地大的循环经济区域，在更高层次、更大范围内实施循环经济。

3. 山西焦煤集团西山煤电古交矿区发展循环经济的实践

山西焦煤西山煤电集团公司是全国最大的炼焦煤生产基地，是特大型煤炭企业，是山西焦煤集团公司的核心企业，是全国首批循环经济试点单位，拥有全国最大的燃用中煤电厂。古交矿区位于太原市西部山区的古交市，隶属于山西焦煤集团西山煤电公司。古交矿区建有西曲矿、东曲矿、镇城底矿、马兰矿和屯兰矿五对矿井，设计生产能力在 1650 万吨。如图 5—3 所示为古交矿区循环示意图。

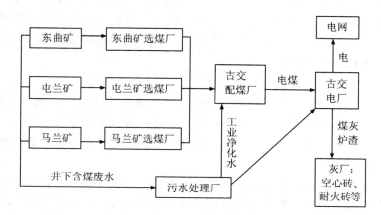

图5－3　古交矿区循环经济示意图

　　在这个模式中，古交发电厂作为古交矿区具有链接作用的生产型企业，突破了传统的依赖外部供应原材料的方式，而是和古交矿区的五对矿井发生充分的物流联系，直接利用这五对矿井的选煤厂的副产品——中煤、煤泥和部分矸石作为燃料发电。所发电力一部分向系统外输送，一部分向循环体系内企业输送。而发电所产生的炉渣、煤灰则被系统内的古交建材厂（生产水泥、砖等）利用。发电所需用水除少部分来自系统内汾河的水外，大部分来自系统内污水处理厂中的水并闭路循环，如果运行正常，电厂不向外排放任何污水。最终，系统只向外输送精煤、电和建材产品。

　　在这个模式中，以中煤和煤泥作为发电厂的原材料，使得原有的滞留在矿区系统内的严重污染环境的废弃物直接变为下游厂商的原材料；并相应地采取了国际上先进的干法烟气脱硫技术，使得由于使用极为便宜的中煤所产生的大量污染物——二氧化硫的排放量降到最低。这样古交电厂不仅以极低的成本获得长期稳定的发电原料，还解决了长期以来滞留在古交矿区系统内的中煤和煤泥堆放及无法利用对环境造成的污染问题。同时由于燃料采用所带来的成本优势和技术选择所带来的环境优势，古交电厂的电力产品具有很大的竞争优势，也使得系统稳定性很高。

　　4. 煤炭企业发展循环经济的技术路径

　　在企业、工业园区层面，大力推进清洁生产，建设循环经济示范企业、园区。要从煤炭的生产开发上节能、使用可再循环的原材料、提高资源回收率。

在建设设计初就遵循循环经济的"3R"原则，考虑矿井在生产期间可能出现的大量废弃物，配套建设洗煤厂、煤矸石热电厂、矿井水处理厂、建材厂等。从整体设计规划上，按照"输入—过程—输出"进行全过程物资循环利用，由整个生产系统构成工业性的"生态"平衡。要建立和运用煤炭绿色开采技术体系，形成各具特色的绿色开采模式。

（1）集约化生产，提高资源回收率。

①要实施大公司大集团战略，建设高产高效集约化矿井，依据资源条件，合理确定新建矿井规模，重点建设大中型矿井，限制小型矿井。

②从工艺、技术、装备等方面实质性改变煤炭的生产状况，提高煤炭的生产能力和回收率。

③寻求适合山西省实际情况和煤炭资源条件的开采方式，提升煤炭资源的开采范围，制定新的煤炭资源回收率标准和管理制度，限制采用落后生产方式和资源回收率低的矿井生产。

（2）清洁开采。立足于煤炭开采的生产过程，通过对采煤方法和工艺，岩层控制以及相关技术、实验研究平台等的开发和建设，解决传统开采工艺造成的生态与环境破坏问题。

①减少煤矸石排放。改革开拓巷道布置方式，优化采区巷道布置，选择合适的采煤方法和生产工艺，减少煤矸石的产生。同时，要大力推行井下煤矸石处理技术，从根本上消除煤矸石污染的危害。

②减轻地表沉陷。根据资源条件和地质情况，采用充填、联合、协调、条带、房柱式开采和离层区注浆等适当的开采方法，控制地表沉陷。

③减少瓦斯排放。推广高效瓦斯抽放技术，实现综合抽放，提高抽放量和抽放效率。研究低浓度瓦斯的回收、浓缩技术，减少瓦斯直接排放量。

④减少水资源破坏。开展采矿与排水对环境影响研究，加强保水采煤技术的研究与工业性试验，限制和降低煤炭开采过程对水资源的破坏。同时，采取"清污分流"或"分质分流"等措施，将未被污染的干净地下水用管道排到地面，减少污水的排放量。

⑤减少材料消耗。煤炭企业在生产能源的过程中，不仅消耗大量电力，也要消耗大量的钢材、建工材料、火工材料、油脂及木材等。加之煤矿大多为地下作业，浪费现象时而有之。为此，应在煤炭企业大力推广节能装备、节能工艺与技术，减少生产能源过程中的能源消耗。

（3）污染物控制与资源化。就是要最大限度地利用煤炭生产过程中排放的污染物，保护和改善生态环境。

①瓦斯利用。研究瓦斯地面开发和井下抽放两种方式的适用性与经济性。研究生产适合山西省瓦斯地质条件的钻井、压裂和排采工艺技术和设备。大力发展瓦斯发电、瓦斯生产炭黑及瓦斯民用等。

②土地复垦。研究采煤塌陷土地的土壤特性变异分布规律，塌陷地不同复垦工程方法的复垦土壤重构技术，塌陷地复垦土壤改良技术，塌陷区复垦耕地土壤特性的时空变化规律，确定开采塌陷后土地复垦的最佳时机及土壤重构、改良的方法技术，形成适应煤矿区生态环境保护的开采工艺和采煤塌陷地复垦土壤重构技术。

③煤矸石综合利用。主要领域是煤矸石发电、煤矸石复垦、煤矸石生产建筑材料、制品及煤矸石制造肥料和提取化工产品。重点应是煤矸石发电和生产建筑材料及制品。

④矿井水净化。研究矿井水资源化处理技术，大力推广应用电渗析和反渗透技术，使高矿化度、高硬度矿井水资源化。

（二）煤炭资源综合开发利用模式

煤炭资源综合利用是中国经济建设和社会发展中一项长远的战略方针，也是一项重大的技术经济政策，对提高煤炭资源利用效率、建设节约型社会具有十分重要的意义。中国煤炭资源综合利用在国家政策扶持、科技进步、市场拉动、投资增加和环保要求的推动下，呈现出快速发展、总体推进、扩量提质、增效降污的可喜局面。但煤炭企业粗放开发、有关行业低效利用、污染环境、效益低下的现状并没有从根本上加以改善，与煤炭工业经济结构调整和可持续发展战略要求还有很大差距。

1. 煤炭资源综合开发利用模式简介

根据山西省"十一五"规划的指导思想，"提高资源回收和综合利用水平。加快采用高新技术和先进适用技术，提高煤炭工业装备水平。到2010年，山西省煤炭企业全部实现正规开采，矿井采掘机械化程度达到50%以上，薄煤层、中厚煤层、厚煤层矿井采区回采率分别达到85%、80%、75%以上。综合开发利用矿井水、洗中煤、煤矸石以及其他共伴生资源。鼓励各类企业对煤层气进行多种方式的综合开发利用，重点建设沁水、河东煤田煤层气项目，支持建设瓦斯抽放系统和输气管网。到2010年，山西省煤层气开采规模达到60亿立方米"。煤炭资源综合开发利用模式是"十一五"期间我省煤炭企业实现可持续发展的重要途径。要实现煤炭资源综合利用、构建煤炭资源综合利用开发模式，需要从技术角度和产业角度加以分析。

从技术角度来讲，要大力发展洗煤配煤和型煤技术，提高煤炭洗选加工程度，稳步实施煤炭液化、气化工程。按照高效、清洁、充分利用的原则，开展煤矸石、煤泥、煤层气、矿井排放水以及与煤共伴生资源的综合开发与利用。探索瓦斯抽采利用，变害为利，促进煤层气产业化发展。按照就近利用的原则，发展与资源总量相匹配的低热值煤发电、建材等产品的生产。保护和治理矿区环境，加强矿区生态环境和水资源保护、废弃物和采煤沉陷区治理。大力开展煤炭节约和有效利用。坚持开发与节约并举、把节约放在首位的方针，依靠科技进步和创新，推进先进的节煤设备工艺和技术。强化科学管理，减少煤炭生产、流通、消费等环节的损失和浪费。

从产业角度来讲，大力推进煤炭加工转化，积极发展电力、焦炭、煤层气和焦炉煤气利用、煤基醇醚燃料和煤基合成油等能源产品，形成一次、二次能源并举，煤、电、气、油各类能源共同发展的新格局，形成煤—电—铝、煤—铁—钢、煤—焦—化等多条产业链条；加快培育发展高新技术产业、先进制造业和物流、商贸等新型服务业；调整煤炭企业的产业产品结构，优化资源型城市的经济结构，努力构造多元、稳固的支柱产业格局。

2. 山西晋城煤业集团煤炭资源综合开发利用模式的实践

山西晋城无烟煤矿业集团有限责任公司（简称晋煤集团），是国家规划的13个大型煤炭基地、19个首批煤炭国家规划矿区和山西省工业企业30强之一，是我国重要的优质无烟煤生产基地。目前，集团公司已发展成为拥有22个子公司、10个分公司的大型企业集团。被山西省政府列入"十一五"规划省属第一大企业方阵第5位，煤炭行业第3位。晋煤集团煤炭资源综合开发利用的成绩突出。

煤层气产业蓬勃发展，经济效益和社会效益日益凸显。目前，晋煤集团地面煤层气井达880口，其中在抽钻井339口，日产气量在80万立方米以上，井上井下形成7.5亿立方米的产气规模；与香港中华煤层气公司强强联合，正式启动煤层气液化工程项目；西气东送管道工程45公里主管道铺设完毕，将取代CNG车，更安全更可靠地向老区输道煤层气；与英国气候变化资本金管理公司签订协议，每年出售CO_2减排额度100万吨当量，可获收益约950万欧元。亚洲特大型的寺河120兆瓦煤层气电厂已进入调试验收阶段，集团公司将成为国内规模最大并最早实现煤层气商业化开发的企业集团之一。

在电力产业的发展上，晋煤集团成庄2×5万千瓦煤泥煤矸石资源综合利用电厂一期工程，寺河12万千瓦煤层气电厂项目正在加紧建设。同时，紧紧抓住100万伏特高压输电项目落地晋东南这个契机，和山东鲁能集团、山西和信电力公司三方按照现代企业制度的要求，共同出资组建了山西晋东能源开发公司，并依托我国首条超高压输电线路，规划赵庄、樊庄、郑庄三大煤电大型项目。将积极引进战略投资者，装备国际先进的亚临界直接空冷机组，采用高效洁净燃烧等国产成套技术，建设 3 个大型坑口电厂，装机容量分别为 4×60 万千瓦、一期 2×60 万千瓦的赵庄电厂，4×60 万千瓦的樊庄电厂（一期），4×60 万千瓦的郑庄电厂（一期）。从根本上提升企业的综合竞争力和抗风险能力，实现经济增长方式的转变。

在煤化工产业的发展上，按照"新建、并购、研发"并举的指导方针，晋煤集团与山西丰喜肥业集团强强联合共同发起成立了"山西晋丰煤化工有限责任公司"，建设高平"3652"（年产 30 万吨合成氨，52 万吨尿素，联产 6 万吨甲醇）和闻喜化肥厂"1830"（年产 18 万吨合成氨，30 万吨尿素，联产 4 万吨甲醇）改扩建两个项目。2005 年，集团公司控股的七个化工企业，年产合成氨 140 万吨、甲醇 44 万吨、尿素 185 万吨，年产值达到 44 亿元，成为集团公司又一个新的经济增长点。初步形成了煤化工产业的规模经济。同时，为了科学开发和利用"三高劣质煤"资源，他们还积极与中科院山西煤化所合作，共同组建了"山西天河煤气化公司"，采用具有我国自主知识产权的"灰熔聚流化床粉煤气化技术"，建设年产 10 万吨合成油示范工程项目。

煤泥、煤矸石是煤炭生产过程所产生的废弃物，晋煤集团便在煤泥、煤矸石的综合利用上做起了大文章。早在 1989 年就建成了年消耗煤矸石 40 多万吨的煤矸石电厂，年发电 2.8 亿千瓦时。2003 年 7 月，又在成庄矿工业区预留场地，开工建设了成庄 2×5 万千瓦煤泥、煤矸石资源综合利用电厂，年消耗煤泥 40.5 万吨、煤矸石 25 万吨、矿井工业及生活污水 240 万立方米，减少占地 190 余亩。发电后的炉渣和粉煤灰将作为集团公司水泥厂的添加料和煤矸石砖厂的原料，最大限度地提高了资源的综合利用。

3. 煤炭企业实现煤炭资源综合开发利用的技术路径

发展洁净煤技术以及煤矸石、煤泥和煤层气的综合利用技术，构建资源环境整体化、可持续发展的能源战略，是当前中国能源发展的要求和必然选择。推广应用煤炭洗选、水煤浆和煤炭液化等洁净煤技术，研发以煤气化为核心的多联产系统，把煤炭高效洁净地转化为液体、气体燃料，煤炭洗选加工是煤炭资源综合利用的基础，充分利用煤矸石、煤泥和煤层气是煤炭资源综合利用的关键。

（1）洁净燃煤。以提高效率、减少污染为宗旨的洁净燃煤技术，已成为世界煤炭利用技术发展的热点，是国际高科技竞争的重要领域之一。因此，推广先进、洁净燃煤技术是提高燃煤效率、保护和改善环境的重要手段。

①应用先进发电技术。综合考虑技术成熟度和可用率、发电效率、单位煤耗、环保性能、投资和成本等因素，应在全国电力行业大力推广超临界和超超临界机组。

②推广烟气净化技术。应加大力度，推广烟气脱硫技术、烟气除尘技术、烟气脱硝技术和脱硫脱硝一体化技术，减少电厂的烟气污染。

③粉煤灰综合利用。主要领域是粉煤灰制作建筑材料、粉煤灰井下回填和充填矿井塌陷区、粉煤灰筑路和从粉煤灰中提取化工原料。

④推广循环流化床锅炉。针对我国锅炉煤种供应多变、原煤直接燃烧比例高等特点，用循环流化床燃烧技术改造热电联产和小机组。

（2）煤炭转化。它对提高煤炭利用效率、保护环境、改变终端能源消费结构具有重要的意义。

①地面气化。逐步改造和淘汰中小规模和落后的煤气化工艺，发展先进的加压固定床、加压流化床和加压气流床技术。同时，应将大规模高效煤炭气化工艺作为今后的发展和应用方向。

②地下气化。加强煤炭地下气化技术的研究，将气化遗留的煤柱、采用常规方法不宜开采的煤和限制开采的高硫煤为主要方向，以达到回收煤炭资源的目的。

③多联产技术。这是煤化工的发展方向。它将多种煤炭转化技术通过优化集成组合在一起，可同时生产各种化学品、液体燃料以及燃气、电、热等洁净二次能源，实现了煤炭价值的梯级利用，使煤炭利用效率和经济效益得到优化。

（3）加快煤层气开发和利用。国家煤炭工业"十一五"规划中对山西煤层气开发给予了高度的重视："'十一五'期间，示范工程及产业化建设备选项目包括以沁水盆地和鄂尔多斯盆地两大煤层气基地为重点，建设沁南高技术产业化示范工程项目、油气战略选区示范工程项目、山西大宁先采气、后采煤示范工程项目；在淮南和沈阳矿区建设高瓦斯、高地温、高地压煤层群瓦斯综合治理与利用示范工程；在松藻和郑州矿区的严重突出矿井建设瓦斯抽采与利用示范工程；在淮北和阳泉矿区的自燃发火严重高瓦斯矿井建设瓦斯抽采与利用示范工程；在晋城和鹤岗矿区建设先抽气后采煤、煤炭与煤层气共采示范工程，以及瓦斯抽采与利用的技术研发与装备制造等示范工程。"

煤炭企业进行煤层气开发和利用要坚持地面抽采与井下抽采相结合，自主开发与对外合作相结合，就近利用与余气外输相结合，居民利用与工业应用相结合，企业开发与政府扶持相结合，促进煤层气产业发展，保障煤矿安全生产、充分利用资源、保护生态环境。发挥示范工程的带动作用，加快煤层气开发和利用。

（4）积极发展煤炭洗选加工。采用先进技术和设备改造现有选煤厂，充分发挥生产能力。大力推广具有自主知识产权的重介选煤和干法选煤等技术，重点在大型煤炭基地建设一批具有国际先进水平的选煤厂。大中型煤矿原则上要配套建设选煤厂，小型煤矿要依托大型煤矿选煤厂或建设群矿选煤厂。充分发挥现有生产能力，扩大动力煤、高炉喷吹煤洗选加工量，提高炼焦精煤产品质量。逐步推广使用动力配煤，在煤炭中转港口和主要集散地建设配煤厂，发展产、配、销、送及售后服务一条龙体系，为用户提供质量稳定、价格合理、环保型动力配煤。

煤炭企业循环经济发展模式与煤炭资源综合开发利用模式密切联系、不可分割。循环经济发展模式是煤炭资源综合利用的主要形式，煤炭资源综合利用是循环经济发展模式的重要内容。循环经济发展模式侧重于从生态工业、环境保护等角度来论证煤炭企业的可持续发展，煤炭资源综合利用模式侧重于从节约资源、提高技术、资源有效开发等角度来论证煤炭企业的可持续发展。煤炭企业在可持续发展的实践中要共同推进、逐步完善。

六、山西煤炭企业走可持续发展道路的政策建议

在《国民经济和社会发展第十一个五年规划纲要》中，把单位国内生产总值能源消耗降低20%左右作为经济社会发展的主要目标之一，表明建设以资源节约和环境友好为重要主题的和谐社会是现代化进程中今后一段时间的中心任务。

煤炭企业的可持续发展仅仅依靠企业的力量难以完成，甚至可以说，仅仅依靠行业主管部门的力量也难以实现，必须从社会层面采取措施。因此，山西省各级政府必须充分发挥宏观指导职能，协调各方利益，尽快制定完善山西省煤炭企业可持续发展政策保障制度。

（一）煤炭企业可持续发展产业政策

引导煤炭企业走可持续发展道路方面，还缺乏相应的废物回收处置和资源综合利用等方面的经济政策支持。另外，可持续发展开发利用模式还未能与现

有的、执行较好的环境管理制度和政策融为一体，如可持续发展理念与环境影响评价制度的结合、环保基金对煤炭企业可持续发展项目优先支持等。当然，政府征收煤炭可持续发展基金是山西煤炭企业走可持续发展道路迈出的重要的一步。

2006 年 4 月，国务院决定将山西列为煤炭工业可持续发展政策试点地区，山西省从 2007 年 3 月 1 日起开征煤炭可持续发展基金，同时停止征收能源基地建设基金。按照规定，对一般煤炭开采企业征收的基金收入按省级 60％、市级 20％、县级 20％的比例分成，省属以上大矿缴纳的煤炭可持续发展基金将按 8：1：1 的比例，在省、市、县三级进行分成。可持续发展基金主要用于企业难以解决的区域生态环境治理、支持资源型城市转型和重点接替产业发展、解决因采煤引起的社会问题，这三个方面的支出分别按 50％、30％、20％的比例安排。

2008 年，山西省征收煤炭工业可持续发展基金 166 亿元，累计征收 269 亿元。征收煤炭可持续发展基金有利于煤炭行业的可持续发展，有利于建立科学的煤炭开采综合补偿和生态环境恢复补偿机制以及煤炭城市转型和发展。煤炭企业走可持续发展道路必须有相应的鼓励和支持性政策。如政府可在信贷、税收、财政和资金补助等方面对进行可持续发展开发利用的煤炭企业给予倾斜，使它们有充足的财力开展相关科研工作，加大设施投入，增强绿色产品竞争力；在价格政策制定过程中向煤炭企业倾斜，调整资源性产品与最终产品的比价关系，运用价格杠杆促进可持续发展；实施绿色 GDP 核算，对煤炭企业所在地的政府部门形成压力，促使其关注本地区生态环境和资源问题，加大对本地区可持续发展的支持力度。

（二）煤炭企业可持续发展试点政策

当前，中国煤炭企业可持续发展开发利用模式的理论研究工作还很薄弱。没有科学的理论指导，煤炭企业开发利用模式就不能快速健康发展；脱离企业的实践检验，经济理论也不能有新的发展。从国外的经验来看，实施可持续发展是有一定的客观条件的：主要是科学技术水平高；经济实力强；政府宏观调控手段成熟；市场机制健全，资源配置秩序正常；科技与管理人才充沛；公众环保意识强，形成绿色消费普遍倾向等。

要开展煤炭工业可持续发展政策试点。统筹研究煤炭体制、资源、安全、环境、转产发展等方面的问题，提出煤炭工业可持续发展的政策措施，建立有偿使用资源和恢复生态环境的长效机制，并按照国家的要求在山西省范围内进行试点，为在全国推广创造条件。

建立煤炭企业可持续发展试点政策。要因地制宜，突出重点，通过筛选一批高起点、高效益和高效率的循环经济试点项目，采用试点推动、典型示范和点面结合的方式，实现循环经济在企业、行业（产业）、园区、社区、区域等多个层面的互动发展，带动全省经济和社会建设。

政府还应该整合省内的煤炭企业、科研院所、煤炭行业协会等相关部门，结合试点的实践，开展一系列相关的重大课题研究。具体可以包括煤炭企业发展循环经济的模式研究、煤炭资源型城市可持续发展的对策研究、煤炭企业可持续发展程度的评价研究等。

（三）煤炭企业可持续发展兼并重组政策

加快推进煤矿企业兼并重组，加快煤炭资源整合进程，是确保国家能源安全的必然要求，是煤炭可持续发展政策措施试点的重要任务，是提高安全生产水平的必由之路，是提高企业核心竞争力的重要举措，是构建资源节约型和环境友好型社会的需要。

国家在 2007 年 11 月发布的《煤炭产业政策》第十八条表述为：鼓励以现有大型煤炭企业为核心，打破地域、行业和所有制界限，以资源、资产为纽带，通过强强联合和兼并、重组中小型煤矿，发展大型煤炭企业集团。鼓励发展煤炭、电力、铁路、港口等一体化经营的具有国际竞争力的大型企业集团。鼓励大型煤炭企业参与冶金、化工、建材、交通运输企业联营。鼓励中小型煤矿整合资源、联合改造，实行集约化经营。

2005 年 8 月，山西省在全国率先开展煤炭资源整合工作，山西省市以下煤矿数量由整合前的 4389 座减少到目前的 2598 座，整合压减矿井比例达到40.8%；9 万吨/年以下的矿井全部淘汰；山西省保留矿井全部实行了资源有偿使用。在资源整合的基础上，2008 年 9 月山西省政府作出了加快推进煤矿企业兼并重组的决定，煤矿企业兼并重组加速推进。国有重点煤炭企业兼并、收购改造地方煤矿 186 座，国有大集团和地方区域小集团产量已占到山西省煤炭总量的 60%以上。

加快推进煤矿企业兼并重组，加快煤炭资源整合进程，要以培育现代大型煤炭企业和企业集团为主线，充分发挥大型煤炭企业理念、技术、管理、资金优势，加快推进煤矿企业兼并重组，着力提高煤炭生产集约化程度、安全生产水平，促进山西省煤炭工业健康可持续发展，加快建设国家新型能源和工业基地。要坚持政府调控和市场运作相结合，按照"规划先行、稳步推进、整合为主、新建为辅"和"以大并小、以强并弱、扶优汰劣"的原则，依法推进煤矿企业兼并重组；坚持培育大型煤炭企业集团与建设大型煤炭基地相结合，通过大型煤矿企业兼并重组中小煤矿，形成大型煤矿企业为主的办矿体制；坚持发展先进和淘汰落后相结合，严格相应的技术水平、管理经验、人力资源、安全条件、生产装备、环境保护等资质条件，提高煤炭产业准入门槛；坚持统筹协调和调动各方积极性相结合，明确股份制是煤矿企业兼并重组的主要形式和途径，保证兼并重组工作顺利进行和各方利益得到保证。

（四）煤炭企业实施循环经济政策

循环经济是一种以资源的高效利用和循环利用为核心，以"减量化、再利用、资源化"为原则，以低消耗、低排放、高效率为基本特征，符合可持续发展理念的经济增长模式，是对"大量生产、大量消费、大量废弃"的传统增长模式的根本变革。循环经济作为一种促使资源、环境与经济协调发展的先进发展模式成为煤炭企业探索新型工业化道路的必然选择。循环经济发展模式应该成为山西煤炭企业走可持续发展道路的重要技术途径。

《山西省全面推进循环经济实施意见》中对于发展循环经济的指导思想是：全面贯彻落实科学发展观，以优化资源利用方式为核心，以提高资源生产率和减少污染物排放为目标，以技术创新和制度创新为动力，积极转变经济增长方式，在生产、流通、消费、回收等环节落实循环经济理念，在企业，园区、社区、县域、市域多个层次着力推进资源循环式利用、产业循环式组合、区域循环式开发。

要鼓励煤炭企业实施煤炭洗选加工，对洗选出的洗中煤、煤矸石建设综合利用电厂或开发建材产品，开发利用矿井水洗选煤，洗选用水要实行闭路循环利用，实现对煤炭"吃干榨尽"。要鼓励煤炭企业通过产业纵向延伸、横向拓展和就地循环，实现原料、产品互联、能量统筹利用，提高技术密集度和附加值，建立多联产能源化工系统，建设循环型新型煤化工企业。

山西焦煤西山煤电集团作为全国首批循环经济试点单位，已成为山西省煤炭行业循环经济发展的中坚力量和重要示范企业。煤炭行业作为山西省的支柱产业，应针对煤炭行业的现状与特征，制定适合煤炭企业循环经济发展的法律法规。煤炭企业循环经济法律法规的制定既要与国家基本法律法规相呼应，又要充分考虑煤炭企业的具体实际，使之具有可操作性。

（五）煤炭企业可持续发展采煤技术政策

实现煤矿自动化、智能化生产是煤炭工业发展的方向。无人操作、无人工作面采煤在发达国家煤炭生产中已经得到推广。加快推进矿井机械化、自动化、智能化、信息化改造，是提高山西省煤炭产业发展水平的关键环节和核心内容。

根据《煤炭产业政策》，国家对于煤炭产业技术的政策为：鼓励采用高新技术和先进适用技术，建设高产高效矿井。鼓励发展露天矿开采技术。鼓励发展综合机械化采煤技术，推行壁式采煤。发展小型煤矿成套技术以及薄煤层采煤机械化、井下充填、"三下"采煤、边角煤回收等提高资源回收率的采煤技术。鼓励开展急倾斜特厚煤层水平分段综采放顶煤技术的研究。鼓励低品位、难采矿的地下气化等示范工程建设。

山西省要积极借鉴国际国内先进经验，采取引进吸收和自主创新相结合的办法，推进煤矿自动化、智能化改造，努力使山西省出现一批具有世界一流水平的自动化、智能化、本质安全型矿井。要坚持信息化带动工业化，大力推进信息化与煤炭工业融合。要建立健全瓦斯监测监控、矿井产量监控和井下人员管理"三大系统"的运行管理机制。

（六）煤炭企业可持续发展合作与交流政策

山西煤炭企业走可持续发展道路也必须走对外开放之路，加强国内和国际之间合作。要在煤矿重大装备国产化、煤矿灾害防治、资源节约、环境保护、煤层气开发、煤炭气化液化等领域，鼓励外资企业与省内企业开展多种形式的技术和经济合作。要学习借鉴国内外可持续发展的成熟技术与成功经验，鼓励企业、科研单位和高等学校开展煤炭企业可持续发展的国际交流与合作，加强与国内研究机构及试点省市的交流合作，总结并推广山西省内外在可持续发展方面的有效做法，走出一条既与国际接轨又有山西特色的可持续发展之路。

中国（太原）国际煤炭与能源新产业博览会是一个山西煤炭企业加强可持续发展交流与合作的一个良好平台。中国（太原）国际煤炭与能源新产业博览会是经国务院正式批准，由商务部和山西省共同举办的国家级、国际性、专业性、开放性的博览会，每年一届在太原举行。举办中国煤博会的主旨是贯彻中国能源发展战略，立足山西、辐射全国、面向世界，构建国际型煤炭与能源新产业交流合作的平台。2008年9月16～19日，第二届国际煤炭与能源新产业博览会在太原举行。煤炭与能源博览会的主题是：循环经济新思维，能源产业新增长，交流合作新平台，对外开放新跨越。中国（太原）国际煤炭与能源新产业博览会已经成为国际煤炭与能源新产业的品牌展会、国际煤炭与能源新产业最新成果的展示平台、国际煤炭与能源新产业科工贸合作的重要途径。

七、本章小结

　　煤炭企业可持续发展战略是一种新的发展战略，因此，全面提高认识和结合中国国情不断探讨实现煤炭企业可持续发展战略的途径，对于中国可持续发展战略的实施和整个现代化建设具有非常重要的意义。本章从可持续发展理论与实践相结合出发，应用管理学和系统科学最新理论成果，选择山西煤炭企业作为对象加以研究，着重探讨了山西煤炭企业走可持续发展道路的战略定位和发展模式，得出了相关的措施和政策建议。

　　山西煤炭企业要加快资源整合进程，提高煤炭产业集中度；要大力实施循环经济发展战略，提高煤炭资源综合利用水平。政府等有关部门应在产业政策、试点推进、对外交流、重大课题研究等方面继续深化相关政策。煤炭企业、政府部门、行业协会等应共同努力推进山西煤炭企业的可持续发展之路。

第六章　山西省煤炭运销集团竞争力研究

一、绪　论

多年来，山西省煤炭运销集团（以下简称山西煤运）作为山西煤炭工业的龙头，为我国的煤炭工业作出了巨大的贡献。山西省煤炭运销集团作为我省煤炭流通领域的大企业，它的发展历来备受全省上下的高度关注，其发展不仅关系着企业进一步做大做强的问题，关系着全省乃至全国众多煤炭产、运、销、需企业的切身利益，关系着山西煤炭工业的整体利益和山西新型能源和工业基地建设的大局，甚至关系到国家的能源安全战略。能源基金收取政策取消后，面对市场经济对企业提出的新要求，山西煤运实现了从收费管理职能向生产经营方向的跨越。但是随着山西省内同业公司的快速扩张，煤炭销售市场竞争也在进一步加剧，山西煤运的发展将面临一定的挑战。特别是 2008 年以来国家对煤炭产业结构的调整，面临煤炭市场需求的急剧变化以及全球金融危机的爆发，面临着近年来最大的生存压力和挑战。同时，由于过去经营体制的惯性思维、传统模式和固有机制，企业竞争力低下。另外，加入 WTO 后，国外十大煤炭公司又时刻准备登陆中国煤炭市场，它们比我国大型煤炭企业有着成本、技术、管理等方面的较大优势，山西煤运面临着国际煤炭企业巨头的严峻挑战。因此，如何使山西煤运提升企业竞争力，增强其抵御市场风险的能力，增强企业的控制力，将是一个亟须解决的问题。

山西煤运竞争力提升的策略选择就是要深入研究山西省煤炭运销的现状和发展趋势，得出有助于其提升竞争力的行之有效的策略，力求为制定山西煤炭运销企业发展战略提供第一手资料，为企业提高其竞争力提供有力的理论支持和有效的实证，同时也可为各级政府进行煤炭产业发展规划和同类企业制定竞争力提升策略提供一个范本。

二、企业竞争力及相关理论

（一）企业竞争力的概念

从国内外企业竞争力的理论研究中可以看出，企业竞争力是个具有多层次含义的概念，是一个有明确直观含义但又难以准确定义的综合概念。对于"什么是企业竞争力"，国内外许多研究者都从不同角度、不同侧面作出了解释：

1. 主要从企业经济资源和自身能力的角度，侧重企业内部分析

韩中和（2000）认为，企业竞争力就是面向市场和顾客，合理地运用企业内部的经营资源，提供市场和顾客所需要的产品和服务，在与竞争对手的角逐中建立竞争优势的能力。

C. K. 普拉哈拉德和哈默（1990）认为，企业竞争力是企业内部存在的一组独特的、难以仿制的、有价值的核心技术和技能。

曹建海（2000）认为，企业竞争力是由企业一系列特殊资源组合而形成的占领市场、获得长期利润的能力。这些特殊资源包括企业的人力资本、核心技术、企业声誉、营销网络、管理能力、研究开发能力和企业文化等几个方面。

2. 主要从与竞争对手相比较的角度，侧重企业外部竞争环境

张志强、吴健中（1999）认为，企业竞争力实际上是一个通过比较而得到的相对的概念。企业竞争力由三个部分组成，即企业现实的市场竞争能力、企业潜在未来可能拥有的市场竞争能力、企业将潜在竞争能力转化为现实获得竞争优势的能力。

美国竞争力委员会主席、摩托罗拉公司董事长兼总裁乔治·菲什认为，竞争力是企业具有较其他竞争对手更强的获取、创造、应用知识的能力（包昌火，2001）。

罗国勋（1999）认为，企业竞争力是企业家和企业在适应、协调和驾驭外部环境的过程中成功地从事经营活动的能力。

综上所述，企业竞争力是个多层次含义的综合性范畴，不仅涉及企业的内部要素结构和经营管理过程，而且涉及企业的各种外部环境；不仅涉及国内市场竞争，还涉及国际市场竞争；不仅是静态的比较能力，更是动态的发展能力。

（二）企业竞争力的相关理论

1. 波特的竞争战略理论

20世纪80年代，迈克尔·波特的企业竞争力理论提出了企业如何在产业内定位，如何在激烈竞争环境中获得高于平均利润的思想。其理论主要由三个核心内容构成：企业竞争决定于五种力量；获取竞争优势的三个基本竞争战略；价值链与竞争优势之间的关系。

波特认为，产业环境中存在五种基本力量：潜在入侵者、替代品的威胁、供方砍价能力、买方砍价能力和同业竞争者。他提出"一个企业的竞争战略目标在于使公司在产业内处于最佳的定位，保卫自己，抗击五种竞争作用力，或根据自己的意愿来影响这五种竞争力"[1]。波特的"广义竞争"理论揭示，一个企业的竞争大大超越了现有参与者的范围，顾客、供应商、替代品及潜在的进入者均可能成为竞争对手。

企业要在同业内形成战略优势就必须准确定位，并善于利用上述五种竞争力之间的关系，推动其向自己有利的方向转变。企业希望获取超过行业的平均利润，应从两个方面入手：以比竞争对手更高的价格，或者比竞争对手更低的成本来实现，由此波特提出了创造获取竞争优势的三个基本竞争战略：成本领先、标歧立异（差异化，Differentiation）和目标集聚战略。集聚战略有两种变型，即成本集聚和歧异集聚（其中的标新立异也称差异化）。这三个战略使企业与竞争对手产生差异，实现竞争力量的对比。

波特认为，要理解产业差异的实质，必须把企业看做是各种经营活动组成的价值链，企业要建立持续的竞争优势，就要不断改善价值链上各种活动之间的关系，即利用"价值链"来创造竞争优势。价值活动则是竞争优势，是各种分离活动的组成。每一种价值活动与经济效益结合是如何进行的，将决定一个企业成本优势的能力高低，以及它对买方需要和标新立异的贡献。竞争优势归根结底产生于企业为客户所创造的价值，或者在提供同等效益时采取相对低的寻常的效益用于补偿溢出价而有余。

2. 核心能力理论

进入20世纪90年代后普拉哈拉德与哈默提出了核心能力理论，他们认为，应当以最本质的东西来规定企业的内涵，这种本质的东西就是"能力"（Competence）。而一个企业之所以具备强势竞争力或竞争优势，是因为其具

---

① 迈克尔·波特：《竞争战略》，陈小悦译，华夏出版社，1997年。

有核心能力（Core Competence），即"组织中的积累性学识，特别是关于如何协调不同生产技能和有机结合各种技术流派的学识"。核心能力是企业技术和技能的综合体现，是企业的整体能力而非局部能力，是企业整体竞争力的体现。核心能力可以概括为四个方面：企业本质上是一个能力的集合体；能力是对企业进行分析的基本单元；企业拥有的核心能力是企业长期竞争优势的源泉；积累、保持、运用核心能力是企业的长期根本性战略。

企业竞争优势的根本来源是企业所拥有的核心能力，或者说核心能力是企业长期竞争优势的源泉。在表面上，企业的基本构成要素包括：有形的物质资源和无形的规则资源，但它们都只是表面的和载体性质的构成要素。唯有蕴藏在这些要素之后的能力，才是企业活的本质。对企业而言，物质资源和规则资源存在的意义和价值在于它们背后的能力。这种能力是企业长期学习的结果，和企业初始要素投入、追加要素投入、企业的经历密切相关，具有突出的路径依赖性。企业能力存在于员工身上、战略规划、组织规则和文化氛围之中。

尽管企业的核心能力因为倚重的资源表现不同，但具有以下共性：

（1）独一无二性。企业的核心能力是企业内外部资源长期综合作用的结果，是企业成功的关键因素，它决定了企业之间的异质性和效率差异。

（2）价值优越性。核心能力应有利于企业效率的提高，在创造价值和降低成本方面比竞争对手表现出更强的优势。

（3）不可仿制性。企业的核心能力是企业在特定历史和环境下的产物，其他企业可能模仿其形式，但却难以复制其本质。

（4）难以替代性。与其他企业资源相比较，核心能力受到替代品的威胁小。

（5）不可交易性。核心能力虽然可以为人们所感受，但无法像其他生产要素一样通过市场交易进行买卖。

（6）持续专注性。企业的核心能力是企业在长期经营管理中持续地、专注地在某个产业中积淀的能力，具备一定的核心能力之后，企业仍然必须不断强化它。

（7）动态调整性。核心能力不是一成不变的，它随着企业所处阶段、业务和产业环境的变动而动态调整。

从本质上看，企业核心能力理论是一种代表着未来知识经济特征的先进的战略管理理念。与传统战略管理理念相比，它关注的不是企业现有的外在于企业的静态物质资源，而是基于市场竞争的隐性的动态能力。但是，该理论过于注重企业内部，对竞争力的对比性研究不深，主要关注企业的核心竞争力，而忽略了一般竞争力，并且核心能力过于抽象，难以在实践中识别①。

3. 企业竞争力来源及机制理论

根据李显君的研究结果，企业竞争力来源包括内部来源和外部来源。企业竞争力的外部来源，指影响企业竞争力的外部因素，主要包括：制度环境、政府政策、市场结构、技术、文化及教育体系、行业因素和外部联盟。内部来源是指企业内部经营系统所形成或创造的竞争力，也就是通过管理和业务活动的有机结合使企业在市场上形成的与竞争对手的能力差异。

竞争力的内部来源又包括直接来源和间接来源。直接来源包括：价格及成本、质量、品牌、差异化和服务。在这些影响因素中，直接来源不可能在市场上自动形成，而是通过企业内部的管理能力和业务能力形成的，因此它们取决于间接来源；另外，间接来源也可以在一定程度上影响外部来源，因此间接来源是形成企业竞争力和核心能力的关键要素。

间接来源则包括：制度安排、管理、技术、人力资本、创新、企业文化、企业家和核心能力。通过培育、整合和应用这些因素，从而形成企业竞争力。

（1）制度安排。现代公司制的突出特征是由于产权多元化而采取"委托—代理"形式的制度安排，它同时也存在"内部人控制"和"道德风险"等一系列问题。因此，设计怎样的制度以最有效地激励和控制"代理人"的经营行为，以充分实现股东和企业利益最大化，成为公司运营的重要前提，如果制度安排不合理将导致经营者的不合理行为，进而影响企业收益，从而制约竞争优势的形成。

（2）管理。这是企业业务互动有序、高效、价值创造的根本保障。它的作用是为企业设定战略，提高资源配置效率，优化组织结构和流程，使产品市场化。

（3）技术。技术优势是企业竞争优势的根本来源。世界上任何一家具有明显竞争优势的企业都在技术上具有优势。在知识经济时代的许多产品和服务中，技术已成为创造价值的主体。

（4）人力资本。这是企业竞争力来源的最能动和基础的因素。它主要包括思维能力、战略决策能力、管理能力、经营能力和技术能力。

（5）创新。这是企业获得并保持持久竞争优势的根本手段。与其他竞争力来源因素比，它不能算是一个要素，而是一个综合的进化过程，包括企业业务

---

① 企业管理研究会：《企业竞争力问题研究》，中国财政经济出版社，2003 年。

和管理各环节的创新。

（6）企业文化。这是指导企业经营和员工行为的价值体系和经营理念，它与制度共同构成了规范企业经营的支持体系。同制度相比，企业文化具有更强的能动性和稳定性，对企业员工行为和作风具有深层次的影响，具体表现在七个方面：目标导向功能、凝聚功能、激励功能、约束功能、节约交易成本的功能、效率功能和创新功能。

（7）企业家。这是企业中最重要的人力资本，是整合企业资源的主体，也是企业竞争优势来源的整合与创新要素。

（8）核心能力。这是企业竞争力来源的本质要素，是企业获得持续性竞争优势的根本所在。

在外部来源的诸多因素中，只有外部联盟是单个企业可以起主导作用的影响因素，其他因素则只能由政府或整个行业起改进作用。本章中的外部联盟包括策略联盟（Startegic Allinace），也称战略联盟，兼并与收购，是企业获得竞争优势的重要来源之一。

李显君还提出了企业竞争力机制和企业经营机制的概念："企业竞争力机制，是指在一定环境下，将企业竞争力的各影响要素建立联系和实现组合，并作用于企业的业务过程和管理过程，使企业形成及培育竞争力的有机体系。企业经营机制是指在一定环境下，将企业经营的各影响要素建立联系和实现组合，并作用于企业的业务体系和管理体系，使企业有序运营并实现经营目标的有机体系。"这样，在分析企业竞争力的时候，不能简单地将各影响要素割裂开来，针对某方面问题往往是多种要素共同作用的结果。而企业竞争力机制与企业经营机制具有很高的同质性，一般情况下，企业的某方面经营机制健全高效，则它在这方面的竞争力机制也是健全有力的；如果某方面经营机制存在问题，那么它在这方面的竞争力机制也存在问题。

三、山西省煤炭运销集团竞争力现状分析

（一）山西煤炭产业发展概况

山西省位于中国华北地区西部，黄土高原东翼，全省总面积 15.63 万平方公里，是我国能源重化工基地，煤炭资源极为丰富，素有"煤乡"之称。全省煤炭预测储量为 8700 亿吨，累计探明储量 2350 亿吨，约占全国探明储量的

1/3，焦煤保有储量约占全国的一半。山西原煤产量约占全国原煤产量的 1/4，煤炭外调量占全国煤炭外调量的 78%，销往全国 26 个省、市、自治区，还远销日本、朝鲜、英国、法国、意大利、荷兰等国家。全省含煤面积 5.7 万平方公里，遍布 68 个县、市，占全省总面积的 36.5%。大部分煤田煤层稳定，断层较少，煤层倾角一般在案 10 度以下。晋东南的三号煤层，从武乡至阳城厚度为 4～6 米，这在国内外皆属罕见。山西煤炭质地优良，地质构造简单，开采技术条件良好，大部分矿区适宜大规模的井工开采。平朔矿区储量丰富，煤层厚，盖层薄，剥采比小，可供露天开采。据统计，全省现有探明储量中埋深在 301～600 米的占 31%，埋深大于 600 米的占 18%。山西煤炭品种齐全，气煤、肥煤、瘦煤、褐煤、焦煤/贫煤和无烟煤等均有储量（见图 6—1）。

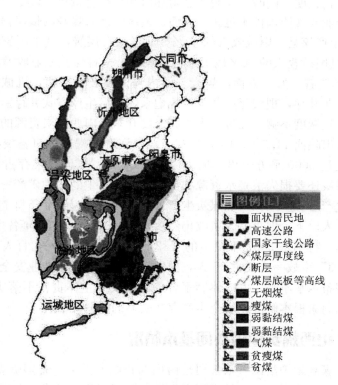

图 6—1 山西省煤炭资源分布

根据山西省煤炭工业局的有关统计情况，虽然近年来全省煤炭产销量、煤炭行业利润显著增加，并在资源整合、采煤方法改革、矿井机械化改革等方面取得明显成效，但煤炭行业仍存在产业发展水平低、协调性不足、可持续发展度不够、安全生产形势严峻等突出问题。

与国际先进水平和国内领先水平相比，全省煤炭企业平均规模小、产业集中度低、机械化信息化程度不高，"多、小、散、乱"格局没有根本扭转。目前，全省30万吨以下小型矿井（不含30万吨/年）1926座，占全部矿井总数的68%。五大集团公司产量仅占全省的50%，而美国最大的四家公司产量占全国产量的70%，德国近2亿吨煤炭全部由一家公司生产。而且，全省煤炭企业人员整体素质不高，缺少可靠的人才保障，全省煤矿现有从业人员约100万人，但各类专业技术人员不足9%。煤炭专业类技术人员所占比例更低。全省乡镇煤矿矿长中具有高中及中专以上文化程度的比例偏低，井下工人大部分只有小学文化程度。同时，煤炭产品附加值和科技含量仍然较低。

煤炭产业发展协调性不足。一方面，地区经济对煤炭的依赖程度过高。全省现有91个产煤县，财政收入的40%~50%来自煤炭，其中国家级重点产煤县36个，其财政收入的70%以上来自于煤炭，全省煤炭工业收益占全省可用财力的50%左右。另一方面，煤炭工业内部的发展不平衡，机械化、半机械化和手工作业并存，现代化矿井与传统炮采的落后生产方式并存。

可持续发展度不够。经过几十年高强度开采，山西煤炭资源的开采强度达23.3%，高出陕西14.3%、内蒙古14.7%，资源枯竭问题日益突出。全省采空区面积超过5000平方公里，地面塌陷1824处，煤矸石堆存占地1.6万公顷。开采煤炭还要损失浪费水资源和与煤伴生、共生的各种矿产资源。

安全生产形势严峻。虽然煤炭生产百万吨死亡率呈逐年下降趋势，连续4年保持在一人以下，但重特大事故仍然多发。2006年、2007年各发生10人以上事故8起。特别是2007年发生的"12·5"事故一次死亡百人以上，2008年的"6·13"事故一次死亡35人，损失特别惨重。煤炭企业安全生产基础薄弱，矿井装备水平不高、办矿体制不合理以及安全主体责任不落实等深层次、历史性问题尚未根本解决，安全生产存在明显的薄弱环节。

（二）山西煤炭运销集团基本情况

山西省煤炭运销集团有限公司是由山西省政府批准，省国资委和11个市国资委以持有的原煤运系统的净资产作为出资额，共同组建的大型现代煤炭物流集团，于2007年7月20日正式挂牌成立。新组建的山西煤运注册资本101.56亿元人民币，总资产406亿元，集团公司下设11个市分公司，98个县区公司，25个控股企业，有员工4万多名。集团公司主营煤炭及煤制品运销，是中国最大的煤炭经销企业。2008年位列中国企业500强第91位，连续六年位居中国煤炭企业100强第3名。在全力构建现代煤炭物流体系的同时，集团公司煤炭生产基地建设取得了积极进展，现有独资控股煤矿48座，产能百万吨以上的煤矿10座，年产能4000多万吨。在山西省实施的大企业大集团战略中，山西煤运被列入优先发展的"第一方阵"，也是全省"十一五"规划中重点扶持的年产5000万吨大型煤炭生产企业之一。

（三）山西煤炭运集团外部环境分析

企业是一个开放的经济系统，它依赖于市场而生存、发展，它的经营管理必然受客观环境的控制和影响，只有把握住客观环境的现状及将来的变化趋势，发现和利用有利于企业发展的机会，避开环境的威胁才是企业谋求生存和发展的首要保证。

外部环境的分析是为了确定企业发展的方向，找到企业发展的突破口。内部环境的分析是为了找出自身的优势和劣势，以合理的方式转换各种资源，达到企业最终的营利目的。同时，内部和外部有机地、创造性地结合才是达到企业目的的最有效的手段。

为了对企业有个全面了解，下面对山西煤运所处的政治法律环境、经济环境、社会文化环境和技术环境进行分析：

1. 政治法律环境

（1）国家煤炭行业政策对于煤炭行业的影响。1994年7月，除国有重点煤矿的煤炭分配和发电用煤价格仍由国家控制外，国家放开了国有重点煤矿指导性和定向供应的煤价，取消了计划外煤炭最高限价，同时逐步取消了国有煤矿的亏损补贴。放开指令性煤价是国家能源改革的重大突破，但由于缺乏周密的设计和有效的配套改革措施以及不利的外部环境，导致市场竞争无序，价格透明度低，对公司发展也造成了一定的影响。

目前，国家正在大力发展循环经济和推进节约型社会建设，高耗能产品的过快增长将会受到抑制。另外，小煤矿生产能否得到控制，也将对煤炭市场有着重大的影响。

（2）国家"煤炭基地建设"与"大集团"战略。2003年初，国务院作出了"利用国债资金重点支持大型煤炭基地建设，促进煤电联营，形成若干个亿吨级煤炭骨干企业"的重大决策。概括讲，国家煤炭工业政策导向主要表现在以下方面：一是完善产业政策，提高煤炭行业的进入门槛；二是制定和实施资源勘探开发规划，优化煤炭生产布局，提高煤炭资源利用效率和产品质量；三是在煤炭资源富集地区建设大型煤炭生产供应基地，作为 2020 年之前全国煤炭工业建设重点；四是提高煤炭矿区生态环境治理标准，降低采煤队生态环境的影响，加快提高煤炭矿区采空塌陷的治理，促进煤炭矿区生态环境恢复和好转。

国家初步规划的神东、晋北、晋中、晋东、蒙东（东北）、云贵、河南、鲁西、两淮、黄陇（华亭）、冀中、宁东、陕北 13 个大型煤炭基地，合计拥有煤炭资源探明储量 7000 亿吨，生产规模占全国煤炭产量的 50％ 左右，规划产能达 23 亿～25 亿吨。这些基地将最终建成各具特色的煤炭生产和调出基地、电力供应基地、煤化工基地和煤炭综合利用基地，基地中的大型煤炭企业集团将成为分成优化煤炭工业结构的主体、平衡国内煤炭市场供需关系主体、参与国际市场竞争的主体。

国家实施"煤炭基地建设"与"大集团"战略，鼓励大型煤炭集团公司进军煤炭资源富集地区，实施路、港、矿、运一体化及煤电合一、煤电铝、煤电化战略，将推动全国工业布局向西移动，促使煤炭企业组织结构、煤炭运销体制等方面的改革，进而将打破国内现有的煤炭区域供需格局，进入新一轮重新分割。

（3）山西新型能源基地建设。山西省已探明的煤炭资源储量占全国保有储量的 31.27％，1949～2004 年间，全省累计生产煤炭 81.56 亿吨、累计出省煤炭 52.54 亿吨。山西煤炭产量自 1980 年超过东北三省之后，在 20 世纪最后的 20 年里，全省煤炭产量平均占全国出口总量的 1/3、出省煤占全国省际间交易量的 3/4、出口煤占全国出口总量的 1/2，为全国经济发展和人民生活水平的提高作出了重大贡献。山西省在享受着煤炭带来的巨大收益的同时，也付出了沉重的资源、生态与环境代价。重构能源优势，实现能源可持续发展，成为山西新的选择。因此，国家确定将山西省建成全国最重要的能源基地，将山西省列为全国的煤炭可持续发展试点省份。

2005 年以来，山西省实施的第一、第二战役已经依法关闭了非法小煤矿 8376 个，并对年产 9 万吨以下的合法小煤矿进行了整合，淘汰 1363 个生产方式落后的小煤矿，并对 20 万～30 万吨的中型煤矿进行了改造提升。

据山西煤炭工业局统计，山西省煤矿数量已由资源整合前的 4398 座减少到 2008 年 2 月的 2842 座，整合压减矿井比例为 36％，煤矿单井平均规模也由 2002 年的 7.4 万吨/年提高到了 30 万吨/年以上。

2008 年山西省出台了《山西省进一步推进煤炭资源整合、企业重组、提高煤炭产业集中度的指导意见》。其基本内容是：国有大型煤炭企业将整合重组一批地方中、小煤矿，控股办一批大矿；他们或地方政府组建的煤矿管理公司还将托管一批管理水平低、安全保障能力差的地方中、小煤矿；已经具有一定规模的地方骨干矿井将被允许整合重组周边小煤矿，实行控股经营；同时依法关闭一批布局不合理、不符合产业政策、污染环境、造成严重水土流失的煤矿。

2008 年作为山西省煤炭工业实施第三战役的攻坚之年——"资源整合重组年"。"第三战役"的目标是到 2010 年，山西省煤矿个数要在现有基础上再压减 30%以上，并形成 2 个亿吨级和 3～5 个 5000 万吨级的大集团，大集团产量要占全省产量的 70%以上。

2. 经济环境

随着煤炭市场价格逐步放开，煤炭行业的市场化进程越来越高，与宏观经济周期的相关性越来越强，相关研究表明：中国煤炭消费与经济增长存在着明显的因果关系，二者相关系数为 0.5～0.6，煤炭需求与国民经济的发展速度特别是工业增长呈正相关关系，对宏观经济变化敏感度高。由于中国经济发展存在着不确定性，特别是 2008 年国家下调了 GDP 的增长率，如果未来经济增长放慢或出现衰退，煤炭行业的发展将会受到负面影响。

作为产煤大省，煤炭价格的高低直接影响着一切。山西生产的煤炭 2/3 外运全国及出口，2006 年山西年产 5.81 亿吨煤炭，2007 年产煤 6.3 亿吨，2008 年完成 6.8 亿吨的年产量。煤炭行业的发展主导着山西省经济的发展。但是美国次贷危机却对中国经济发展产生了很大的冲击。

山西省作为资源型省份，受国际金融危机影响更重，经济下行压力更大，美国次贷危机正在通过其与世界各国市场的关系网络和美元体系向全球传导，这引发了自 1929～1933 年经济危机以来的最大的经济衰退危机。由于美国是中国制造业最主要的产品出口市场，其经济衰退直接导致中国煤炭行业出口型企业大量倒闭。长期以来，中国 GDP 增长需求导致投资偏重地产等过热行业使得制造行业普遍呈现资金短缺甚至外流现象。煤炭行业用于产业升级的资金不足，仅靠中低端产品的出口维持快速发展的局面。这使得煤炭行业面临着低端产能过剩、出口锐减、内需严重不足、产业资本外流四重困境。

3. 科学技术环境

高新技术的应用改变了煤炭工业的面貌。煤炭工业由劳动密集向资本密集和技术密集转化。洁净煤技术的发展为煤炭行业的发展提供了广阔的空间。洁净煤技术是指在煤炭开发和利用过程中，旨在减少污染和提高效率的煤炭加工、燃烧、转化和污染控制等一系列新技术的总称，是使煤作为一种能源达到最大潜能的利用，而释放的污染控制在最低水平，达到煤的高效、洁净利用的技术。山西的煤炭多数含硫比较高，因此，受到了北京等市场的抵制。而利用燃烧中的固硫技术，就可以使实际上的煤炭含硫量指标放宽一倍，达到环保要求。因此，大力发展包括煤炭洗选、型煤制造在内的洁净煤技术，进行煤炭的井上深加工，就可以增加煤炭产品的品种，提高其附加值。

节能技术的运用将使煤炭的主要用户电厂、钢厂、建材厂、化工厂等不断改造生产条件提高设备的利用率，减少煤炭的使用。科技的发展使人类开发使用的能源越来越强，在某些行业煤炭正在逐步被其他能源代替，如太阳能、生物能、潮汐能等，尤其是水电和核能，二者合计，替代煤炭的比重每年在0.3%～0.4%。

另外，电子信息技术不断更新，加快供应链发展的步伐，通过电子信息技术可以与供应方、承运人、客户达到网络数据信息共享。而且，用信息技术构筑的煤矿安全监管体系，可以避免重大瓦斯事故的发生。

4. 社会文化环境

由于城镇人口保持在 2000 万人口左右的涨幅，需求增长的刚性将推动能源消费总量的再次上升。环境质量和以电力为核心的能源发展将促进煤炭产品向洁净化、精细化、高质量化方向发展。

《中国 21 世纪议程》中指出，中国能源工业的技术和管理水平比较落后，能源结构以煤为主，清洁能源所占比例低，导致严重的环境污染。中国单位产值能耗是发达国家的 3～4 倍，能源平均利用率只有 30% 左右，而工业发达国家均在 40% 以上，中国能源利用率水平较低，具有很大的直接节能潜力。

中国能源可持续发展战略重在加强能源管理，改善能源供应结构和布局，提高清洁能源和高质量的能源比例，加强能够减缓总体需求增长的能源生产分配和消费技术的应用和开发，提高能源利用效率，减少环境污染。坚持开发和节约并重，把节约放在首位的能源发展方针，建立完善的节能管理体系，对能源生产、运输、加工和利用的全过程进行节能管理，达到年节能率高于 3%。逐渐减少能源消费弹性系数，争取在 2050 年以前使能源消费弹性系数降到0.3 以下。

我国人口多，人均资源质量低，这就决定了不可能长期走高能耗、高增长的路子，必须借产业结构、企业结构和产品结构调整的良机，调整能源消费结构。

（四）山西煤运的行业竞争环境分析

哈佛大学商学院教授迈克尔·波特提出了五种力量模型，认为一个产业的竞争状态，主要根据五种基本的竞争作用力而定。该模型将大量不同的因素汇集在一个简便的模型中，以此分析一个行业的基本竞争态势。五种力量模型确定了竞争的五种主要来源，即供应商和购买者的讨价还价能力，潜在进入者的威胁，替代品的威胁，以及最后一点，来自目前在同一行业的公司间的竞争。不同力量的特性和重要性因行业和公司的不同而变化，如图 6-2 所示：

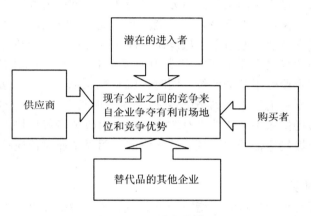

图 6-2　五种力量模型

1. 新进入者的威胁

煤炭运销产业在中国特别是煤炭主要生产地有着良好的发展前景，将会产生较高的投资回报。这不仅会刺激现有企业增加投资来提高其获利能力，同时将会吸引行业外的潜在进入者进入该行业。对于中国整个煤炭运销产业来讲，进入者威胁主要来自国外成熟的、先进的物流服务提供商和国际大型煤炭企业以及国内资金实力雄厚的企业。

2. 替代品的威胁

替代品是指那些与本行业的产品具有同样功能或者说功能可以相互替代的产品。国务院发布的《促进产业结构调整暂行规定》指出：我国要优化能源结构，进行多元发展，构筑稳定、经济、清洁的能源供应体系；积极发展水电、核电，积极扶持和发展新能源和可再生能源产业，鼓励石油替代资源和清洁能源的开发利用，积极推进洁净煤技术产业化，加快发展风能、太阳能、生物质能等。因此，上述产业的快速发展使得煤炭行业面临需求减少，替代产品增加的行业性风险。而且，目前水电和太阳能热水器已成为比较成熟的产业，风力发电发展的条件已经具备，水电企业的调节作用加大，太阳能发电、生物质能利用等技术也具备了一定基础。

3. 供应商、购买商讨价还价的能力

作为产业价值链上的每一个环节都具有双重身份，对其上游单位，它是买方；对其下游单位，它是供方。双方通过讨价还价都希望自己能够在交易中获得更多的价值增值。对于煤炭运销企业而言，它的供方是煤炭生产、煤炭加工企业，它的买方是煤炭的实际消费方。煤炭作为不可再生资源，理应最大限度地体现其价值，保证其发挥最大的效能，并实现可持续发展。在市场机制作用下，大型煤炭企业兼并改造中小型煤矿，煤炭资源将进一步整合，实行集约化开发经营。山西煤炭企业的规模和实力明显提高，煤炭企业的定价能力非常强，煤炭销售企业处于被动地位。同时，就其购买商而言，主要是电力用户。虽然山西省"十一五"规划煤炭产能是"零"增长，电力用户需求的持续增长，煤炭的市场供求关系依然没有改变。但电力改革步伐加快，电力购买已经集团化采购，煤炭运输的"瓶颈"趋于缓解，用煤企业讨价还价的能力正逐步增强。

4. 竞争对手

行业内现有企业的竞争是指一个行业内的企业为提高市场占有率而进行的竞争。煤炭运销企业目前直接的竞争对手主要来自大型煤炭生产企业之间和煤炭运销企业之间。

从山西煤炭行业发展来看，由于供需矛盾的加剧，神华集团、中煤集团、鲁能、兖矿等国有大型煤炭企业凭借其规模、资金、人才、技术、品牌等优势大举圈占山西的煤炭资源，这种发展格局无疑对山西省现行煤炭产运销体制构成极大的冲击，煤炭资源的重新整合，意味着谁控制了资源，谁才有话语权。这对山西煤运的销售煤源构成极大的威胁。同时，省内现有煤炭大集团在煤炭资源、生产能力、技术、管理、人才等方面拥有传统的专业优势，在特定市场和特定用户的竞争力方面保持领先地位，由于这些企业拥有传统的地位和优势，容易得到国家在产业政策和财政政策方面的更多支持。煤炭大集团对集团公司的竞争包围将主要集中在市场对优质资源的扩展方面，这也是集团公司发展的核心基础。

（五）山西煤运内部环境分析

1. 山西煤运内部优势分析

集团公司是集煤炭产、运、销为一体，兼管全省地方煤炭统一销售的大型企业。2008年居全国煤炭企业第三位，形成了自己独特的发展基础和发展优势。

（1）资产规模相对较大。集团公司拥有资产总额406亿元，在同行业中具有较强的比较优势。就集团本部（总公司）而言，虽然拥有资产占集团公司总资产比较少，与神华、兖矿等大型企业集团相比，尚显薄弱，但在同行业中尤其是区域内仍属大型企业，具备了发展成为大型煤炭企业集团的基础，如表6—1所示。

表6—1　2007年煤炭行业15个集团公司资产总额　　　单位：亿元

企业名称	神华集团	中国中煤能源集团	山西焦煤集团	兖矿集团	山西阳泉煤业集团
资产总额	2464	784.7	530	448.66	446
企业名称	山西煤销集团	同煤集团	平顶山煤业集团	山西晋城无烟煤矿业集团	山西潞安矿业集团
资产总额	406	405	370.67	369.97	325
企业名称	山西煤炭进出口集团	山西兰花煤炭实业集团	山西沁新煤焦股份	山西离柳焦煤集团	山西汾河焦煤股份
资产总额	102.85	96	25.23	5.9	12

（2）强大的煤炭物流网络。基于山西地方煤炭企业的发展状况，山西省对全省地方煤炭提出了"统一价格、统一销售、联合竞争"的新要求，肩负使命的山西煤运通过政策支持，担当起山西地方煤炭销售的总代理商和总经销商。之所以能够承担起山西地方煤炭总经销商的使命，离不开20多年的积累与发展。如今，山西煤运已经初步形成遍及省内外的煤炭仓储、发运、销售网络，培育了一批熟悉煤炭业务的市场营销队伍，建立起"一个平台（市场交易平台）、三级配送（省、市、县三级配送体系）、四大网络（客户管理、销售资源、运输服务、物流信息四大网络）"的物流产业运行体系。截至目前，山西煤运作为专业化的煤炭物流企业，公路铁路年发运量达到3.5亿吨，销售范围覆盖26个省区市、四大重点用煤行业，并与全国3500个重点用煤大户建立了

长期稳定的营销关系，建立起跨地区、覆盖全国的煤炭物流网络。

（3）煤炭资源丰富且煤炭生产具有一定的规模。近年来，为做实做强企业，顺利实现转型，山西煤运积极向煤炭生产领域挺进。通过对地方煤矿的整合和提升改造，目前，集团公司拥有独资、控股煤矿45座，矿井总设计能力4070万吨，生产矿井31座，改扩建矿井5座，新建矿井9座。分别分布在全省10个地市。地质储量共计501860万吨（其中贫瘦煤114923万吨，动力煤196392万吨，无烟煤184661万吨，肥煤5878万吨）。可采储量305977万吨（其中贫瘦煤74486.6万吨，动力煤119868万吨，无烟煤10723万吨，肥煤4392万吨），如图6-3所示。集团公司成为继山西省五大煤炭生产集团之后的最大的煤炭生产企业。

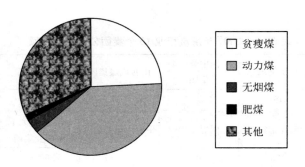

图6-3 山西煤销集团可采储量资源构成情况

（4）基本完成了公司的系统转型和变革。作为一个大型物流企业，在风云变幻的市场环境中势必要通过经营管理方面一系列的变革来实现利润最大化目标。山西煤运通过一系列举措，完成公司的系统转型和变革，达到从原有的准行政事业单位转型为适应激烈市场竞争的特大型国有企业，到目前取得了以下阶段性的成果：

①战略思想的转变。这是山西煤运组织变革的重点，它主要是贯彻执行公司倡导的系统战略思维，通过公司所处产业及环境分析，使员工了解公司所处的产业优势与面临的巨大的历史机遇。通过举办多次培训、调研会和组织员工到其他大企业参观，使员工逐步建立起战略思维与企业如何做大做强的理念，达成共识的战略思维。经过一段时期的培训与磨合，越来越多的煤运员工认同了公司所倡导的战略思维，逐步奠定了成为大型煤炭物流企业的基础。

②组织功能与结构方面的变革。组织结构变革后，各部门经过一段时间的

磨合后，工作效率明显提高。公司结构设计总体思路是服从组织功能模式，短期内是以事业部制为导向的组织模式，未来将发展成为专业公司＋区域公司的目标功能模式。山西煤运行政职能部室由原来 18 个缩减为 11 个，缩减比例 39％；党委部室由原来 7 个缩减为 5 个，缩减比例 28％。集团系统内的市、县公司也依照集团内的组织功能模式重新调整的业务与职能部门。

③统一的企业文化理念。逐步建立起了在文化建设方面统一的价值理念。从长期依靠政策支撑形成的慵懒的"等靠文化"转变为"以市场为核心，以客户为目标"的统一价值理念。变革后，公司奉行的是顾客导向的观念，一切工作以顾客满意为中心，注重服务的全方位、全过程、高质量与反应快速，这种转变是竞争观念的进步，更为适应竞争激烈的市场。

④人力资源方面的变革。系统梳理了山西煤运内所有的工作岗位，通过岗位分析、岗位说明书的编写，建立起了一套完整的职位说明、职位权限、职位考核内容于一体的人力资源管理制度；改革了原有的薪酬考核制度，公司从行政事业单位传统的以职称、资历为标准的薪酬制度转变为基于工作绩效的考核方式，公司新的绩效考核制度比原工资制度更能吸引留住高素质的业务人才。

2. 山西煤运内部劣势分析

（1）集团公司控制力弱。山西煤销集团公司的成立，无疑为下一步的快速发展，做实、做强、做大奠定了坚实的体制基础，但也面临着许多不容忽视的系统性问题，特别是企业组织管控、管理系统的升级问题，已成为当前最突出、最迫切需要解决的问题。

①组织运行的系统效率低。现有的组织结构，有着很典型的计划经济色彩与类政府事业单位的管理体制架构，随着收费管理的规模性发展，组织不断增设新的管理与业务部门，分子公司在无法有效控制的状态下，迅速地多元化膨胀，人员庞大，既不是按总公司使命目标或发展战略的"整体"要求组织起来的，也不是按争夺市场的"流程"要求组织起来的，职能管理存在着诸如功能缺位、职能交叉、错位与不到位，下属运营实体自由化的"孤岛"与"作坊"的运营方式，严重阻挠着整个组织的运营效率。

②在建立企业化运营体系方面缺乏有效管理。财务管理系统弱化，由于体制不顺，财务报表的统计合并很难完整表现企业真实的运营情况，加上监控不力、盲目投资，利用职务之便"自由"经营而混乱，企业间拆借现象普遍，明目繁多。经营管控系统功能弱化。同一地区的经销法人主体过多，层次过多，造成层层取利，内部竞争加剧，经营成本过高，协调机构重复，肢解了经营过程，导致了经营微利，削弱或制约了全系统的整体竞争力。

③缺乏有效的激励与约束机制。总公司与下级公司签订的经营业绩目标责任书,只有奖励而无惩罚,激励与约束不对等。在目前股权管理松散的状态下,存在着不规范的管理层直接持股、职工持股。此种现象的存在会直接导致国有资产流失与滋生"腐败",埋下发展过程中利益冲突的种子,并会带来严重的后果。

(2)核心业务基础不实。集团公司煤运系统外出省煤炭数量大,但自营比例较低,大部分属于地方煤炭的运销管理。由于传统管理体制的影响,集团公司与地方煤炭企业生产企业的联系,更多的是计划经济时代靠行政命令建立的管理关系,市场经济意义上的买卖或代理关系相对薄弱。

(3)煤矿安全缺乏保障。相对于企业原有的主营业务来说,煤炭生产是企业的"短腿"。尽管由于对地方煤矿的整合和改造,集团公司的产能得到提升,但是由于矿点分散、权属复杂、基础薄弱、人才不足、装备相对落后,煤矿的安全生产没有保障。

(4)企业文化建设有待加强。集团公司与专业企划设计公司合作设计的企业文化视觉识别系统(VIS)、理念识别系统(MIS)、行为识别系统(BIS)已经基本完成。但是如何在集团公司改制转型的工作进程中将逐步导入企业文化三大系统是一个需要进一步考虑的问题。

(5)人力资源管理环节薄弱。首先,人力资源结构性矛盾突出。不仅缺乏独当一面的管理人才,而且管理类岗位人员与经销生产服务类人员比例失调;其次,各部门人员之间沟通及轮换学习的机会少,缺乏科学、完善的薪酬体系和绩效考评体系。

(六)山西煤运的竞争力现状

本节按照企业竞争力的两个部分来描述集团公司竞争力现状。根据内部竞争力因素分析可以看出,山西煤运无论是在直接因素还是间接因素如技术、创新等方面都存在着一定的问题。从上述内容可以看到集团公司在市场竞争中,强大的煤炭物流网络具有一定的竞争优势,但是由于传统管理体制的影响,其管理模式还需要逐步完善。

1. 山西煤运竞争力的直接内部因素

从山西煤炭资源的整体分析,山西煤炭开采成本低,煤炭制造成本仍居于全国较低水平,而煤炭价格具有较强的竞争优势,且具有一定的引导性和控制力,部分产品还有决定性。山西煤运的销售收入和获利能力呈现上升趋势。在获利能力上,通过表6-2显示出其创造利润的能力在增强。但与国内大型煤炭企业相比，差距依然十分明显。1995 年成立的神华集团，2005 年底，总资产已达 2000 亿元，煤炭产量达到 1.5 亿多吨，实现利润达到 221.5 亿元；中煤集团 2004 年资产总额已近千亿元，2005 年实现利润 40 亿元。

表 6—2　山西煤销集团近年各项经济指标　　单位：万吨、亿元

指标 ＼ 年份	2003	2004	2005	2006	2007
煤炭销售总量	14898	18896	21489	21800	22000
实现销售收入	163.3	252	349	403	484
实现利税	20.15	30.5	44	55.5	56
煤炭生产总量	200	580	1500	2077	2394
总资产	135.7	164.2	227	350	406
利润总额	15.9	17.8	27.4	—	31
煤炭工业 100 强	3	3	3	3	3
全国 500 强排名	128	—	98	82	91

2. 山西煤运竞争力的间接内部因素

（1）人力资本因素。从企业潜在的和未来可能拥有的市场竞争能力来看，不容乐观。首先，在人力资源方面，高层次人才缺少仍然是制约发展的“瓶颈”。目前，独当一面的管理人员匮乏，而现有管理人员进一步学习与培训的机会很少；高层次人才缺乏，职工的文化水平偏低，中专以下学历的职工占全部职工的比重在 87.5%。其次，人力资源结构性矛盾突出。管理类岗位人员比重过大，约占职工总数的 2/3，而经销类与生产服务人员仅占 1/3；适应集团公司发展方向的专业人才严重缺乏，专业物流所需要的储存、运输、配送、货运代理、成本核算、系统化管理、电子商务以及资本运营等人才队伍还没有形成，适应现代煤炭生产、加工的技术和管理人才匮乏。

（2）技术因素。现代信息技术和网络技术是提升和改造传统产业的技术基础，更是现代物流产业发展的先决条件。山西煤运创造性地运用现代信息技术，在全省创建煤炭交易大厅；运用计算机联网和电视监控的方式，实现了全省公路煤炭销售管理的跨越。但是，伴随着集团企业的整合和统一，还需要能够支撑集团企业战略实施的信息化产品。此外，伴随煤炭企业的整合，集团性统一基础设施建设和集团数据中心建设也需要进一步加强。随着煤炭工业新型

化步伐的加快，运用现代信息技术网络，建设高标准的安全生产管理网络，成为煤炭工业实现健康发展的重要途径。

另外，国有大型煤炭企业及省内的大型煤炭集团在技术方面拥有传统的优势，煤炭生产作为山西煤运的"短腿"，在技术方面处于相对劣势地位。

（3）管理因素。目前，山西煤运存在产权不清、法人主体过多、交叉持股复杂等问题，因此，集团公司控制力弱。就集团公司整体而言，虽然确定了具体的战略发展方向，但在具体运行过程中，出现了许多问题。如各部门人员之间沟通及轮换学习的机会少，缺乏互动；激励手段较少（包括物质和精神上的），员工积极性低，较高水平的员工缺乏；薪酬标准比较死板，存在干多干少一个样的现象。

（4）制度安排。集团公司在制度安排的某些环节上客观地忽略了竞争力的培育和提升。虽然山西煤运在战略规划中强调要提升企业竞争力，但是规划中只有销售收入与利润指标，在竞争力方面并没有具体的可操作的系统措施，也没有可以衡量竞争力的指标体系。而从企业实际经营来看，在强调做大规模的同时，更要注重扩张质量，要把资源集中在关键能力的培育与提升上。

（七）山西煤运竞争力现状的成因分析

根据企业竞争力来源，影响企业竞争力的因素很多，有内部和外部的多种来源，在此主要就企业竞争力内部间接来源和外部联盟等影响因素进行分析。

1. 内部间接来源分析

竞争力的内部来源又包括直接来源和间接来源。因为间接来源是形成企业竞争力和核心能力的关键要素。主要包括制度安排、管理、技术、人力资本、创新、企业文化、企业家和核心能力。通过培育、整合和应用这些因素，从而形成企业竞争力。因此在本部分主要分析一下公司内部的间接来源：

（1）核心业务分析。山西煤运是全国最大的煤炭销售企业，其在煤炭物流的探索上一直处在中国的前列。煤炭物流是其利润追求的最大"蛋糕"。经过多年的实践摸索，山西已建立起一支融商流、物流、信息流为一体，具有储存保管、集散、商品配送、信息传递、代购代销、连带服务等多功能的现代化煤炭物流队伍，但由于多方面条件的制约，煤炭物流发展仍存在许多不足和障碍，如观念、机制、管理等。

当前煤炭物流存在的主要问题有：

①物流的专业化和社会化程度不高，物流的功能作用尚未得到充分发挥。就全国整个物流行业的发展来看，煤炭物流企业思想观念较为落后、经营理念

不新、硬件设施陈旧、科学管理不严，受煤炭行业的局限性大，没有与国内物流市场很好接轨，物流专业化、社会化程度不高，较难适应跨区域、跨行业经营的要求。

②中间环节多。中间环节的存在，大大增加了公路煤炭物流的成本，在2005年度山西公路出省订货合同总量中，中间环节订货量达到50％以上。

③信息化程度较低。很多煤炭物流企业仍采用较为传统的信息传递和控制方法，没有充分利用信息网络技术，使工作效率和服务水平难以适应煤炭企业发展的需要，很难达到物流高效、快捷、准确的工作目标，影响了煤炭物流企业的整体水平和形象。

④服务水平较低。市场经济是互利共赢经济，也是竞争经济，必须从生存和发展的高度去认识转变作风，提高服务意识的极端重要性。主动为客户服务，切实按照用户的需要做好资源组织、煤质保障和运力协调工作；为煤矿服务，调动和尊重它们的销售积极性，积极参与和支持煤矿的安全投入和扩能改造；为运输车队服务，提供及时准确的煤矿生产、用户需求、道路交通等信息，确保资源与市场的有效衔接，确保运力与实现的有效衔接；为国家建设和国民经济发展服务，抓好重点用户合同兑现，确保关键时段重点企业的煤炭供应。

（2）企业文化。与专业企划设计公司合作设计的企业文化视觉识别系统（VIS）、理念识别系统（MIS）、行为识别系统（BIS）已经基本完成。"员工为本，和谐共赢"为公司核心的价值观。但是，各级领导并未带头踏踏实实地遵守与实践企业核心价值观。在制订各项制度时，没有充分遵循核心价值观，企业文化未与制度相结合，难以落到实处。

（3）企业内部管理。从以上分析可以看到，很多方面的问题实际上都是因为缺乏良好的有效管理造成的，如核心能力的培育和巩固、企业文化的落实、人才的选拔和任用以及持续创新的保障体系等。制度化是建立健全企业各种机制的重要保证，而制度化管理是集团公司最薄弱也最为忽视的环节。缺乏比较完善的制度化管理或者不按照制度办事，处理事情无章可循，最后许多工作中人的因素就越来越重，必然形成"人治"的局面。

公司建立起了企业市场化运作的组织基础，但是由于固有管理模式的制约，"所有权与经营权相分离，使决策机构、监督机构和执行机构互相制衡"并未真正落实。而企业必须把外部的智慧和决策理性引入企业内部，企业的发展才可能更健康。因此，必须改变传统的管理模式，真正按照市场化运作。

公司在管理制度建设方面也存在较多问题。许多业务层面没有制度化，导致处理事情因人而异,人的因素占了重要分量,如跨部门的工作流程设计,信息流在部门间的传递没有制度约束,本来很简单的信息共享结果人为因素变得越来越重,对想改变现状的人来说无形中要面对许多人为障碍,无疑打击了创新的积极性。

所以,制度化的不足使得集团公司许多想法不能落实,不能为创新提供良好的维持作用,直接影响了企业竞争力的培育和提升。

2. 外部联盟

在外部联盟方面,集团公司运用策略联盟、兼并与收购等手段,既利用外部资源快速增强了竞争优势,也促进了企业竞争力的培育。

2005年,由于神华和省内五大煤炭集团都已进入高速发展期,其扩张能力、结构调整和核心竞争力的增强,对山西煤运都是很大的挑战。因此,山西煤运在发展上构建战略合作,加强与大集团、大公司的战略合作,这是企业快速提升核心竞争力的重要途径,也是增强企业控制力的一个重要基础。对此,山西煤运打出的第一张合作牌是,与神华集团共同出资组建了晋神公司,开展了对晋西北地区煤炭资源的开发、生产和朔黄沿线煤炭运输的全方位合作;在此基础上,山西煤运与国电集团、浙江能源集团共同开发保德王家岭煤矿,开展了年产原煤500万吨大型矿井及其配套工程项目的建设;与泰国正大集团开展了共同建设晋城沁水东大煤矿煤化工、煤气层开发和4×60万千瓦坑口电站等项目。

目前,山西煤运战略合作格局已经形成,已与或并与交通、光大、民生银行,国家五大电力集团、神华、中煤和铁路、港口等国内大型企业以及贝尔斯登、泰国正大、美国亚美等跨国企业建立了战略合作关系。山西煤运通过横向联强、引进战略投资者,组建多元股份制公司,借力提升了全系统的整体竞争能力。其中,2006年4月,阳泉分公司、华润电力控股有限公司和香港南亚能源投资公司签订了合作协议,三方共同出资组建了华阳煤电有限公司,在盂县境内开发建设一体化项目,仅一期工程总投资就为65亿元人民币。

山西煤运虽然在横向联强上有所突破,但与市场经济快速发展的形势要求仍有很大差距,因此,山西煤运在加快引进战略投资者上还要下工夫。同时,笔者认为,战略投资者不仅是带来了资金,更重要的是带来了先进的理念、技术和管理,这是山西煤运最需要的。

四、山西省煤炭运销集团企业竞争力培育对策

（一）培育夯实核心业务

山西煤运的核心优势主要集中在运销资源和能力方面，这是其他煤炭企业都不具备的。所以，主业应定位在煤炭运销上，向上下游的扩张、延伸，必须以增强运销主业的竞争力为目的，不能无节制地盲目扩张和延伸。具体来讲，应该从以下两方面着手来做实核心业务。

1. 利用现代信息技术

笔者认为，煤炭运销企业要适应市场变化，提高自身竞争力，就要依靠及时的、准确的市场信息，信息化将是企业成功的一项必要的管理手段。

过去几年，现代信息技术在山西省公路煤炭销售管理中发挥了重要的作用。创造性地运用现代信息技术，在全省创建煤炭交易大厅；运用计算机联网和电视监控的方式，实现了全省公路煤炭销售管理的跨越。随着煤炭工业新型化步伐的加快，运用现代信息技术网络，建设高标准的安全生产管理网络，成为煤炭工业实现健康发展的重要途径。集团要求所属煤矿要全部建设瓦斯监测监控系统、产量监控系统、井下人员定位系统、井下设备运行状态检测系统、水害监测系统等六个系统，一个现代化的煤矿安全生产管理调度中心正在紧锣密鼓地建设，一个现代化、信息化的安全管理平台将"呼之欲出"。

2009年，煤炭行业集团化趋势将更加明显。随着煤炭行业兼并重组步伐进一步加快，集团型企业将逐步成为市场竞争的主体。煤炭企业的整合、大集团战略的实施已成为煤炭企业发展的主旋律。伴随着集团企业的整合和统一，能够支撑集团企业战略实施的信息化产品将成为应用的主流。此外，伴随煤炭企业的整合，集团性统一基础设施建设和集团数据中心建设也将呈行业应用的趋势。

2. 加强营销创新

山西煤运实现外销的两个重要途径是：铁路和公路，对此，山西煤运在上述两个运输环节上采取了相应的营销措施。

在铁路营销方面，山西煤销集团通过整合资源、自主经营、集中销售，逐步实行"统一订货、统一请车、统一发运、统一结算"，加强了合同管理、市场开发管理、资源衔接管理和计划管理，提高了总运量、重点合同兑现率和自

主营销量；通过召开全系统资源衔接大会，各分公司签订了《资源保障目标责任书》，在市县公司的共同努力下，确保了 2009 年煤炭订货会合同的顺利签订和"两节"铁路外运资源、运力、市场的有效衔接，实现了全系统铁路外运煤炭量、价、效益的同步提高；利用信息化工程实现了合同计划从提报、核准到实发的无纸化办公，提高了效率，降低了成本。重点合同兑现率达到 122.2%，自主营销量同比提高了 10%。

在公路营销方面，山西煤运推进"四个做实"（做实资产、做实销售、做实市场、做实运输）的基础上，以"一个平台、三级配送、四大网络"为经营模式，在全系统实现公路煤炭物流配送；太原分公司煤炭区域物流配送、朔州分公司电煤统一结算等，都在做实销售、做实市场方面进行了积极有益的探索，极大地提高了全系统的经济效益；加强合同管理、规范票据管理、强化设备管理和严格稽查管理，促进了全省公路煤炭运销秩序的根本好转，使全省公路出省外运量、基金收缴量和全系统经济效益及社会效益都得到了显著的提高；在基础管理方面，山西煤运在全系统制定了目标责任制，对年度目标进行了层层分解、承包和考核，加强了日常的协调、落实和监督，定期召开了月、季、半年经济运行分析会，吨煤效益考核等措施出台，保障了全系统经济运行的均衡发展。

山西煤运在加强营销创新方面所取得的成绩是非常明显的。为了进一步推进营销创新工作，集团公司还应加强以下三方面的工作：

首先，为了实现集团公司信息流、商流和物流的有机结合，保证对客户的准时交付，重点从信息平台上再调运优化模型，资源数据库分类整理，客户数据库分类与整理，市场分析，三级集散地优化选址（铁路、公路、加工复合终端）等方面与运销集团的实际相对接。

其次，煤炭交易中心是公司连接供应商、集团公司和客户的纽带和窗口，所以要积极发挥窗口的作用，针对煤矿业主、大型客户，开展多种形式的宣传活动和营销活动，为后续各项工作的开展做好铺垫。

最后，物流部门要通过对区域配送中心、县域配送中心业务的整合与划分，三级集散地优化选择，运能组织等，提高物流系统运行的整体协调性。

（二）推动资源整合

整合出规模，规模出效益。资源整合作为提高企业竞争力的有效途径，也是提高企业抵御市场风险能力的必然选择。

2005 年以来，山西煤运以实施"资源整合、关小上大、联合改造"为契机，开展对地方煤矿的资源整合和提升改造。通过对资源进行整合，提升了规模经营和集团优势，实行统一价格、统一采购、集中经营、集中销售，增强了企业竞争力。而且，根据努力建设资源节约型和环境友好型社会的要求，整合后可以集中资金安装环保设备，有利于建成环保型、规模型、效益型的大煤炭运销企业。

2007 年，集团公司重点对发煤站进行了整合。其中，太原煤运在省公司的支持下，通过对辖区内的数百家小型储煤场进行集中整顿治理，最终整合成 7 个规模型大储煤场。山西煤运通过整合铁路发煤站和建设大型集运站，以及配合各地政府对储配煤场的整顿清理，进一步优化了站点布局，实现了集约化、规模化经营。

有关统计数据显示，2006 年中国最大的 10 家煤炭生产企业的产量总和只有 5.95 亿吨，只占当年国内煤炭总产量的 25.6%。而与中国煤炭行业集中度偏低形成鲜明对比的是，美国一家大型私营煤炭公司煤炭年产量在 2 亿吨以上，约占美国煤炭总产量的 18% 左右；俄罗斯一家大公司产煤 2.5 亿吨，占全国 95%；印度一家大公司产煤 2.4 亿吨，占全国 77%。尽管近几年山西煤运进行了集中化、大型化的整合，但与国外企业相比仍有很大差距。集中度低，煤矿安全形势问题就不会得到好转。实践证明，通过小煤矿的提升改造，置换产能可以达到安全生产和经济效益的双丰收。因此，山西煤运还应进一步加强资源的整合力度。集团公司可以积极推广一些分公司成功整合的先进经验，在整合的过程中，也可以向地方政府争取一些有利政策。只有整合好现有的各种资源，才能实现对资源的组织和控制力，从而提升集团公司的竞争力。

（三）推进组织变革

通过组织变革，建立科学合理、刚柔相济的分工协作体系，是大幅度提高企业生产力水平的重要手段。公司作为一个大型物流企业，在风云变幻的市场环境中势必要通过经营管理方面一系列的变革来实现利润最大化目标。目前，集团公司已通过一系列的变革，完成公司的系统转型和变革，但还有一些方面是需要不断改进和加强的：

首先，山西煤运的战略实施与组织变革都需要企业员工形成统一的价值观，因此，变革所面临的最大问题与挑战，就是企业员工统一的价值观的形成，这种价值观是要与企业发展战略相一致的，由于长期受"等靠"文化的影响，很多员工难以在一定时期内转变观念，甚至有些人始终没有完成从个人的利益出发转为从组织的利益出发的思想转变。山西煤运的改革首先是思想与观念的改革，这项工作是长期而艰难的。

其次，企业的组织变革是一个系统工程，它的成功需要组织多方面的配合与协作。尽管山西煤运从一开始就以现代的组织变革理论为指导，制定组织变革基本原则和目标，进行规范和彻底的变革，但就其后续的变革措施来看，并没有充分体现组织变革设定的思想的原则，由于企业的一些习惯性做法，有些组织变革的程序与总体思想并没有完全按照科学、高效的原则，这些问题需要在今后逐步加以重视并予以完善。

最后，一个庞大集团的员工激励的有效性取决于激励机制的完整性，以促使企业员工的行为与企业的目标保持一致。这样激励体制就要围绕影响员工积极性的主要因素，即工作性质、领导行为、个人发展、人际关系、薪酬福利和工作环境等多方面进行。很显然，山西煤运的激励制度的变革还仅仅是起步，普通的薪酬制度改革并不能完全调动每个阶层员工的积极性，应根据实际情况，科学设计和综合运用激励机制，逐步建立起适应企业特色、时代特点和人员需求的开放的激励体制。

（四）促进企业文化建设

企业文化在设计规划完成后，应该首先实施企业视觉形象系统的应用，通过视觉形象系统的实施，可以使企业形象在极短的时间内发生巨大的变化，无疑会在社会、行业、本企业员工心里产生很大反响，员工对新的形象、新的理念、新的战略目标产生兴趣，油然而生自豪感。如山西煤运全面更换原有企业文化的宣传版面内容，积极学习、借鉴先进单位的经验，从形式和内容上为企业文化增添新内涵。企业风气、企业环境气氛将焕然一新。在这个时候，贯彻企业精神、企业理念、企业规章制度就会事半功倍。在这个过程中需要建立一定的保障机制，兑现奖惩，使员工既有价值导向，又有制度文化的规范。同时，还要辅之以长期的培训、文化活动，表彰优秀代表人物，倡导英雄事迹。如集团公司以提升企业文明程度为出发点，组织开展了"双文明单位"创建活动，精神文明建设进一步深入，两个市县公司还被中央文明委授予"全国精神文明建设先进单位"称号，10个单位被授予"省级文明单位"称号，18个单位荣获"省属企业文明单位标兵"称号，23个单位荣获"省属企业文明单位"称号，160个单位被集团公司评为双文明单位。这样才能保证企业文化逐步走向强势文化。

但同时要求企业内要有一支勇于变革的领导团队，能够不断更新和改变企业文化（即企业文化的再定位），塑造尊重人才的高素质职业经理人，为人才创造良好的工作环境，使企业文化在企业战略执行、核心能力营造中始终发挥积极的作用。

随着集团公司改制转型工作的推进，企业文化三大系统的逐步导入，将对提升山西煤运的整体形象，扩大社会影响，增强职工凝聚力起到有力的推动作用。

（五）加强战略合作

随着合作竞争时代的到来，竞争已不再是企业对企业之间的竞争，而是价值链与价值链的竞争、联盟与联盟之间的竞争。企业无论大小都很难独自面对市场竞争，必须与别的企业联合起来面对快速变化的市场及要求越来越高的消费者。在世界一流企业的发展历程中，除了大量采用兼并与收购外，战略联盟也是普遍用来获得竞争优势的重要手段。山西煤运很有必要学习和应用这些外部联盟，以培育核心能力为出发点，在"做强"的基础上适当适时地扩大规模，从而提升企业竞争力。

山西煤运通过横向联强、引进战略投资者，组建多元股份制公司，借力提升了全系统的整体竞争能力。如在资本整合方面，加强了与大集团的战略合作。在与国内外著名的能源、投资、金融等跨国公司进行多领域、全方位合作的基础上，加大力度落实沪港招商会签约的 13 个重点项目。通过晋神公司开展与神华集团的全方位合作，加强了对晋西北地区煤炭资源的开发。充分利用集团公司这一融资平台，集中财力办大事，目前，山西煤运可控资金已达到创纪录的 100 亿元。但是，山西煤运作为大型煤炭物流企业，其与供应商和客户之间的关系对企业的发展是至关重要的。因此，集团公司与供应链企业之间的战略合作还有待进一步加强。

供应链企业要实现预期的战略目标，客观上要求供应链企业进行合作，形成共享利润、共担风险的双赢局面。因此，与供应链中的其他成员企业建立紧密的合作伙伴关系，成为供应链成功运作、风险防范的一个非常重要的先决条件。建立长期的战略合作伙伴关系，首先，要求供应链的成员加强信任；其次，应该加强成员间信息的交流与共享；最后，建立正式的合作机制，在供应链成员间实现利益分享和风险分担。具体来讲，山西煤运加强与供应链企业之间的战略合作关系，应该注意以下几方面：

1. 加强信息交流与共享，优化决策过程

供应链企业之间应该通过相互之间的信息交流和沟通来消除信息扭曲，从而降低不确定性、降低风险。

2. 加强对供应链企业的激励

对供应链企业间出现的道德风险的防范，主要是通过尽可能消除对信息不对称性，减少出现败德行为的土壤，同时，要积极采用一定的激励手段和机制，使合作伙伴能得到比败德行为获取更大的利益，来消除代理人的道德风险。

3. 合同设计柔性化

供应链合作中存在需求和供应方面的不确定性，这是客观存在的规律。供应链企业合作过程中，要通过在合同设计中互相提供柔性，可以部分消除外界环境不确定性的影响，传递供给和需求的信息。柔性设计是消除由外界环境不确定性引起的变动因素的一种重要手段。

4. 建立风险的日常管理机制

竞争中的企业时刻面临着风险，因此对于风险的管理必须持之以恒，建立有效的风险防范体系。要建立一整套预警评价指标体系，当其中一项以上的指标偏离正常水平并超过某一"临界值"时，发出预警信号。其中"临界值"的确定是一个难点。临界值偏离正常值太大，会使预警系统在许多危机来临之前发出预警信号；而临界值偏离正常值太小则会使预警系统发出太多的错误信号。必须根据各种指标的具体分布情况，选择能使该指标错误信号比率最小的临界值。

5. 建立应急处理机制

在预警系统作出警告后，应急系统及时对紧急、突发的事件进行应急处理，以避免给供应链企业之间带来严重后果。针对合作当中可能发生的各种意外情况的应急工作是一项复杂的系统工程，必须从多方面、多层次考虑这个问题。通过应急系统，可以化解供应链合作中出现的各种意外情况出现的风险，减少由此带来的实际损失。

五、本章小结

本章通过理论与实践相结合的方法，运用工商管理专业的基础理论并结合企业的具体情况，对公司竞争力的影响因素进行了分析。在分析的基础上，针对目前企业面临的关键问题，结合具体情况，提出了五项主要对策，形成比较全面并切实可行的解决方案以提升企业竞争力。

首先，山西煤运的核心优势主要集中在运销资源和能力方面，这是其他煤炭企业都不具备的。因此，要提高企业竞争力，就必须做实该项核心业务。而要做实该项核心业务，必须依托现代信息技术的支撑，同时还要加强营销创新。

其次，要全力以赴推动资源整合工作。整合出规模，规模出效益。资源整合是提高企业竞争力的有效途径。在具体的操作过程中，山西煤运可以积极推广一些分公司成功整合的先进经验。同时，在整合的过程中，也可以向地方政府争取一些有利政策。

再次，通过组织变革，建立科学合理、刚柔相济的分工协作体系，是大幅度提高企业生产力水平的重要手段，因此，山西煤运应进一步推进组织变革工作。另外，企业文化已经设计规划完成。因此，本章提出了如何在具体运行过程中导入企业文化系统。

最后，针对如何加强与供应链企业之间的战略合作关系，提出了几点意见：加强信息交流与共享，优化决策过程；加强对供应链企业的激励；合同设计柔性化；建立风险的日常管理机制以及应急处理机制。

附 录

附录 1　煤炭资源综合开发利用对策研究[①]

摘要：在煤炭资源综合开发利用研究中，目前大多数的研究都是从综合利用的技术角度展开，取得的成果也多是技术上的进步，而从煤炭资源综合开发利用的管理对策研究较少。本文概括了在管理层面上煤炭资源综合开发利用研究内容，运用管理学理论和方法，从规划、控制、组织、技术进步、政策法制等方面提出了煤炭资源综合开发利用的对策建议。

关键词：煤炭资源、综合利用、管理对策

一、煤炭资源综合开发利用意义

在困扰中国经济发展的"人口、资源和环境"中，人口问题的表现主要是资源的承载能力，环境问题的表现主要是过度消耗资源并大量排放污染物。当前，由于长期以来人类对自然资源的掠夺性开采和破坏性利用，资源问题已经成为全球性的并且也是中国所面临的"人口、资源和环境"三大问题之一。根据联合国一系列组织的报告说明，人类正面临着全球性的水、森林和能源等主要资源危机。因此，资源的有效保护和永续利用在中国经济持续发展中占有十分重要的地位。资源合理利用问题已经成为可持续发展战略能否实现的关键性因素，而如何建设资源节约型社会，已成为中国现代化建设的迫切需求，这不能不引起关注。

煤炭资源作为一种不可再生资源，既是工农业生产和日常生活的主要燃料，又是化工生产的重要原料。煤炭是中国的主体能源，且中国煤炭资源相对丰富，在未来相当长的时期内，以煤炭为主的能源供应格局将不会改变。确保煤炭资源在中国发挥最大社会经济效益和可持续利用，是解决中国能源安全问题的现实途径之一，亦是实现中国社会、经济和环境可持续发展的基础之一。然而，随着中国人口的增长、经济的快速发展、地方政府及人们的资源环境意识还不是太强等都不可避免地造成了资源的破坏和浪费。资源与人口、环境和发展的矛盾越来越突出，并成为经济和社会可持续发展的重要制约因素。

中国是世界上最大的煤炭生产和消费国，煤炭产量超过了世界总产量的 1/3。新中国成立以来，煤在一次能源生产结构中一直占 70% 以上，在消费结构中占 65% 以上。进入

---

①　作者赵国浩，载《能源技术与管理》，2007 年第 5 期。

21 世纪，中国煤炭消费需求大幅度增长，煤炭产量以年均近 2 亿吨的速度增长，2005 年原煤产量 21.9 亿吨，创历史最高水平，煤炭在能源生产和消费结构中的比例有了新的提高。在可以预见的未来，中国以煤炭为主的能源资源结构和国民经济与社会发展现状决定了煤炭仍将是中国的主体能源。

煤炭占中国矿物能源资源的 95％以上。目前，中国已探明的矿物能源资源储量中，煤炭储量 1900 亿吨，占 95.56％，石油储量 25 亿吨，占 2.55％，天然气 2 万亿立方米，占 1.89％。根据第三次全国煤炭资源预测与评价，中国煤炭资源远景储量 5 万多亿吨，其中，保有储量 1 万多亿吨，基础储量和资源量分别为 3342 亿吨和 6869 亿吨。预测资源量和地质总资源量居世界第一位，勘探煤炭的潜力很大。

煤炭资源综合开发利用是针对过去煤炭企业粗放式开发、简洗加工、低效利用、污染环境、效益低下的现状，以煤炭资源综合开采、深度加工、多元发展为基础，以获得最佳的综合（经济、环保、社会）效益为目标，按其煤炭资源的特性进行充分利用，从根本上改变以高耗资源、损坏环境为代价的局面。对煤炭资源进行高效利用的过程实质上是调整产业结构、转换煤炭企业经营方式、减少各种消耗、获取最高利润的过程。

开展煤炭资源综合开发利用，一是能最大限度地提高煤炭资源利用效率。对煤层气、矿井水、煤矸石、粉煤灰等多种资源及废弃物，统筹规划、综合利用、变废为宝，提高了煤炭资源的利用效率。二是拉长煤炭产业链，拓宽煤炭产业面。以煤炭为基础，发展煤的衍生产品，延伸煤炭资源产业链，构建循环经济工业园区，建立不同产业间的共生和耦合关系，促进产业结构优化升级，从而实现经济增长方式的转变。三是减少污染和改善环境。传统的煤炭开采和利用方式对生态环境造成不可忽视的破坏，开展煤炭资源综合开发利用，就是按照循环经济理念，减少对环境的污染和生态的破坏，实现煤炭工业的可持续发展。

在煤炭资源的综合利用方面，中国目前大多数的研究都是从综合利用的技术角度展开，取得的成果也多是技术上的进步，如研究选煤、焦化、发电、制浆、造气、煤化工技术以及煤泥、煤矸石、煤层气及煤共伴生资源的开发利用的先进技术，而从煤炭资源管理的角度展开的研究较少，对煤炭资源综合开发利用的战略对策、管理机制、管理方法和实施的技术路径对策建议等研究有待进一步深入。

二、煤炭资源综合开发利用研究内容

中国传统煤炭工业采用高开采、低利用、高排放的粗放式开发生产路线，产品附加值低，煤炭资源利用率不高，采收率只有 30％，煤炭资源过度消耗和损失浪费巨大，煤炭生产安全事故多发，矿区环境污染严重和生态环境遭到破坏。这些矛盾和问题已严重制约中国煤炭工业和产煤地区经济的可持续发展。因此，为了使煤炭资源为中国社会经济发展产生最大的效益，我们必须坚持综合利用煤炭资源，提高煤炭资源的开发和利用效率，走可持续利用和发展之路。

煤炭资源综合开发利用是一项系统工程，不仅涉及技术问题，而且也涉及管理对策问题。对煤炭资源综合开发利用的全过程管理问题进行系统分析，借鉴国外先进的煤炭资源综合开发利用技术路径和管理方法，结合当前煤炭资源开发利用的管理理论和方法，运用最优化技术和系统科学评价方法，按照高效、清洁、充分利用的原则，从管理决策入手和从宏观角度出发，根据中国煤炭资源现状，研究如何在科学发展观的统领下科学规划、高效利用煤炭资源的理论与对策，通过构建煤炭资源最佳综合开发利用的模型（包括最优开发规模和煤炭资源社会经济效益最大化配置模型），提炼基于可持续发展和适合中国国情的煤炭资源综合开发利用新理念和新方法以及实施的技术路径，建立煤炭资源综合开发利用与社会经济全面、协调、可持续发展的评价指标体系，提出煤炭资源开发利用的总体方案和煤炭生产的总体布局，探索煤炭资源综合开发利用的市场价值机制和经济运行规律，形成一套煤炭资源综合开发利用的管理理论与管理体系、政策保障与法规、运行机制和管理对策建议。

煤炭资源综合开发利用可以从五个方面来展开研究：

1. 煤炭资源综合开发利用的内涵研究

阐述煤炭资源综合开发利用的一些基本概念、内容及范围、主要的技术方案和管理对策建议等。煤炭资源综合开发利用主要包括以下四个方面：一是煤炭的加工和综合开发利用：主要是扩大煤炭洗选加工、推广洁净煤技术产业化、提高煤炭利用效率、减少矿区环境污染。二是废弃物的综合开发利用：主要有煤矸石、煤泥、煤层气（矿井瓦斯）、矿井水的综合开发利用。三是与煤共伴生矿物的合理开发利用：主要有硫铁矿、高岭土、膨润土、石膏、油母页岩、硅藻土、石灰石、石墨、天然焦等的有效综合开发利用。四是煤炭资源综合开发利用的管理理论与管理体系、政策保障与法规、运行机制和对策研究。

2. 煤炭资源综合开发利用的现状分析研究

分析目前煤炭资源综合开发利用的基本情况以及存在的问题和成因。煤炭资源综合开发利用在国家政策扶持、科技进步、市场拉动、投资增加和环保要求的推动下，呈现出快速发展、总体推进、扩量提质、增效降污的可喜局面，但煤炭企业粗放式开发、相关行业低效利用、污染环境、效益低下的现状并没有从根本上加以改善，与煤炭工业经济结构调整和可持续发展战略要求还有很大差距。发展洁净煤技术，推进循环经济，构建煤炭资源环境整体化、可持续发展的资源战略，是当前中国煤炭资源发展的要求和必然选择。

3. 国外煤炭资源综合开发利用的成功经验借鉴研究

发达国家在煤炭资源综合开发利用方面有成功经验、先进的技术和相对完善的管理理论体系。近年来，建设节约型社会，发展循环经济，实现可持续发展的理念为国内外所推崇，美国、德国、日本等发达国家相继走上发展循环经济的道路，并获得巨大成效。结合中国的具体国情，借鉴这些成功经验、先进技术和管理理论，以尽快提高中国煤炭资源综合开发利用水平，走新型工业化道路。

4. 煤炭资源综合开发利用的技术方法和实现途径研究

提升煤炭资源综合开发利用水平，一方面要依靠科技进步，提升自主创新能力，用高科技改造传统的煤炭产业生产过程；另一方面还要提升煤炭资源综合开发利用的管理水平，建立高效的综合开发利用的管理机制。首先，我们应该大力开发煤炭资源综合开发利用的新技术、新方法，将最新的科技成果应用到煤炭资源综合开发利用中，加强科技攻关，解决关键技术和装备，以提高煤炭资源综合开发利用水平。其次，建立煤炭资源综合开发利用的市场经济体制，发挥市场机制在煤炭资源综合开发利用过程中的基础性作用，发挥煤炭企业在煤炭资源综合开发利用中的积极性和自主性，同时发挥政府的政策导向和宏观调控作用，规范煤炭资源综合开发利用的市场秩序。最后，要推行循环经济方法，按照循环经济和可持续发展的理念和原则对煤炭资源进行综合利用与开发。

5. 煤炭资源综合开发利用的对策建议研究

在综合国内外现有对煤炭资源综合开发利用经验成果的基础上，结合中国煤炭资源综合开发利用的现状，基于可持续发展理论，运用管理科学、系统科学和经济学理论与方法，将煤炭资源综合开发利用作为一项系统工程来研究。首先界定煤炭资源综合开发利用研究的范围，系统分析目前煤炭资源综合开发利用的情况及其存在的问题和成因；构建煤炭资源综合开发利用的概念模型和定量分析模型（包括煤炭资源最佳开采规模和煤炭资源社会效益最大化配置模型），通过模型分析揭示煤炭资源发挥最大社会经济效用的机理，探索煤炭资源最佳综合开发利用的模式；在理论分析和实证分析的基础上，提炼出煤炭资源最佳综合开发利用的技术途径，提出实现煤炭资源综合开发利用相配套政策保障、运行机制、管理制度和对策建议。

三、煤炭资源综合开发利用对策建议

1. 科学规划煤炭综合开发利用

煤炭资源是一个国家社会经济建设的重要战略资源，要改进管理方式，实现由粗放开发型管理向科学综合开发利用、保护节约型管理的转变。依法科学合理划定煤炭资源国家规划矿区和对国民经济具有重要价值的矿区，严格按国家规划有序综合开发。国家规划矿区、对国民经济具有重要价值矿区的划定，由国土资源部研究提出，会同发改委共同审定并公布。建立煤炭资源战略储备制度，对特殊和稀缺煤种实行保护性开发。按照国家的产业政策，煤炭生产企业围绕矿区的总体目标，选好重点项目，建设具有特色的支柱产业；根据自身的优势和条件，确定煤炭资源综合开发利用发展战略和目标，集中力量，重点突破，坚持不懈地抓好骨干项目建设，逐步做到横向扩展，纵向延伸，成龙配套，构筑具有不同矿区特点的煤炭加工、转化、利用的多联产业循环经济发展模式。要以大屯煤电公司为代表，走"煤炭—电力—铁路运输"的发展模式；以太原煤气化公司为代表，走"煤炭—洗选—炼焦—制气及城市煤气输配管理"的发展模式；以永荣矿务局为代表，走"煤炭—煤矸石发电—建材—化工"的发展模式；以焦窑煤矿为代表，走"煤炭—电力—建材—冶炼"的发展模式等。现有的衰老矿区，要像萍乡矿业集团那样，依靠发展煤炭综合开发利用求生存，扭转亏损的被动局面，焕发青春；正处于青壮年时期的矿区，要像兖州矿业集团那样，充分利用国家优惠政策，发展煤炭资源综合开发利用，增加煤炭资源经济效益和社会效益，增强煤炭企业发展的后劲，形成具有自己特色的发展思路。

2. 依靠技术进步建设煤炭资源综合开发利用示范工程

煤炭资源综合开发利用的重点是抓好煤矸石综合开发利用、煤炭洗选加工与煤矿环保产业，其中以煤矸石综合开发利用为重中之重。因为这三个重点：一是量大面广，量大，适合规模经营，面广，绝大部分煤矿均可发展；二是技术成熟，可以大规模推广应用；三是经济效益、社会效益显著。以煤炭洗选、煤矸石综合开发利用为龙头，横向发展，纵向延伸，可以形成煤炭延伸增值产业链，形成煤炭资源开发利用良性循环。煤炭经过洗选，洗出来的煤矸石、煤泥及中煤都应用来发电，灰渣用来做建材，提高综合经济效益。我们应该积极建设一批洁净煤示范工程、煤层气资源综合开发利用示范工程、煤矸石综合开发利用示范工程、共伴生矿资源综合开发利用示范工程等，这些示范工程都与煤矿关系密切，具备条件的矿区，要积极争取列入国家建设示范工程。建设以清洁生产、绿色制造、绿色化学等新型工业化道路的特征的科技含量高、经济效益好、资源消耗低、环境污染少、人力资源优势得到充分发挥的生态工业园区，发展循环经济，提倡节约能源、资源的消费模式；同时，煤炭资源综合开发利用要广泛采用成熟的先进适用技术和设备。紧紧围绕煤矸石等低热值燃料发电、生产建材、回填复垦等，做大量的新技术、新工艺的开发应用工作；积极推广以提高燃烧效率和减少环境污染为目标，以燃用煤矸石等低热值燃料为主的沸腾炉及循环流化床锅炉燃烧技术；大力推广新汶矿业集团研制开发的具有自主知识产权的全硬塑煤矸石制砖设备、平庄矿务局引进并国产化的全煤矸石内燃生产空心砖技术和设备，进一步提高煤矸石综合开发利用的技术水平和产品质量，努力创造具有市场竞争力的煤炭资源综合开发利用产品品牌，提高煤炭生产企业经济与社会效益。

3. 严格审批程序科学有序开发利用煤炭资源

合理有序开发煤炭资源。进一步完善矿业权有偿取得制度，规范煤炭矿业权价款评估办法，逐步形成矿业权价款市场发现机制，实现矿业权资产化管理。煤炭矿业权资产化要与科学的生产规划相结合，按照"统一规划、集中开发、一次置权、分期付款"的原则有序进行。严格矿业权审批，对国家规划矿区内的煤炭资源，凡未经国家批准开发规划和矿业权设置方案的，一律不得办理矿业权的设置。保障矿区井田的科学划分和合理开发，形成有利于保护和节约资源的煤炭开发秩序。加快修订煤矿设计规范，严格开采顺序、开采方法和开发强度管理，禁止越层越界和私挖乱采。鼓励采用先进技术，开采难采煤层和极薄煤层。煤矿新建和改扩建项目必须按照隶属关系，依法取得同级安全生产监管部门的审查批准，并认真执行安全生产设施"三同时"制度（同时设计、施工和投入使用）。修订煤炭生产矿井资源回采率标准和管理办法，凡设计回采率达不到国家规定标准的煤炭开发建设项目，一律不予核准，不予颁发采矿许可证。建立严格的煤炭资源利用监管制度，对煤炭资源回采率实行年度核查、动态监管，达不到回采率标准的煤矿，要责令限期整改；逾期仍达不到回采率标准的，依法予以处罚，直至吊销采矿许可证和煤炭生产许可证。积极探索多种激励约束机制，促使煤炭生产企业节约煤炭资源。健全煤炭生产企业资源储量管理机构，落实储量管理责任，完善煤炭储量管理档案和制度，严格执行生产技术和管理规程。

4. 推进洁净煤技术促进煤炭资源综合开发利用

国家要制定规划，完善政策，组织建设示范工程，并给予一定资金支持，推动洁净煤技术和产业化发展。大力发展洗煤、配煤和型煤技术，提高煤炭洗选加工程度。积极开展液化、气化等用煤的资源评价，稳步实施煤炭液化、气化工程。加快低品位、难采矿的地下气化等示范工程建设，带动以煤炭为基础的新型能源化工产业发展。采用先进的燃煤和环保技术，提高煤炭利用效率，减少污染物排放。按照高效、清洁、充分利用的原则，开展煤矸石、煤泥、煤层气、矿井排放水以及与煤共伴生资源的综合开发与利用。鼓励瓦斯抽采利用，变害为利，促进煤层气产业化发展。按照就近利用的原则，发展与资源总量相匹配的低热值煤发电、建材等产品的生产。修改制定配套法规、标准和管理办法，落实和完善财税优惠政策，鼓励对废弃物进行资源化利用，无害化处理。在煤炭生产开发规划和建设项目申报中，必须提出资源综合利用方案，并将其作为核准项目的条件之一。

5. 加强科学管理增强竞争能力

每个行业都有适合本行业特点的科学管理方法。煤炭资源综合开发利用企业大多数从事跨行业的产业，各企业需要善于向其他行业学习，强化科学管理，建立一套具有专业特点的科学管理机制；煤炭资源综合开发利用企业需要按照产品特点，健全相应的规章制度，规范每一个岗位的工作内容和标准，应该做到持证上岗，形成一套严密有序的管理体系；需要强化成本管理和成本核算，严格奖惩兑现；需要实行文明生产、清洁生产和安全生产。只有这样，才能改变煤炭资源综合开发利用企业的形象，提高企业的整体素质和综合效益，才能使煤炭资源综合开发利用事业不断发展壮大。在切实转变经济增长方式、提高资源利用程度、抓好产业结构调整和产品结构调整上下工夫。煤炭资源开采应与洗煤、焦化、发电、气化、液化、建材、矿井水处理利用等项目同步规划、分步实施，做到资源循环利用、环境综合治理，实现上下游产业联动，走循环经济的发展道路。国有重点和地方骨干煤矿矿井建设要以兼并、收购、改造中小型煤矿为重点，以提高现代化水平、提高单井生产能力为重点，增强煤炭企业发展核心竞争力。

6. 完善政策法制促进煤炭企业健康发展

煤炭资源综合开发利用是变废为宝、节约能源、保护环境的公益性事业，国家应进一步完善财税扶持政策，减轻企业负担，扩大资金投入。发展煤炭资源综合开发利用事业，需要煤炭企业强化科学管理，调整煤炭产业结构，培育新的经济增长点，国家要给予财税政策支持，帮助多渠道筹集发展资金。煤炭企业要在充分利用国家现有财税优惠政策的同时，按照市场规律，加大自身的融资力度，可采取股份合作制办企业的方式，吸收一定的民间个人投资。对于煤炭资源综合开发利用示范项目的建设，要争取国家贴息贷款的支持。企业必须先千方百计多渠道筹集股本金，确保项目早日开工建成投产，使其尽快发挥社会经济效益。同时也需要加强煤炭资源综合开发利用法规制度建设，搞好政策导向。健全相应的法规制度，出台一些能促进煤炭资源综合开发利用发展的法律和规章制度，给煤炭企业搞好煤炭资源综合开发利用创造良好的法制环境，促进煤炭资源综合开发利用更好更健康地发展。

参考文献

[1] 赵国浩：《管理科学理论研究与应用》，中国科学技术出版社，2005 年。

[2] 赵国浩：《基于最优利用模型能源安全战略研究》，《中国管理科学》2005 年第 13 期。

[3] 赵国浩：《刍议自然资源管理理论的研究方法，经济系统分析：理论与应用》，社会科学文献出版社，2006 年。

[4] 王宏英：《山西煤炭工业经济结构调整的战略选择》，《经济问题》2001 年第 1 期。

[5] Zhao Guohao. A Study on the Safety Situation and Countermeasures to Chinese Natural Resources, Proceedings of International Conference on Management. Beijing：2007.

[6] 赵国浩：《中国煤炭工业与可持续发展》，中国物价出版社，2000 年。

附录 2　　基于可持续发展煤炭工业发展对策研究①

摘要：煤炭工业作为国民经济的重要基础产业，实施煤炭工业可持续发展战略对国计民生和全面实现小康水平都事关重大。本文运用系统科学的理论与方法，基于可持续发展构建新型煤炭工业发展体系，推进煤炭工业新型化，提高煤炭企业规模效益，提出促进煤炭工业可持续发展对策建议。

关键词：煤炭工业、可持续发展、发展对策

一、引言

煤炭资源对一个国家的发展起着举足轻重的作用，同时煤炭资源问题已不只是一个纯粹的经济问题，而是越来越成为与国际政治相关的重要议题。煤炭工业不仅是我国国民经济建设中重要的基础工业，而且对国家能源安全具有战略意义。面对煤炭这种耗竭性资源和社会需求的不断增加，其稀缺性将日益严重，我国煤炭工业究竟应该如何发展是一个值得深入研究的社会问题。煤炭工业可持续发展以复杂系统理论为基础，以煤炭资源优化配置为研究对象，以煤炭资源可持续利用为目标，研究可以使煤炭资源的开发和利用的运行达到可持续发展的要求，探索一套有助于煤炭工业实施可持续发展战略的行之有效的方法，力求为我国各级政府制定煤炭工业发展战略提供第一手资料，为煤炭企业提高其竞争优势提供有力的理论支持和有效的实施途径。

二、煤炭工业面临可持续发展的挑战

煤炭工业可持续发展事关国民经济发展和能源安全大局。自改革开放以来，我国煤炭工业快速发展，为我国国民经济和社会发展提供了重要的能源保障。但煤炭工业在体制、安全、环境和转产等方面依然存在着许多深层次矛盾，如煤炭工业结构不合理、经济增长方式粗放、安全事故多发、煤炭资源过度消耗和损失浪费巨大、生态环境破坏和矿区环境污染严重。同时，因煤而兴的城市在发展中存在的问题也十分突出，如经济结构单一、煤矿转产和经济转型困难、再就业压力大、生态环境承载力弱，这些矛盾和问题已严重制约煤炭工业和产煤地区经济的可持续发展。煤炭工业的可持续发展，对于我们国民经济的整体运行和国家能源安全，对实现"十一五"规划期间节能降耗的目标，对加快建立资源节约型和环境友好型社会具有特别重要的意义。

---

①　本文得到山西自然科学基金［No. 200611042］和山西省留学基金［FSJ06002］资助，作者：赵国浩，载《管理科学与系统科学研究新进展——第九届全国青年管理科学与系统科学学术会议论文集》，华南理工大学出版社，2007年。

国家有关部门预测，现在中国一次性能源消费中，煤炭比重占到 70％以上。2003 年中国煤炭产量达 16.67 亿吨，是世界最大煤炭生产国和消费国。根据中国的国情，在今后很长一段时间内，以煤为主的能源结构会有所调整，但不会发生根本性改变。确保煤炭能源供应，保证满足国内能源的正常需要，使煤炭成为出口创汇商品，扩大就业门路，保证社会稳定。煤炭工业的可持续发展，是中国社会经济发展规划中的重大战略，关系到中国的能源安全，是落实科学发展观的必然要求，是建设和谐社会的必然选择。

但是由于煤炭勘探能力不足，煤炭将无法满足社会经济发展日益增长的需求，中国煤炭资源比较丰富，保有储量在 1 万亿吨以上，位居世界第二，但按可供开采的煤炭资源计算，人均占有量仅为世界平均水平的一半左右。煤炭勘探工作滞后，可供建井的精查资源量仅在 300 亿吨左右，精查储量严重不足。长期以来，煤炭在能源总投资中的比例仅为 9.38％，是石油投资的 43％、电力投资的 16％，煤矿建设投入不足。同时近几年，煤炭资源管理工作滞后，在利益的驱动下，越权审批、跑马圈地、抢占资源的问题愈演愈烈，一些可供建设大型煤炭基地的整装煤田被随意分割肢解，大型煤炭企业后备资源短缺，中国煤炭工业发展将面临后续乏力。

以山西省煤炭工业为例，改革开放 20 多年来，山西累计生产原煤 65 亿吨之多，占到同期全国煤炭总产量的 30％；累计调出原煤 45 亿吨，占到全国省级净调出量的 80％；出口占到全国的 70％。但山西省煤炭资源开发规划仍缺乏整体性，大矿周边小矿的越层越界开采严重，对大矿资源构成了很大的威胁。而在地方乡镇煤矿资源浪费严重的情况下，国有重点煤炭企业规划区后备资源又得不到优先保证。据测算，山西省煤炭资源回收率仅 35％，特别是小煤矿回收率只有 10％～15％，每年近 5 亿吨的产量却要动用开采量近 20 亿吨！再者，煤矿产业集中度低，煤矿企业小、散、乱的问题比较突出。目前，山西省有各类煤矿 3991 座，生产矿井 4496 座，基建矿 147 座。而生产矿井中，年产 9 万吨以下的有 2608 座、3075 个井，分别占矿井总数的 65.35％和 68.39％。2006 年，山西省五大煤炭集团公司原煤产量仅占全省的 35％，对市场影响力、控制力和保障供应能力都十分脆弱。另外，据不完全统计，山西省煤矿安全欠债近 140 亿元，特别是中小型煤矿先天投入不足，矿井防灾能力非常脆弱。

由于煤炭工业发展过程中矛盾长期的积累和政策失调的严重滞后，一些深层次的矛盾也日益显现。这主要表现在体制和政策上，如煤炭开采的成本一直沿用旧的计算方法，而资源价值、安全成本、发展成本、退出成本、环境成本等几乎没有计算在内，这些因素直接影响到煤炭企业的发展后劲。

煤炭工业实现可持续发展，必须全面规划，统筹研究体制、资源、环境、安全、转产发展五个方面的问题，建立和完善有偿使用自然资源和恢复生态环境的长效机制，促进煤炭工业全面、协调、可持续发展。

三、基于可持续发展构建新型煤炭工业发展体系设想

基于可持续发展构建新型煤炭工业体系应围绕资源节约型和环境友好型的基本国策，

节约能源资源，走科技含量高、经济效益好、资源消耗低、环境污染少、人力资源优势得到充分发挥的路子。积极推进资源的整合，引进先进技术，开发和推广资源节约与综合利用新技术，加快资源节约新技术、新产品和新材料的推广应用，大力提高煤炭产业的技术含量，同时把对环境污染的预防和治理工作放在煤炭生产的全过程。要加大对节约资源、发展循环经济的重大项目和技术开发、产业化示范项目的支持力度。

推进煤炭资源整合是煤炭工业调整经济结构、转变经济增长方式、实现煤炭产业优化升级的必由之路，煤炭资源整合和有偿使用，是缓解资源环境压力、促进煤炭工业可持续发展的重要手段，煤炭资源整合是提高安全生产水平的重要前提。

按照科学发展观的要求，以大型煤炭基地、大型煤炭企业集团、高标准现代化矿井建设为重点，坚持"资源整合、关小上大、能力置换、联合改造、淘汰落后、优化结构"的原则，以建设新型能源和工业基地为目标，通过政府引导、部门配合、科学规划、上下联动、以点带面，切实做到合理利用和有效保护煤炭资源，最大限度地维护煤炭资源国家所有权益和显化资源价值，兼顾国家、集体、投资者和当地群众的利益，促进煤炭工业持续、健康、稳定发展，真正实现煤炭资源整合和有偿使用的战略目标，构建新型煤炭工业发展体系。

1. 推进经济转型实现煤炭工业新型化

煤炭工业新型化是指：①将煤炭工业的实力定位于综合竞争力、经济效益、可持续发展的能力。不能简单地以煤炭储存量或产量来衡量煤矿的实力，而要充分考虑其他资源和环境的承载能力。对煤炭开发与利用要适度有序的发展，既要抓住当前能源形势很好的机遇，进一步提升煤炭开发与利用总量和经济效益，又要全面考虑煤炭工业可持续发展能力的提升，实现煤炭开发总量有效控制。②坚持规模化生产。依托大企业、大集团建设一批安全设备完善，具有现代化开采技术的大型煤矿，淘汰、改造、兼并落后煤矿。③提高采煤技术的机械化水平，提高回采率。④大力发展煤炭下游产品，延伸产业链，提高煤炭能源的技术含量和附加值。

2. 控制产能规模推进煤炭加工转化

煤炭经济运行质量好坏直接影响到全国社会经济发展大局，煤炭经济运行质量的关键在于能否做到煤炭适度有序开采、供求适度偏紧，资源充分利用，这既关系到国家能源安全，又关系到经济与社会的健康稳定可持续发展，还关系到煤炭企业的切身利益。同时，在切实转变经济增长方式、提高资源利用程度、抓好产业结构调整和产品结构调整上下工夫。资源整合后矿井建设要与洗煤、焦化、发电、气化、液化、建材、矿井水处理利用等项目同步规划、分步实施，做到资源循环利用和环境综合治理，实现上下游产业联动，走循环经济的发展道路。国有重点和地方骨干煤矿矿井建设要以兼并、收购、改造中小型煤矿为重点，以提高现代化水平、提高单井生产能力为重点，增强煤炭企业发展核心竞争力。

3. 实施资源整合提高煤炭企业规模效益

煤矿需要的是储量可靠、技术可行、经济合理、环境允许的煤炭资源，煤炭工业可持续健康发展的关键在产业集中度和生产力水平的提高，不解决小、散、乱的问题，就不能有效提高产业整体水平。以大型煤炭企业为主体，加快大型煤炭基地建设，在资源整合和有偿使用工作中，要从长远发展战略出发，积极创造条件，组建以国有重点煤炭企业和地市骨干煤炭企业为核心的集团公司，全面提高煤炭工业的整体素质及安全保障能力和核心竞争力。因此，煤炭工业对煤炭资源应实现总体规划、有序开发和合理利用发展战略，提高煤炭资源的有效供给能力。

四、基于可持续发展煤炭工业发展对策建议

实施煤炭工业可持续发展战略，从根本上来说是要改变人的观念，决定其成功与否关键是煤炭行业对煤炭资源管理的水平和行业自律的程度，是否在全煤炭矿区采用生态系统可持续的生产方式，是否能实现煤炭工业新型化。

中共十六大明确提出："坚持以信息化带动工业化，以工业化促进信息化，走出一条科技含量高、经济效益好、资源消耗低、环境污染少、人力资源优势得到充分发挥的新型工业化路子。"煤炭工业作为国民经济的基础产业，在新型工业化道路上占首要地位。煤炭工业的结构调整还必须继续加大结构调整力度，按照新型工业化的发展要求，"控制总量、调整结构、优化布局、扩大出口、提高效益"的思路，遵循产业发展和国际化分工的内在规律，立足于煤炭工业实际，充分发挥资源优势和完备的煤炭工业体系优势，用高新技术改造传统产业，实现煤炭产业的优化升级，努力增加煤炭产品的科技含量和附加值，走出一条新型煤炭工业化的路子来，促进煤炭工业的可持续发展。

在经济转型时期，对煤炭工业推行比较灵活的投资政策，企业推行股份制经营，建立和完善各种形式的投资竞争机制，扩大生产非煤产业的高利润产品，实现广泛的多种经营。除国家投资外，地方拨款用于发展内地的基础设施建设，扩大煤炭出口，政府出资铺设运煤铁路，支持兴建和扩建煤炭出口码头，优化投资环境。煤炭政策真正落实到位，才能推动煤炭工业的持续、稳定、健康发展，为国家经济建设提供强大的能源支持。

国家通过立法对能源市场进行调节，形成供需有序化的能源政策。政府对煤炭工业进行宏观调控，重视煤炭资源管理，推广有利于环境保护的新技术，实行多渠道的煤炭运输，对煤炭市场全面放开，政府支持有关煤炭的科技与开发。考虑到矿工就业稳定和能源供应保障，政府加强对煤炭工业实行扶持政策，包括诸如价格补贴、税收优惠、投资补助、政府收购、矿工补助、环保资助、研究开发补助等。

从资源的长远利用角度，需要遵循循环经济的3R原则：减量化（Reduce）、再利用（Reuse）和再循环（Recycle）。资源的节约利用和环境保护是循环经济的原则之一，其实质是社会经济与生态系统和谐发展，以实现经济可持续、生态可持续和社会可持续。循环经济的"减量化、再利用、再循环"的三个基本原则，是和当前煤炭工业可持续发展的理念一脉相承的。循环经济的最本质特点就是在主产业链上向前向后延伸，实行闭合循环发展，就是将上游产生的废物作为下游的生产原料。

循环经济可以实现煤炭企业、资源型城市和社会环境的和谐发展。循环经济以协调人与自然关系为准则，模拟自然生态系统运行方式和规律，实现煤炭资源的可持续利用，使

煤炭生产从数量型的增长转变为质量型的增长。同时，循环经济还拉长资源型城市的产业链，推动了环保产业和其他新型产业的发展，并可以增加资源型城市人口的就业机会，促进资源型城市社会经济的可持续发展。我们的一些资源型城市是先有矿，后有市，因煤而兴、因煤而走向辉煌，也因煤炭市场下滑而陷入困境，这给煤炭资源城市的转型带来严峻挑战，走循环经济之路可以从根本上解决煤炭资源型城市的转型问题。

循环经济在不同层面上，把煤炭生产和消费纳入到煤炭工业可持续发展的框架之中。煤炭开采过程中要同时考虑建设洗煤厂、煤矸石热电厂、矿井水处理站等下游企业或产业。因此，煤炭行业发展循环经济先要推进科技创新和管理创新。瓦斯是危及煤炭安全生产的一个难点问题，要加强对瓦斯的利用，推广高效瓦斯排放技术，研究低浓度瓦斯的回收、压缩技术，减少瓦斯的直接排放，探索大力发展瓦斯发电等技术问题，既能解决了长期困扰煤矿安全的瓦斯隐患，又实现了化害为利、变废为宝。要探索科学的煤炭资源生产与消费方式，真正使煤炭工业从生产到消费形成良性循环。

政府的全方位推动，才能促进循环经济的快速发展。政府对循环经济的支持方式也可以是多种多样的，包括直接投资兴建影响深远的循环经济项目，对资源和生产要素进行价格管制，迫使当事者节约资源，也包括对符合循环经济模式的企业行为和个人行为给予财政补贴或减免税收等。这些支持只要以适当的方式并控制在适当的范围，就能有效地促进循环经济的发展。煤炭企业本身也应从追求长远目标、担负社会责任等方面去培育相应的动力机制，共同推动煤炭企业自觉的走循环经济之路。

参考文献

[1] 赵国浩：《管理科学理论研究与应用》，中国科学技术出版社，2005 年。

[2] 赵国浩：《基于最优利用模型能源安全战略研究》，《中国管理科学》2005 年第 13 期。

[3] 王宏英：《山西煤炭工业经济结构调整的战略选择》，《经济问题》2001 年第 1 期。

[4] Zhong Ziran. Natural resources planning, management and sustainable use in China. Resources Policy, 1999, (25).

[5] 赵国浩：《中国煤炭工业与可持续发展》，中国物价出版社，2000 年。

附录3　变权组合预测模型在中国煤炭需求预测中的应用①

摘要：变权组合预测是对各个单项预测模型在各时点上施以适当权重进行组合，权重是随预测时刻变化的函数。该方法具有较高的预测精度和预测稳定性，能比较合理地描述系统的客观现实。本文依据中国煤炭需求 1978～2005 年的历史数据及对煤炭需求的影响因素，分别建立灰色系统、多元回归的单项预测模型。根据组合预测理论建立中国煤炭需求的变权组合预测模型，对中国未来 20 年煤炭需求进行了预测。

关键词：多元回归模型、灰色模型、变权组合模型、煤炭需求、预测

一、引言

国内众多专家和研究单位曾采用不同的方法对中国煤炭需求进行过预测，但由于所采用的方法和所取的基础数据不同，预测结果差异较大，预测精确度都较低。

本文在分析和借鉴以往预测方法和结果的基础上，对中国煤炭市场的需求进行了深入研究，系统分析了影响煤炭市场需求的相关因素，运用多元回归模型和灰色模型对煤炭需求进行单项预测基础上，再利用变权组合预测模型进行了组合预测。

自从 Bates 和 Granger 在 20 世纪 60 年代首次提出组合预测理论以来，对组合预测方法的研究和应用发展很快。组合预测将不同的预测方法以某种方式进行适当的组合，综合利用各种预测方法所提供的信息，组合模型可以克服单一模型的局限性，有效地集结更多的有用信息，减少预测的随机性，提高预测精度。因而，组合预测方法尤其适用于信息不完备的复杂经济系统。

从目前国内外研究成果看，组合权重一般有两大类：一类为定常权重；另一类为时变权重。定常权重研究较早，确定方法较成熟，但由此构成的组合预测方法的预测精度较差；时变权重的研究起步较晚，确定方法仍处于探讨阶段，但变权组合预测方法的预测精度明显高于定常权重组合预测方法，故引起了预测界的广泛兴趣。由于变权函数是时间的函数，它的确定比较困难。本文采用线性规划法来确定组合预测的变权系数，从对历史的模拟值来看，变权组合预测的精确度较高，可以认为预测结果的可信度也较高。

二、中国煤炭需求的单项模型预测

1. 多元线性回归模型预测

（1）多元线性回归模型的建立。通过对影响中国煤炭消费相关因素的分析，认为煤炭

---

①　作者：王永光、赵国浩，载《中国可持续发展论坛——2007 中国可持续发展研究会学术年会论文集》，黑龙江教育出版社，2007 年。

需求的解释变量应该反映经济发展对煤炭的需求和主要耗能行业对煤炭的需求。因此，本文以煤炭需求指数（Coal）为被解释变量，选择工业 GDP 指数、煤炭价格指数（Pcoal）、石油价格指数（Poil）、火力发电量指数（Elec.）、生铁产量指数（Iron）、粗钢产量指数（Crude-steel）、钢材产量指数（Steel）、建材产量指数（Mate.）8 个因素作为解释变量。以相关因素的指数（以 1978 年为 100）作为解释变量和被解释变量，可以避免数据在数量级上的较大差异，同时指数能很好地反映增长趋势，满足需求预测的需要。

假设煤炭需求指数与各解释变量之间呈线性关系，建立模型如（1）：

$$Coal_t = \beta_0 + \beta_1 \times GDP_{Indus_t} + \beta_2 \times P_{Coal_t} + \beta_3 \times P_{Oil_t} + \beta_4 \times Elec_t + \beta_5 \times Iron_t +$$
$$\beta_6 \times Crude\text{-}steel + \beta_7 \times Steel + \beta_8 \times Mate_t + u_t \tag{1}$$

式中：β_0 为常变量；β_1，β_2，…，β_8 为系数，代表各解释变量对被解释变量的影响；u_t 为随机误差项。

选取 1978～2005 年的各变量数据作为样本观察值，利用《中经网产业数据库》中的相关数据计算得到各变量的观察值。将得到的 28 组样本观测值输入 SPSS 统计软件进行线性回归分析，得到相应的统计结果。可知生铁产量指数、石油价格指数、煤炭价格指数、粗钢产量指数的 t 检验值都小于临界值，不能通过 t 检验，说明这些自变量对因变量无显著影响。

逐步舍去 t 检验值较小的生铁产量指数、石油价格指数、煤炭价格指数三个变量后，粗钢产量指数的 t 检验值显著提高，能通过 t 检验，得到仅有 5 个解释变量的新的回归方程统计结果。

计算得到多元回归预测模型如式（2）：

$$Coal_t = 44.749 - 0.314 \times GDP_{Indus_t} + 0.448 \times Elec_t + 0.432 \times Crude\text{-}steel -$$
$$0.297 \times Steel + 0.321 \times Mate_t \tag{2}$$

由统计结果可知，判定系数 R^2 和调整的判定系数 $\overline{R}^2$ 接近于 1，说明方程整体的拟合性较好；复相关系数 R＝0.993，说明自变量和因变量之间相关性较好。F＝307.838＞$F_{0.05}$（5，22）＝2.661，说明回归方程总体显著，整体回归效果很好。模型中剩余的 5 个自变量的 t 检验值绝对值都有｜t｜＞$t_{0.025}$（22）＝2.074，能通过 t 检验，说明这些自变量对因变量有显著影响。1.03＝d_l＜DW＝1.147＜d_u＝1.85，模型无法判断是否存在自相关；两次模拟的拟合程度都较高，因此不再需要改变模型中解释变量的性质或数量。

（2）自变量预测。本文假设：以 2006 年为基数，各自变量指数的预计增长速度如下表。

2007～2020 年各指数预计增长速度表

时间＼指数	工业 GDP 指数	火电产量指数	粗钢产量指数	钢材产量指数	建材产量指数	备注
2006	2109.5	1111.93	1330.23	2144.30	1893.01	基数
2007～2010	7.50%	6.50%	7.00%	7.50%	6.50%	

续表

时间＼指数	工业GDP指数	火电产量指数	粗钢产量指数	钢材产量指数	建材产量指数	备注
2011～2015	7.00％	6.00％	6.50％	7.00％	6.00％	
2016～2020	6.50％	5.50％	6.00％	6.50％	5.50％	

根据预测的增长速度，可计算出各自变量指数的预测值。

（3）煤炭需求量预测。将自变量的历史数据带入已得到的回归方程，即可得到煤炭需求指数的拟合值，通过拟合值与实际值之间的误差来检验模型的拟合精度。煤炭需求指数的实际值与拟合值之间相对误差的平均值为3.46％，误差平方和为1948.9，预测精度＝1－3.46％＝96.54％；由此可见，模型具有比较高的拟合精度，可以用来预测未来的需求。将自变量未来的预测数据带入已得到的回归方程，即可得到煤炭需求指数的预测值。

2. 灰色系统预测模型

（1）煤炭需求GM（1，1）模型的建立。将1978～2005年的煤炭需求指数作为原始数据序列，即：

$$X^{(0)} = (x^{(0)}(1), x^{(0)}(2), \cdots, x^{(0)}(28))$$

作一次累加生成$X^{(1)}$序列，即：

$$X^{(1)} = (x^{(1)}(1), x^{(1)}(2), \cdots, x^{(1)}(28))$$

其中，$x^{(1)}(k) = \sum_{i=1}^{k} x^{(0)}(i)$，$k = 1, 2, \cdots, 28$。

本文采用DPS数据处理系统软件来进行灰色模型GM（1，1）的计算，以减少人工计算的工作量，提高运算效率。将煤炭需求指数的原始数据序列输入DPS数据处理系统，通过软件分析计算，即可得到相应的参数、拟合值及预测值。

软件运算所得模型参数为：

a＝－0.041310，b＝105.787249。其中－a＜0.3，GM（1，1）模型可用于中长期预测。

确定模型为：

$$\frac{dx^{(1)}}{dt} - 0.04131x^{(1)} = 105.787249 \tag{3}$$

时间响应序列为：

$$\hat{x}^{(1)}(t+1) = \left[x^{(0)}(1) - \frac{b}{a}\right]e^{-at} + \frac{b}{a} = 2660.808559e^{0.041310t} - 2560.808559 \tag{4}$$

（2）模型的检验。

①残差检验。

模型模拟值的相对误差平均值$\overline{\Delta} = \frac{1}{n}\sum_{k=1}^{n}\Delta_k = 8.512\% < 10\%$，则平均相对精度$1-\overline{\Delta}$＝91.49％。误差平方和为15231.7。

②关联度检验。

根据计算出的残差序列 $\varepsilon^{(0)}$，关联度系数：

$$\eta(k)=\frac{\min(\mid\varepsilon^{(0)}(k)\mid)+\rho\cdot\max(\mid\varepsilon^{(0)}(k)\mid)}{\varepsilon^{(0)}(k)+\rho\cdot\max(\mid\varepsilon^{(0)}(k)\mid)}, \; k=1,2,\cdots,n,\; 取\rho=$$

0.5。则计算所得关联度为：

$$\gamma=\frac{1}{n}\sum_{k=1}^{n}\eta(k)=0.6602>0.6，故模型为关联度合格模型。$$

③均方差比值检验与小概率误差检验。

均方差比值 $C=\dfrac{S_2}{S_1}=0.3379<0.35$，为一级精度，模型为均方差比合格模型。

小误差概率 $p=(\mid\varepsilon(k)-\bar\varepsilon\mid<0.6745S_1)=0.8889>0.80$，为二级精度，模型为小误差概率合格模型。

通过以上三个检验，说明 GM（1，1）模型对煤炭需求指数的拟合效果较好，能用来预测未来煤炭需求指数。

（3）煤炭需求的预测。将时间 t 带入式（4）中，即可求出 $X^{(1)}$ 序列的模拟值及预测值 $\hat{X}^{(1)}$，还原后即可得到 $\hat{X}^{(0)}$ 的模拟值及相应的预测值。

三、中国煤炭需求的变权组合预测

1. 模型的建立及求解

设对某一预测问题，有 n 种预测方法（或预测模型），并假设：

Y_t——第 t 期的实际观测值，$t=1,2,\cdots,M$；

f_{it}——第 i 种方法在 t 期的预测值，$i=1,2,\cdots,n$；

k_{it}——第 i 种预测方法在第 t 期的加权系数，且满足 $\sum_{i=1}^{n}k_{it}=1,k_{it}\geqslant0$（$i=1,2,\cdots,n$）；

$e_{it}=Y_t-f_{it}$——第 i 种预测方法在第 t 期的预测误差；

$f_t=\sum_{i=1}^{n}k_{it}\cdot f_{it}$ 为变权组合预测在第 t 期的预测值；

$e_t=Y_t-f_t$——变权组合预测方法在第 t 期的预测误差；则有：$e_t=Y_t-f_t=\sum_{i=1}^{n}k_{it}e_{it}$。

求组合预测权重系数的基本原则是使样本点处组合预测误差最小。在此采用组合预测误差绝对值最小的方法。在考虑权重系数自身的要求，有如下的组合预测优化模型：

$$\begin{cases} \min J_t=\mid e_t\mid=\left|\sum_{t=1}^{n}k_{it}e_{it}\right| \\ s.t. \sum_{i=1}^{n}k_{it}=1,\; k_{it}\geqslant0\;(t=1,2,\cdots,M) \end{cases} \tag{5}$$

对于上述模型的求解，可分为两种情况：

（1）在样本点 t 处，对所有的 i，均有 $e_{it}\geqslant0$（或 $e_{it}\leqslant0$），即在某一样本点处，所有预

测模型的预测误差均是同方向的，则模型可化为：

$$
\begin{cases}
\min J_t = \left| \sum_{t=1}^{n} k_{it} e_{it} \right| = \sum_{t=1}^{n} k_{it} \cdot e_{it} | \\
\text{s. t. } \sum_{i=1}^{n} k_{it} = 1, \ k_{it} \geqslant 0 \ (t=1,2,\cdots,M)
\end{cases}
\tag{6}
$$

此时，模型是只有一个线性约束的线性规划问题，假设 $e_{pt} = \min\{e_{it}\}$，则模型的解一定为：

$$
\begin{cases}
k_{it} = 1 \ (i=1,\ 2,\ \cdots,\ n,\ i=p) \\
k_{it} = 0 \ (i=1,\ 2,\ \cdots,\ n,\ i \neq p)
\end{cases}
\tag{7}
$$

（2）在样本点 t 处，对部分 i 有 $e_{it} > 0$；对另外一部分 i，则存在 $e_{it} < 0$ 的情况。

记 $I_1 = \{I e_{it} > 0\}$，$I_2 = \{I e_{it} < 0\}$，且 $I = I_1 + I_2$。也就是说，在某一样本点处，有部分预测方法的预测误差为正，部分预测方法的预测误差为负，这时模型（5）可化为：

$$
\begin{cases}
\min J_t = | e_t | = \left| \sum_{i=1}^{n} k_{it} \cdot e_{it} \right| = \left| \sum_{i \in I_1} k_{it} \cdot e_{it} + \sum_{i \in I_2} k_{it} \cdot e_{it} \right| \\
\text{s. t. } \sum_{i \in I_1} k_{it} + \sum_{i \in I_2} k_{it} = 1, \ k_{it} \geqslant 0 \ (t=1,2,\cdots,n)
\end{cases}
\tag{8}
$$

此模型具有多重最优解。若令 $U_t = | e_t | + e_t$，$V_t = | e_t | - e_t$，则 $| e_t | = (U_t + V_t)/2$，$e_t = (U_t - V_t)/2$，这样模型变为：

$$
\begin{cases}
\min J_t = \left| \sum_{i \in I_1} k_{it} \cdot e_{it} + \sum_{i \in I_2} k_{it} \cdot e_{it} \right| = (U_t + V_t)/2 \\
\text{s. t. } \sum_{i \in I_1} k_{it} \cdot e_{it} + \sum_{i \in I_2} k_{it} \cdot e_{it} - (U_t - V_t)/2 = 0, \\
\sum_{i \in I_1} k_{it} + \sum_{i \in I_2} k_{it} = 1, \ k_{it} \geqslant 0, U_t \geqslant 0, V_t \geqslant 0 \ (i=1,2,\cdots,n, \quad t=1,2,\cdots,M)
\end{cases}
\tag{9}
$$

式（9）显然有无穷多组解。设在前 I_1 个模型中，若存在 $p_1 \in I_1$，使得 $e_{p_1 t} \leqslant e_{p_t}$（$i \in I_1$ 且 $i \neq p_1$），则 f_{p_1} 为样本点 t 处前 I_1 个预测方法中的最优点预测方法；同样，对后 $n - I_1$ 个预测方法，必存在一个 $p_2 \in I_2$，使得 $| e_{p_2 t} | \leqslant | e_{p_t} |$（$i \in I_2$ 且 $i \neq p_2$），f_{p_2}，则为样本点 t 处，后 $n - I_1$ 个预测方法中的最优点预测方法。这时可令 $k_{it} = 0$（$i \in I$ 且 $i \neq p_1$，$i \neq p_2$），则式（9）可转化为：

$$
\begin{cases}
k_{p_1 t} e_{p_1 t} - k_{p_2 t} | e_{p_2 t} | = 0 \\
k_{p_1 t} + k_{p_2 t} = 1
\end{cases}
\tag{10}
$$

解之得：

$$
\begin{cases}
k_{p_1 t} = \dfrac{| e_{p_2 t} |}{| e_{p_1 t} | + | e_{p_2 t} |} \\
k_{p_2 t} = \dfrac{| e_{p_1 t} |}{| e_{p_1 t} | + | e_{p_2 t} |}
\end{cases}
\tag{11}
$$

按照上述两种情况，根据式（6）和式（11）可求得各种预测方法在各样本点的最优组

合权系数 k_{it}。

构建组合预测模型的目的是为了预测，需要确定预测时点的组合权系数，即：

$k_{i,M+j}$（$i=1, 2, \cdots, n$；$j=1, 2, \cdots$）。有一种方法可确定 $k_{i,M+j}$：

$$k_{i,M+1} = \frac{1}{M}\sum_{t=1}^{M} k_{it}, \ k_{i,M+2} = \frac{1}{M}\sum_{t=2}^{M+1} k_{it}, \cdots, k_{i,M+j} = \frac{1}{M}\sum_{t=j}^{M+j-1} k_{it} \tag{12}$$

容易证明，这样确定的 $k_{i,M+j}$ 满足 $\sum_{i=1}^{n} k_{i,M+j} = 1$ 且 $k_{i,M+j} \geq 0$。

2. 煤炭需求的变权组合预测

设多元线性回归模型为 f_1，灰色模型为 f_2。

前面已经计算出多元线性回归和灰色模型单项预测在各时点的误差，依此可建立线性规划模型，根据式（6）和式（11）可求出线性规划的解，也即两种预测方法在各样本点的最优组合权系数 k_{it}。通过式（12），即可确定未来预测时点的组合权系数 $k_{i,M+j}$（$i=1, 2, \cdots, n$；$j=1, 2, \cdots, n$）。变权组合预测在第 t 期的预测值为 $f_t = \sum_{i=1}^{n} k_{it} \cdot f_{it} = k_{1t} \cdot f_{1t} + k_{2t} \cdot f_{2t}$，可计算出拟合值的误差和相对误差，拟合值的平均相对误差 $\overline{\Delta} = \frac{1}{n}\sum_{k=1}^{n} \Delta_k = 2.04\% < 3.46\% < 8.512\%$，平均相对精度 $1-\overline{\Delta}=97.96\%$。组合预测的预测误差平方和 $\sum_{t=1}^{M}(e_t^2) = 1088.5 < 1948.9 < 15233.1$。说明组合预测的拟合效果好于多元线性回归和灰色模型的单项预测，预测精度也比任一单项预测要高。煤炭需求的多元线性回归、灰色模型和组合模型预测值见下表。

煤炭需求各模型预测值

年份	2006	2007	2008	2009	2010	2011	2012	2013
多元线性回归模型预测值	241560	249885	258313	266818	275369	282679	289879	296923
灰色模型预测值	193897	202074	210597	219479	228735	238382	248436	258914
变权组合预测值	230615	240222	248325	256555	264897	272377	279897	288013
年份	2014	2015	2016	2017	2018	2019	2020	
多元线性回归模型预测值	303759	310331	315149	319511	323345	326572	329103	
灰色模型预测值	269833	281214	293074	305434	318316	331741	345732	
变权组合预测值	296734	304086	310245	316273	322147	327848	333254	

由计算结果可以看出，2006 年组合预测的煤炭需求量为 23.06 亿吨，比实际煤炭需求量 23.7 亿吨少 2.69%，到 2020 年组合预测的煤炭需求量为 33.3 亿吨，2007～2020 年，预测煤炭需求不断增长，但增长速度呈逐年减少的趋势，平均增速为 2.92%。

四、结论

预测结果表明，随着中国经济的增长，对煤炭的需求也将不断增长，到 2020 年煤炭需求量预测值将达到 33.3 亿吨。预测的需求量是指按照目前经济的发展速度和发展方式所需的需求量。考虑到产业结构的调整，高耗能产业比重降低；科技进步、生产技术水平的提升，循环经济的大力发展和节约型社会的建设，单位 GDP 能耗将会降低；还有替代能源的使用，能源结构调整；相应的都会减少对煤炭资源的需求。因此，未来煤炭需求量应该是小于预测的需求量。

变权组合预测能充分利用多个单项预测模型的有用的信息资源，能改善拟合效果，可显著地提高预测的精度，能消除一些随机因素的影响，提高预测的稳定性，比较合理地描述系统的客观现实。结果表明，该模型可以作为我国未来煤炭需求预测的有效工具。但时变的权数计算相对复杂，采用不同的优化模型，会有不同的结果。这种预测方法还有待进一步的研究改进，笔者希望本文能起到抛砖引玉的作用。

参考文献

[1] 王景、刘良栋、王作义：《组合预测方法的现状和发展》，《预测》1997 年第 6 期。

[2] 赵国浩：《中国煤炭工业与可持续发展》，中国物价出版社，2000 年。

[3] 卢二坡：《中国能源需求预测模型研究》，《统计与决策》2005 年第 10 期。

[4] 刑全忠、张健：《GM（1，1）模型在煤炭需求预测中的应用》，《中国煤炭》2004 年第 1 期。

[5] 卢奇、顾培亮等：《组合预测模型在中国能源消费系统中的构建及应用》，《系统工程理论与实践》2003 年第 3 期。

[6] 杨月、沈进：《多元线性回归分析在人才需求预测中的应用》，《商场现代化》2006 年第 11 期。

[7] 谢开贵、周家启：《变权组合预测模型研究》，《系统工程理论与实践》2000 年第 7 期。

[8] 唐小我、曾勇、曹长修：《变权组合预测模型研究》，《预测》1993 年第 3 期。

[9] 赵黎明、钱伟荣等：《住宅需求的组合预测》，《系统工程学报》2001 年第 6 期。

[10] 刘思峰、党耀国：《预测方法与技术》，高等教育出版社，2005 年。

附录4　煤炭资源资产化管理研究^①

一、煤炭资源价值理论

在传统的经济价值观中，一般认为没有劳动参加的东西没有价值，或者认为不能交易的东西没有价值，因此都认为天然的煤炭资源没有价值。煤炭资源无价值论的产生既有思想观念、经济体制和历史传统的因素，也与煤炭资源本身的性质有关。首先，劳动价值论的绝对化。根据马克思的劳动价值论，价值取决于物品中所凝结的社会必要劳动，把这一理论加以极端化，就认为不含劳动的煤炭资源就没有价值，导致我们从理论到实践都忽视煤炭资源的价值价格问题。其次，确定价格的市场机制不合理。煤炭资源产品的价格，只包含了开发资源的成本和利润等项内容，没有包含煤炭资源本身的价值。如煤炭的价格长期以来只计算开采和运输成本，未计生态环境成本，而且土地长期无偿使用，近年来政府逐渐意识到这个问题，开始征收土地使用费和使用税、矿产资源补偿费、煤炭资源税等，但仍未从根本上解决问题。再次，就是历史传统的影响。在经济社会发展水平和人民生活水平比较低的情况下，对煤炭资源的开发利用程度也比较低，煤炭资源相对丰富。在这种情况下，人们没有意识到煤炭资源和生态环境的价值是很自然的。最后，"公共财产"的存在。诸如大气、江河湖海、荒野等煤炭资源往往是公共财产，很难计算价格，难以收取费用。

1. 矿产资源价值论

关于矿产资源是否具有价值，经过长期的讨论，目前已基本达成共识，即矿产资源具有价值。论证矿产资源具有价值，提出矿产资源的价值构成及其评估，国内有许多学者做过这一研究，如韩劲等的《矿产资源价值的构成及其实现》；王四光等的《矿产资源资产的价值及其评估》；刘金平的《矿产资源价值理论及其模型》；王立杰的《矿产资源计价理论与方法研究》等都阐述了矿产资源具有价值的理论。其论述大都认为因为矿产勘察的劳动对象——矿产资源是国家所有的一种资产，既然是资产，当然具有价值。但目前主要的争议在于：一种观点认为未被发现、勘察的资源只是大自然的产物，本身没有价值，只有那些经过勘察的矿产资源因凝结了勘察劳动才具有价值，并认为，因为矿产勘探投入来自国家，这是矿产资源属国家所有和必须实行有偿开采的主要依据。

2. 煤炭资源无价值论的危害

煤炭资源无价值的观念及其理论上、政策上的表现，导致了煤炭资源的无偿占有、掠夺性开发和浪费，以致造成煤炭资源损毁、生态破坏和环境恶化，成为经济社会发展的制

① 作者：赵国浩、李静娜，载《煤炭新产业与资本化高峰论坛论文集》，能源世界出版社，2008年。

约因素。具体来说有如下危害：

（1）导致煤炭资源的破坏和浪费。由于煤炭资源可以不计价值、价格，可以无偿或低价使用，在利益的驱动下，使用者就会多占多用，随意浪费，煤炭资源利用上"采富弃贫、采厚弃薄、采主弃副、采易弃难"等现象比比皆是。占有煤炭资源的单位和个人无视煤炭资源利用的效益，没有节约资源、提高资源利用效率的主动性、积极性和约束机制，因而造成煤炭资源恶性破坏和浪费。

（2）导致财富分配不公和竞争不平等。既然煤炭资源无价值和无价格，其所有权和使用权就不能通过市场竞争获得，而是通过权力、关系和偶然因素得到。这样，获得煤炭资源的单位和个人比未获得的单位和个人处于有利地位，获得丰饶性好的煤炭资源的单位和个人必然会比获得丰饶性差的单位和个人处于有利地位。这种情况下，丰饶的煤炭资源往往掩盖了低劣的管理。

（3）一项重要的国家收入得不到落实。煤炭资源属于公共所有，其产生的价值本来可以作为一项重要的财政收入，由于煤炭资源无价，导致所有权未能在经济上实现。

（4）煤炭资源的物质补偿和价值补偿不足，导致煤炭资源财富枯竭。煤炭资源在被开发利用的同时，其煤炭资源的环境应当得到不断保护、补偿和整治。如果在理论上认为煤炭资源没有价值，实践上煤炭资源就会无偿使用，其保护和补偿措施就得不到应有的重视，会被视为额外负担。

（5）国民财富核算的失真。煤炭资源是国民财富的重要组成部分，煤炭资源没有价值和价格，使整个国民财富的核算不能反映国家实力和经济水平。

3. 煤炭资源价格不合理

煤炭价格构成长期以来还不是很合理。首先，煤炭成本和价格不反映煤炭资源成本，计划经济时期国家包揽了煤炭所有的地质勘察工作，煤矿只需在指定的地点建井生产。进入市场经济以后，企业新建矿井不仅需要出资取得探矿权、购买采矿权，并且还需要自己投资对煤炭资源进行进一步精查，才能进行矿井设计和施工，而这些目前在煤炭价格核算中都未涉及。

其次，承担的社会责任不平等。煤炭行业和其他行业相比，由于就业门槛比较低，承担了大量低素质劳动者的就业安置任务，在稳定社会、发展经济、提高就业水平、解决弱势群体的后顾之忧方面，承担了巨大的经济和政治责任。同时，煤炭成本和价格中不反映煤矿退出成本和费用。煤炭是不可再生的资源，所有的煤矿都会因资源枯竭而关闭退出。煤矿关闭前，企业需要大量资金用于转产和人员安置，而这些费用企业不能预先提取计入成本，所需资金没有来源。前几年，国家不得不动用大量财力对资源枯竭和扭亏无望的原国有重点煤矿进行政策性破产。今后，随着市场经济体制的不断完善，这项政策将逐步淡出，煤炭企业必须积累这部分退出转产资金。同时，煤炭企业要继续生存必须建设新的矿井，开发新的接续资源，需要大量投入，同样这些费用必须在成本中得到补偿，包含在煤炭价格中。而在现行核算框架下，这些费用不能预提，不能计入成本项目，所需资金没有来源。

再次，煤炭成本核算项目系数规定得过死。煤矿固定资产折旧、维简费和沉陷治理费用提取标准是国家统一规定的。尽管在规定中也考虑到了不同矿井开采条件的差异性，但与实际需要相比仍有较大差距。如现行煤矿采煤沉陷资金提取标准过低根本满足不了需要，欠账越积越多，沉陷区房屋建筑搬迁问题越来越多，引发了一些严重的社会问题，国家不得不拿出大量资金补还欠账。

最后，煤炭销售中间环节较多。目前销售中间环节费用上涨幅度大，煤矿实际获得的价格上涨收益很少。在煤炭涨价的同时，煤炭生产成本大幅度提高，由于生产资料价格大幅增长，煤价上涨的收益大部分被抵消。

二、现行煤炭资源管理体制存在弊端

1. 煤炭资源产权不明确

鉴于煤炭资源本身的特点，所有权管理在煤炭资源开发利用管理的制度安排方面具有举足轻重的地位。然而，在所有权管理方面，原有的制度安排却存在着明显不足。突出表现在：

（1）重视产权的垄断性而忽视产权的流动性。这种状况不仅极大地妨碍了对煤炭资源的合理开发利用，而且也不利于实现煤炭资源的最优配置。

（2）煤炭资源的所有权、行政权和经营权三权混淆。以行政权、经营权管理代替所有权管理，国家所有权受到条块的多元分割，作为国有资产所有权代表的地位模糊，各种产权关系缺乏明确的界定，各个经济利益主体之间的经济关系缺乏协调。煤炭资源产权关系不明确，各职能部门、综合部门管理职能交叉，政出多门，造成煤炭资源利用中出现：抢掠资源和掠夺性开采；消耗过度，浪费严重，回收率低；煤炭资源的权属纠纷增加；对生态环境的破坏程度加剧，生态环境污染不断增加等问题。

（3）煤炭资源的所有权在经济上得不到充分的体现。造成煤炭资源资产的大量流失，影响了国家防止和减少自然灾害能力的提高。煤炭资源所有权在经济上没有得到充分的体现，其收益由多种途径和渠道转化为一些部门、地方、企业甚至个人的利益，造成煤炭资源资产的大量流失。由于国家对煤炭资源的所有权在经济上得不到充分的实现，使得国家因资金严重不足而对煤炭资源工程的建设和维护难以有效的进行，造成了每年发生不同范围、不同程度的自然灾害。

（4）煤炭资源使用权受到的约束较少。对煤炭资源无偿开采和利用，导致煤炭资源的重采重用而轻保护轻管理，并使煤炭资源的综合利用效果差，煤炭资源产业不能形成一个独立的且良性循环发展的产业。在现行的煤炭资源开发管理制度安排下，煤炭资源所在地的资源优势不能通过煤炭资源的优化配置转化为产业优势和经济优势，其原因就在于煤炭资源使用权得不到应有的有效约束，使用权被滥用和乱用甚至错用，且使煤炭资源的综合利用效益难以实现持续提高，煤炭资源开采企业经济效益不断下降。同时，国家每年对煤炭资源产业的投入不断增大，但是这些持续不断的巨大投入并没有完全转变为国有资产，其原因就在于失效的约束机制使煤炭资源产业不能维持自身的再生产。可见，在煤炭资源使用权缺乏有效约束的条件下，会出现煤炭资源使用权（开采权）界定不清、地方和中央开采权划分不适当、滥用管理权或管理失控、争夺使用权的"乱抢现象"，纵容对煤炭资源的破坏性开采，会出现掠夺替代真正竞争的局面，会使保护和综合利用煤炭资源的工作难以实现，使煤炭资源产业难以获得良性循环的发展。

2. 现行煤炭资源管理体制的缺陷

现行的煤炭资源管理体制是以传统的经济体制和运行机制为基础、以资源的非资产化管理为特点建立起来的。经济快速发展增大了对煤炭资源的需求，而煤炭资源高消耗又加速了煤炭资源和生态环境恶化趋势，使煤炭资源产业发展面临着困境和危机，进一步影响着可持续发展，这一"老大难"问题源于体制，即现行的煤炭资源管理体制与社会主义市场经济发展不相适应。

经过近60年的体制变迁和职能分解，所形成的中国煤炭管理体制基本情况是：

（1）国务院能源领导小组为煤炭产业管理的最高权力机构，由一位总理和二位副总理任正、副组长。设在国家发改委，并由国家发改委主任兼任国务院能源领导小组办公室主任，是煤炭产业管理的办事机构。

（2）国家发改委能源局内设的煤炭管理处是煤炭行业管理的行政机构。煤炭生产项目立项、煤炭经济运行、煤炭价格等管理职能，由国家发改委规划司、经济运行局和价格管理司行使。

（3）按现行的部门分工，煤炭资源的管理、安全生产管理、国有资产管理、煤炭运销管理、收入分配管理、社会保障管理以及行业中介性服务职能，分别由国土资源部、国家安全生产监察总局和煤矿安全生产监察局，国务院国资委，国家环保总局，商务部、铁道部和交通部，财政部，社会保障部以及中国煤炭工业协会行使。

（4）地方政府煤炭管理体制，除少数省（如山西省）市、区外，大多数随中央政府的体制变化而变化，少有个性化特征。

改革开放以来，中国的煤炭工业取得了长足的发展，煤炭产量持续增长，生产技术水平逐步提高，煤矿安全生产条件有所改善，对国民经济和社会发展起了重要的作用。但煤炭工业发展过程中还存在结构不合理、增长方式粗放、科技水平低、安全事故多发、资源浪费严重、环境治理滞后、历史遗留问题较多等突出问题。这些问题的集中产生和长久不能解决，无不与不适应煤炭产业健康发展要求的现行煤炭管理体制有直接关系。理论分析与实践证明，现行的煤炭管理体制根本无法满足煤炭产业运行系统性的要求，无法保障政府政策的顺利实施和信息的及时传递与反馈，无法建立起科学的行业评价指标体系，无法通过政府的规制作用解决煤炭市场失灵问题，无法保障煤炭工业的健康发展以确保新时期战略目标的实现。必须加大改革力度，大胆进行体制创新，尽快解决现行煤炭管理体制不适应煤炭产业健康发展要求问题。

（5）多头管理，权责不匹配。对煤矿企业进行行政管理的部门众多，主要有国家安全生产监督管理总局、煤矿安全监察局、国资委、国土资源局、煤炭管理局一些主要产煤大省保留等，这种复杂的多部门管理体制时常出现"政出多门、相互冲突"的现象，企业无所适从，应付性增强，不能从资源利用和行业发展的长远角度去宏观规划和制定发展战略。煤炭行业多头管理的另一个直接后果是各政府行政管理部门的权责不统一和不匹配，特别在缺乏协调合作的情况下，使各部门执行管理职能难度加大，甚至使有些职能难于执行。由于各部门职能划分含糊，有的部门甚至自己给自己执法。

三、建立以市场调节为基础的政府宏观调控的煤炭资源管理体系

1. 构建完善的煤炭资源管理法律体系

制定和完善煤炭资源开发利用和保护的法律、法规，健全法律监督体制，把对煤炭资源的保护和可持续利用纳入法制的轨道。通过法制手段加强对煤炭资源的保护和管理，是建立健全煤炭资源管理体系的根本保障。

2. 建立科学合理的管理体制和运行机制

这是煤炭资源管理体系建立的重要基础。在体制上，要搞好煤炭资源产权制度的改革，明确政府所应行使的煤炭资源开发利用、保护的职能，协调各部门之间的关系。在煤炭资源管理组织上，建立协调一致的管理机构和机制。在煤炭资源开发过程中，要统筹规划，各地区、部门要协调一致。在煤炭资源使用过程中，明确合理的政策导向。尤其是要建立煤炭资源合理定价的价格政策，消除不合理的比价关系。要建立和完善煤炭资源有偿使用制度和价格体系，建立煤炭资源开发利用过程中的经济补偿使用制度。要使煤炭资源的价格充分体现煤炭资源的补偿租金和经济租金，体现煤炭资源的稀缺状况和稀缺趋势。设置煤炭资源的实物账户和价值量账户，建立煤炭资源环境核算体系，并将煤炭资源与环境核算体系纳入国民经济核算体系。全面地评价煤炭资源的存量、流量和补充量，计算煤炭资源的消耗速率、储量变化和价值量变化，核算煤炭资源的增减和人类福利水平的函数关系等，准确地反映发展中的煤炭资源代价。

3. 改变传统的以计划方式对煤炭资源进行配置的做法

坚持宏观调控必须遵循经济规律，发挥市场机制在保护、开发与利用煤炭资源过程中的基础性作用。通过市场机制建立利益共享、风险同担的激励与约束机制，实现利益分配的公平。建立持续和有效地利用煤炭资源的新市场，在多种经济形式之间营造平等的竞争环境。要按照现代市场经济的自主性、平等性、规范性、竞争性和开放性等要求，建立煤炭资源开发利用、保护的社会主义市场经济体制。

4. 创新煤炭管理体制

本着有利于先进生产力的发展、有利于市场经济体制进一步完善、有利于促进煤炭工业健康发展、有利于企业自主发展、有利于构建和谐社会的原则，尽快建立一个"集中统一、专业权威、手段先进、保障有力"的新型煤炭管理体制。

集中统一，是指按煤炭产业系统性的要求，把煤炭行业管理的职能集中到一个主管部门，改变目前的格局，解决政出多门，管理混乱问题。

专业权威，是指按煤炭产业科学发展的要求，建立一支专业水平高，懂行业发展规律、

爱岗敬业、会管理的煤炭行业管理队伍，使新的煤炭管理部门具有客观的权威性，解决目前因管理力量薄弱、缺少权威性，对一些违背科学发展规律的问题屡治不绝、久禁不止问题。

手段先进，是指按现代管理要求，在充分发挥主观能动作用的基础上，采用电子技术与网络技术，综合利用现代管理方法，通过建立科学的行业评价体系等措施规范煤炭行业行为主体，确保政府政策的顺利实施和信息的及时传递与反馈的管理手段系统。

保障有力，是指按加强煤炭管理的宗旨目标要求，通过建立行业法律法规充分发挥政府规制作用，有效解决市场失灵问题，保障煤炭产业的健康发展，以确保我国新时期战略目标的实现。

5. 明晰产权，优化煤炭资源产权市场

在煤炭资源利用的制度环境中，产权制度是最基本的制度安排，是煤炭资源持续、有效利用的必要条件。关系模糊使所有者虚拟，使用者行为没有合理约束，无人负责，不但不珍惜宝贵的煤炭资源，更把煤炭资源作为获取短期高收益的牺牲品。产权的清晰界定能实现资源配置与利用的优化。从而不仅可以解决外部性问题，而且可以解决责任问题，并有利于经济主体激励机制与约束机制的建立。

四、煤炭资源资产化管理建议

1. 基于社会主义市场经济进行煤炭资源资产化管理

社会经济的发展要求各产业之间相配套、相协调地发展。煤炭行业作为基础能源产业，也必须符合社会经济发展的要求。

煤炭资源的资产化管理体制，将煤炭资源品位、储藏特征等自然属性同经济属性结合起来，为煤炭资源确定出合理的价格。有了客观的价格，煤炭企业就能真正按资产的属性去经营煤炭资源，最重要的是煤炭资源作为重要的生产要素在市场机制作用下合理流动，实现煤炭资源的优化配置。煤炭资源的资产化管理，建立了煤炭资源同市场经济的接口，将煤炭资源同市场经济联系起来，采用符合市场经济规则的经济手段，形成强有力的约束机制和激励机制，提高煤炭资源的利用效率和配置效率，是与我国市场经济相适应的，也是建设市场经济的必然要求。

2. 基于科学发展观实施煤炭资源资产化管理

实现经济社会全面、协调、可持续发展，这是科学发展观的实质。煤炭资源资产化管理，明确了煤炭资源的产权关系，建立与其他资产类似的产权管理制度，彻底改变了煤炭资源资产无偿占有和无偿使用制度，将"谁开发，谁保护"，"谁破坏，谁养护"等制度落到实处，这就从根本上保证煤炭资源的持续利用和有效增值，抑制煤炭资源掠夺式开发、肆意浪费和人为破坏。煤炭资源的资产化管理，为煤炭行业的可持续发展奠定了制度基础，是落实科学发展观的客观要求。

3. 防止煤炭资源资产流失需要煤炭资源资产化管理

根据中国《宪法》第九条、第十条以及《矿产资源法》的规定，煤炭资源资产的产权

属于国家所有，属于国有资源资产，所以煤炭行业也存在国有资源资产流失问题。在中国的经济管理体制中，谁代表国家统一行使煤炭资源资产所有者职权没有进一步明确，致使所有者的权利无人监督落实，资源资产所有者的权益，被开发利用者侵吞，所有权管理事实上被淡化了。煤炭资源资产的流失主要表现在以下三个方面：煤炭资源被无价或低价使用，煤炭资源所有者没有因资产的付出获得足够的收益；生产的外部不经济性使资产在数量上或在质量上的下降；煤炭资源资产恢复，没有"折旧"。煤炭资源资产的流失，最终导致煤炭资源所有者所有权损害和煤炭资源资产低效利用。

煤炭资源的资产化管理，明确资产产权的所有者、经营者和管理者，使得资产价值运动的每一环节都有承担者和责任者。这样就对资产价值运动过程中的违法行为有了法律监督、约束和进行制裁的依据，是防止煤炭资源资产流失的有效途径。

我们需要建立和完善以市场调节为基础的政府宏观调控的煤炭资源管理体系，逐渐形成煤炭资源开发与环境保护之间的良性的动态平衡关系，走上煤炭资源合理开发、高效利用、生态平衡、人与自然关系相协调的持续发展道路。

参考文献

［1］赵国浩：《中国煤炭工业与可持续发展》，中国物价出版社，2000 年。

［2］赵国浩：《管理科学理论研究与应用》，中国科学技术出版社，2005 年。

［3］赵国浩：《刍议煤炭资源管理理论的研究方法，经济系统分析：理论与应用》，社会科学文献出版社，2006 年。

［4］赵国浩：《基于可持续发展的资源最优配置模型，人类生存、环境与可持续发展》，中国科学技术出版社，1999 年。

［5］赵国浩：《基于最优利用模型能源安全战略研究》，《中国管理科学》2005 年第 1 期。

［6］赵国浩：《煤炭工业可持续发展系统评价》，《数量经济技术经济研究》2000 年第 4 期。

［7］Zhao Guohao. Study on Natural Resources Management for Sustainable Development in China, Proceedings of The International Conference on Management of Technology，2006.12.

［8］Zhao Guohao. Optimization Model to Enhance Sustainable Utilization of Resources，Journal of Systems Science and Systems Engineering，Vol. 11，No. 1，2002.5.

［9］朱连奇、赵秉栋：《煤炭资源开发利用的理论与实践》，科学出版社，2004 年。

［10］刘成武、黄利民：《资源科学概论》，科学出版社，2004 年。

［11］封志明：《自愿科学导论》，科学出版社，2004 年。

［12］蔡运龙：《煤炭资源学原理》，科学出版社，2000 年。

［13］魏晓平：《可持续发展战略中矿产资源最适耗竭理论研究》，中国矿业大学出版社，1999 年。

［14］钱阔、陈绍志：《煤炭资源资产化管理》，经济管理出版社，1996 年。

［15］梁勇等：《中国资源管理模式的发展历程与改革思路》，《资源开发与市场》2003 年第 6 期。

［16］孙亦军：《建立国有煤炭资源性资产管理体制的思考》，《中央财经大学学报》2004 年第 5 期。

［17］陈子雄：《城市土地资源配置效率的经济学分析》，《市场经济》2004 年第 3 期。

［18］付兴芳、魏晓平：《论煤炭资源的价值及其计量》，《地质技术经济管理》1998 年第 6 期。

［19］刘天惠：《运用经济手段创造煤炭企业平等竞争条件的建议》，《煤炭经济研究》2000 年第

6 期。

[20] 陶树人：《关于煤炭资源资产化管理的几个问题》，《煤炭经济研究》1997 年第 1 期。

[21] 汪云甲：《关于煤炭资源开发管理中几个问题的研究》，《煤炭资源学报》1998 年第 2 期。

[22] 郭哲：《中国煤炭业之怪现状》，《新财经》2005 年第 10 期。

[23] 姜文来等：《资源资产论》，科学出版社，2003 年。

附录 5　A Study on Developing Route of Energy and Environment in China[①]

Abstract: Energy is fundametially important to society, essential to human survival and development, with far reaching consequences including current international politics, economy, military and diplomacy. Due to the rapid and consistent development of the social economy in China, there is now emerging an unprecedented upward trend. Energy is becoming an ever increasing hindrance to social and economic development. The increased production and consumption of energy to meet this new demand is causing the already unfavorable local ecological environment conditions to worsen. For the unforseeable future we will continue to experience a negative correlation between supply and demand for energy, and environment restrictions. By balancing current energy needs with that of environment, we will be able to not only dramatically influence and improve energy safety locally, but we will also have the global benefit of improving relations with other countries. In this paper viable alternatives and unique approaches are discussed in depth, which will ultimately result in a formulation of a new strategy related to energy and environment probe into and analyzes energy and environment issues in China.

Keywords: energy; environment; developing route; management science.

1　INTRODUCTION

At the start of the 21st century, humanity is facing a critical decision—how can we meet the demands of developing a modern economy and simultaneiously protect and preserve limited global natural resources and protect the environment. The development of a modern economy has brought about a tremendous increase in the standard of living, however, at the same time, it has negatively impacted the environment. In line with the requirements of sustainable development of a social economy, we must do a cost benefit analysis between economic growth and environment quality. This paper suggests that this goal can be accomplished by working to find a scientific and rational model, allthewhile balancing the needs of environment quality.

①　Authors: Zhao Guohao, Li Wei

Foundation item: National Natural Science Foundation in China (No. 70873079), Shanxi Natural Science Foundation (No. 2009011021-1) and Shanxi international science and technology coorperation foundation (2008081014). The Proceedings of the 3th International Conference on Resk Management & Global e-Business, 2009. 8.

We have arrived at a point where we must now begin to make changes to our overall industry structure, production mode, market behavior and means of environment management in order to find a method for sustainable development, guarantee the harmonious development of both economy and environment and enhance the harmonious development of human civilization and progress.

2 CHALLENGES AND STRESSES OF ENERGY AND ENVIRONMENT IN CHINA

2.1 Stresses coming from constantly increased economy for more energy

Since the start of China's Open Door Policy 30 years ago, China's economy has experienced a rapid, steady upward growth trend. In the past five years alone, the acceleration of economy has surpassed 10%, the largest increase since opening up. In 2008, the growth rate of the economy in China was 6.1% compared to the world average increase of 4.5% during the same period; furthermore, the rate is also 0.8% higher than the 9.8% average annual increase rate of the nation since opening up. Overall GDP moves up from sixth to fourth place in international rankings. See the details of the portions in world economy in table 1.

The economic development in China now is in the midst of double digit acceleration of both industrialization and urbanization. Conditions are favorable to both the necessary factors which sustain the rapid development of economy and supply and demand of domestic markets, and this trend is expected to continue. In regard to market demand, socio economic status has increased, due to the growth of real average wages and median incomes, subsequently family wealth as a whole has been increasing, driven by increased purchasing power, consumer demand and disposable incomes. Savings rates in are also up. The current total of bank deposits in China is fast approaching 1.8 billion, foreign currency deposits has reached $1700 billion. Direct annual investment is over $70 billion. The toal labor force of the population, taking into consideration both urban and rural areas amounts to about 130 million. Due to considerable capital investments nationwide, the technological infrastructure is in place to facilitate rapid economic growth in the future. Furthermore, the reliance on energy which forms the core of this rapid economic growth in China further adds to the negative impact on the ecological environment.

Table 1　The portions of Chinese economy in world (Ratio of world overall amount, %)

	1980	1995	2000	2005
GDP (2006 $ PPP average purchase power)	3.2	9.1	11.3	14.5
GDP (Market exchange rate)	2.9	2.5	3.8	5.0

	1980	1995	2000	2005
Overseas trade	0. 9	2. 7	3. 6	6. 7
FDI	0. 1	11. 0	3. 0	8. 0
Production of fertilizer	17. 0	27. 0	29. 0	43. 0
Production of iron and steel	8. 2	13. 0	15. 5	31. 2
Production of cement	9. 0	33. 6	37. 4	46. 6
Production of communication facilities	—	—	6. 7	20. 4

Sources: IEA based on the calculation from the data of IMF、CEIC、ADB、IISI and WTO.

The accelerating growth of the economy also increases the depletion rate of the coal sup-ply in China. At present, the backbone of supporting GDP growth chiefly relies on heavy chemical industry, high energy-consuming industry. Compared to the total percentage of re-source consumption, coal accounts for a domineering 70%.

2.2 Stresses coming from the issue of energy supply and consumption structure

Since the 1950's, the scale of the energy industry has increased dramatically in both size and scope, most notedly after the Open Door Polity and continuing to the present. The capaci-ty of energy supply has been increasing greatly, which in turn fuels the rapid growth and sus-tained development of the Chinese economy. However, in the course of this development, the issue of demand outstripping supply, and the resulting insufficient amounts of energy has be-come quite eminent and energy has, in the short term, become obstacle to economic develop-ment. Progress made by the energy market reform, has meant that more and more fuel and gas have now been imported from abroad. This resulted in energy restraints to the social eco-nomic growth were largely being eliminated by the end of the 1990's. However, entering the 21st century, the forms of energy supply and demand have changed drastically with the rapid growth of industrialization and urbanization, causing some high energy-consumption industries to develop disproportionately, which in turn makes new demands on energy and thus creates a new trendline (see fig. 1). The energy restraints to the economic growth have become obvi-ously large again.

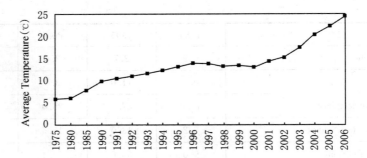

Figure 1   State of Overall Consumption of Energy in China
Source: Research Institute of Energy, National Communitte of Development and Reform.

Compared to energy supply and its origin, the historic forms of energy in China are very abundant, and ranks No. 3 in world ranking. Renewable energy resources are large enough to sustain energy safety in China. However, it is disproportionate for the traditional energy structure, because there is a lower proportion of oil and gas resources, which poses a hazard for energy safety in China. In terms of actual energy production, there are a variety of restraints. From the perspective of renewable energy, there is still a gap between technology, scales and the pace of development compared with other developed countries. The cost of a majority of technology-generated power for renewable energy resources is too high and the market capacity is relatively narrow. The flexibility of energy supply is very low, and the further development of energy output is impeded.

With regard to energy demands in China, the energy consumption will probably continue to outpace global averages of consumption due to fact that China is in the midst of a unique development phase that is transforming the social and economic landscape. Due to the rapid growth of industrialization and urbanization, energy consumption will be reduced and freeing the economy to grow as a faster pace, with a relatively low consumption of energy resources. Historically, China has long relied on coal resources because of the low rate of alternative energy sources available The lack of clean coal utilization means not only low efficiency of overall energy but also contributes to the overall negative impact to the environment caused by pollutants.

2.3   Stresses coming from more deteriorated environment pollution

Since China has historically had an abundance of resources and a large population, it has tended to consume more of these resources. Such a rapid growth in the population and the economy has caused an overload on the ecological environment. Issues involving water pollution, ecological degradation, and drainage are evident. Civilization is now facing the perils of an unprecedented environmental crisis. For example, some 70% of all rivers are polluted.

This means that about 300 million farmers have no access to safe, potable water. Solid wastes from industries have doubled in the last ten years ago. Urban air pollution, desertification, acid rain, soil erosion and a elimination of many species, are all serious issues. Furthermore the stresses of coal-based energy structure, low efficiency of energy utilization and weak management of environment pollution, as well as, economic development continue to add to the deterioration of environment in China.

China relies on coal as a resource, and thus coal pollution produced in the process is a major source of the overall pollution problem. Studies show that pollution from coal burning accounts for 70% of smoke and dust discharge, 90% of sulphur dioxide discharge, 67% nitride discharge and 70% of carbon dioxide. The result has been a severe increase atmospheric pollution in certain industrial and densely populated cities. Additionaly acid rain shows up in certain areas and cities as well. Also, in the process of mining and transporting coal itself, casuses pollution and ecological environment destruction. Another issue is that the water environment is also polluted in the process of desulphurization and coal production.

The pollution flexible index is indicated in fig. 2. The index is mostly lower than the one in China. Some negative values appear throughout the years. The graph shows pollutant discharge speed is decreasing faster than that national economic development speed due to the effect of energy-saving measures and environmental regulations of the government which are helping protect the environment. China is now in the process of decreasing the negative influences on the environment that are originating from energy production and consumption. However, since the beginning of the millenium, the flexible index experiences has seen peaks and troughs, which indicates a certain amount of pollution discharge still exists in the social-economic development of China.

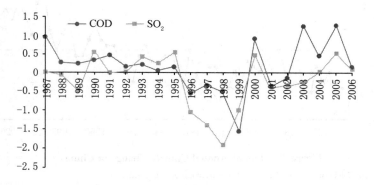

Figure 2　State of Pollution Flexible Index of GDP in China
Source: CCICED Task Force on Pollution Reduction, 2007.

2. 4　Stresses coming from international environment protection treaty

Energy related activities account for a large percentage of total carbon dioxide in the atmosphere. Researches show that global warming is the result of the rising density of carbon dioxide and some green house gases in the past 100 years. The climate in China has also undergone a significant transformation (see fig. 3).

Climate change is a major global concern. It is not only an environment issue but one of development as well. In fact, climate change has developed into a complex issue concerning not only the global environment, but also politics, the economy, and trade as well. And it is potentially magnified when you consider it against backdrop of economic globalization and other environment issues. With the increase of energy resources alternatives and green-house air discharge, those critical of the situation have come to refer to it as the "China menace", suggesting that China's rapid economic growth, consumption of more and more resources has led to it becoming a menace to the global community. The real, underlying reason of the so called "China menace", is the fact that China has posed a great threat to the competitiveness of economies of some more developed western economic powers, most notably in Europe and the United States. Thus in the political game of this global warming campaign has begun. China is now often the target of constant unfair scrutiny, which leads to the more intense diplomatic competition. It has become a struggle between developing countries and more developed countries. The question as developing countries see it then becomes to develop or not to develop. And for those same developing countries the answer seems to be an obvious one.

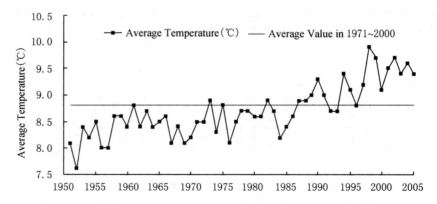

Figure 3　State of Annual Climate Change in China

Source: 2005 Report on the State of the Environment in China.

3 ANALYSIS OF ENERGY AND ENVIRONMENT IN CHINA

At present, energy and environment are never mutually exclusive; they are directly related both in terms of social politics and even more importantly the economy, and interact with one another forming a giant complex social system. Energy and environment has been a main topic of discussion in China for several decades, especially, since the Open Door Policy. In the eyes of the public, the relationship between energy and the environment is the awareness and attitude towards a variety of survivability and standard of living. It is the core of the politics and reflects government's attitude towards environment and society and manipulates development orientation, whereas globalization makes individual nations' energy and environment pose unprecedented influence on economic development.

3. 1 Historical evolution of energy and environment

Within the 30-year opening-up, total GDP has expanded 58 times in China. In this increasing trend, industry has constantly been the leading power. According to the strategy of government report, China will have basically finished the process of industrialization by 2020. That is to say, China will finish its process of industrialization within 50 years and no more than 70 years. In the course of economic development, more and more energy and environment issues, insufficiency in resources, environment pollution and ecological degeneration will occur; reversely these issues will become a bottleneck and have adverse restrictive effect on social economic development.

3. 2 In-depth analysis of energy and environment

Energy and environment are the essential part for the survival of humanity. Most natural resources are not regenerative, as a result, once damage is done to ecological environment, revival of it is hard and costly, some of the damages are irreversible. China has relatively restrained resources per capita and fragile environment sustainability. With the enlarged capacity of economy and enormous growth in population, energy is becoming insufficient and particularly in oil dependence on foreign supply. Water pollution, air pollution and soil pollution and some major gas discharges rank the first internationally. In the progress of industrialization and increasing usage of chemical petroleum fuel, the density of some green house gases, such as carbon dioxide, is rising, which mostly accounts for the global warming. Such extreme climates and environmental pollution greatly worsen the chances of human survival and living quality. Consequently, to sustain human social development, these major concerns should be well resolved.

4 SUGGESTIONS OF DEVELOPING ROUTE OF ENERGY AND ENVIRONMENT IN CHINA

After many efforts to gain a systematic understanding of the relationship between energy and social economy development, China has attached a strategic importance to environment protection which in turn relates to the nation's safety of economy. And China now is actively and practically participating in relevant world development progress. By emulating systematically from experiences from foreign countries, China is under a favorable way of entering the stage of harmonious and sustainable development.

As other developing countries, China is loading herself with all the cost of "made in China" while contributing to world economy markets. China will be entitled to enjoy rights of utilizing world resources. As a responsible country, China is also under an obligation to reasonably use its own resources and international resources, lessen the pollution impact on local, regional and global areas by means of adopting mode transformation, structure adjustment and technology innovation.

4.1   To realize the strategic transformation

Less proportion of resources per capita, fragile ecological environment is the basic feature of China's energy and environment. The restriction of energy determines that China is supposed to be on the route of resource-saving as its strategic development. But actually China has been on the route of roughly-open economic development, depending mainly on the enlargement of producing elements to increase its rapid economic growth. Some of the growth achieved is at the cost of over-load of energy and disqualification of environment criteria.

After 30 year's opening-up, China now is facing its economic development transformation amidst conflicts of energy and environment. Nevertheless transformation of economy is restrained by many factors; it is not an overnight success to transform economic growth form and style. In view of industrial history in developed countries and the rising trend of consumption of the Chinese, along with the condition of central position of world manufacture and new technology, the stage of heavy chemical industrialization will be predicted to continue for 15 to 20 years. It is admittedly a barrier to the strategic transformation of energy and environment in China. Moreover, with regard to a new round of economic growth in 2002, it could cycle for a while and will recur periodically. Even under the adverse situation of economic recession, China will bring about some uncertainty to the restraints index of energy and environment to expand its domestic needs. Inertia of economy operation and form of growth will directly test the nation's macro-regulative capacity to achieve resource-saving and environment protection.

With the updating industry structure optimization, China sustained its high investment rate, unbalanced capital distribution, which caused low labor cost, and the development lagging of the third industries and unfavorable industrial structure and optimization and updating an overall development of economy sustainability. China is now striving to promote high-tech industries, revive equipment manufacture, innovate traditional industries and pace up service industries, esp. modern service industries.

X 附 录 X

We have to bring the perfection system of rewards and penalties in resources-saving and environmental protection, execute system of statistics and monitoring of resource-saving and pollution deduction, strengthen and improve macro regulation, economic measures, law enforcement and combination of various polices in order to revitalize economy and maintain an effective, stable and coordinating development of economy.

4.2　To promote the basic policy of resource-saving and environment protection

Resource-saving and environment have been highly emphasized. The national "Eleven Five" plan sets resource-saving and discharge-reduced as the restraint standards, it is the strategic choice in the basic policy of environmental protection. Resource-saving is to enhance development potential; environmental protection is to preserve productivity. Cases shown at home and abroad development mode of resource saving and favorable ecological environment is becoming a new competitive advantage of new region development. An overall operation of environmental protection and resource-saving policy will benefit all aspects of the society, such as industry, agriculture, transportation, architecture and social services. Ways of production and living styles and consumption mode can also profit.

Low carbon oriented developing approaches are the major strategic requirements for China's steady economic development and guarantee a relatively large survival space and sustainable, rapid development in the various international environments. Adjusting to the local situations, China is setting up a resources system which caters for the local economic development at a low cost and high effectiveness for future industry economy and gradual realization of low-carbonization of the overall national economy.

Adhering to scientific innovation and promotion of resource-saving and environment protection, we are supposed to constantly innovate researches and development of technology of high energy effectiveness, and low discharge and development of renewable resources and natural carbon industries. Backed up by the coal-centered energy, China is on the path of realization and breakthrough of clean coal usage and industry development and thus structuring a sustainable development of social economy.

4.3　To structure the favorable function mechanism

To realize the energy and environment strategy outlined above, a positive and accurate system and mechanism of execution is required. We are supposed to found energy-saving and environmental protection systems in the long run. The systems should be under the supervision of the government, law enforcement, enterprise-support and public participation. Governments of all levels consciously shoulder the tasks of environment protection to accelerate scientific development and meanwhile improve such systems as financial tax, price policy, index system, supervision system and evaluation system and establishment of law enforcement and standardized system. For the part of enterprises, they must abide by environment laws

· 279 ·

and regulations and standard of discharge, and furthermore, resource-saving and environmental protection should be classified into national education systems and hence, the concept of environmental preservation is stressed and will become public awareness.

In-depth issue of energy and environment lies in cultural value and value orientation. In the present transformation period of China, based on law enforcement and required social political economic systems to structure energy-saving society. Some softened measures of culture and morality come into use to achieve positive social development. The reinforcement of publicity of energy-saving and environment-friendliness, along with the encouragement of the public and non-government's "self-change campaign" will diminish negative activities against environment.

REFERENCES

Wang Jinnan and Cao Dong. (2004) 'Resources and Environment in China 2020 (in Chinese)', China Environment and Science Publishing House.

Jiang Zemin. (2008) 'Reflection of Resource Issue in China (in Chinese)', *Journal of Shanghai JiaoTong University*, No. 3.

Scott J., callan Janet M., Thomas. (2006) 'Enviomental Economics and Management', Qinghua Univercity publishing house.

Zhao Guohao. (2005) 'Management of resources for sustainable economic growth', *Proceedings of 2005 CES International Conference on Sustainable Economics Growth in China*, Vol. 3.

Li Zhijiang and Wang Zhouhui. (2008) 'Change of the Industrial Pollution Emission Intensity and Its Influential Factors in China', *Statics & Information Forum*, No. 5.

Pearce Turner. (1990) 'Economics and natural Resource and Enviornment'. England: Havester Wheatsheaf, Hertfordshire.

Zhao Guohao. (2002) 'Optimization Model to Enhance Sustainable Utilization of Resources', *Journal of Systems Science and Systems Engineering*, No. 1.

Zhao Guohao. (2007) 'A Study on the Safety Situation and Countermeasures to Chinese Natural Resources', *Proceedings of International Conference on Management*, August.

Hu Xuemian, Zhao Guohao and Jun Zhao. (2008) 'A Study on Forcasting Coal Demand Based on BP Neural Network', *Proceedings of the 4th International Conference on Wireless Communications*, October.

Cui Fengjun and Yang Yongshen. (1998) 'The assessment on the influence of industrial structure on urban ecological environment'. *China Environmental Science*, Vol. 18, No. 2.

参考文献

[1] 张宝明. 中国煤炭工业改革与发展 [M]. 北京：煤炭工业出版社，2002.

[2] 杜贵成，王永玲. 中国煤炭资源中长期预测 [J]. 东北财经大学学报，2007，（2）.

[3] 吴德春，董继斌. 能源经济学 [M]. 北京：中国工人出版社，1991.

[4] 朱向东，邓峰. 从体制机制探究煤炭资源开发秩序及资源整合 [J]. 资源行政管理与法制建设，2007，（4）.

[5] 支同祥. 当前煤炭经济运行态势 [J]. 中国煤炭，2001，（10）.

[6] 潘伟尔. 2003 年中国煤炭经济运行评价 [J]. 中国能源，2004，（3）.

[7] 高广阔. 中国能源供需预测及对策 [J]. 煤炭企业管理，2005，（5）.

[8] 徐明德，李维杰. 线性回归分析与能源需求预测 [J]. 内蒙古师范大学学报，2003，32（1）.

[9] 李雪梅. 投入产出技术发展与应用 [J]. 技术经济，2004，（11）.

[10] 冯玉霞，牛连锋，朱翠芹. 用投入产出分析确定石油经济产量规模 [J]. 石油化工技术经济，2003，19（1）.

[11] 周鹏，唐焕文，赵晶等. 中国宏观经济预测模型算法及应用 [J]. 大连理工大学学报，2004，44（3）.

[12] 梁巧梅，Norio Okada. 能源需求与二氧化碳排放分析决策支持系统 [J]. 中国能源，2005，27（1）.

[13] 梁巧梅，魏一鸣，范英等. 中国能源需求和能源强度预测的情景分析模型及其应用 [J]. 管理学报，2004，1（1）.

[14] 邓聚龙. 灰理论基础 [M]. 武汉：华中科技大学出版社，2002.

[15] 王学萌. 灰色系统分析及实用计算程序 [M]. 武汉：华中科技大学出版社，2001.

[16] 李晓峰，许玖平. 动态全参数自调整 BP 神经网络模型的改进 [J]. 中国管理科学，2004，12（6）.

[17] 李亮，孙廷容，黄强等. 灰色 GM（1，1）和神经网络组合的能源预测模型 [J]. 能源研究与利用，2005，（1）.

[18] 白润才，殷伯良，孙庆宏. BP 神经网络模型在城市环境质量评价中的应用 [J]. 辽宁工程技术大学学报，2001，20（3）.

[19] 穆海林，宁亚东，近藤康彦等. 中国各地域能源消费及 SO_2、NO、CO_2 排放量估计与预测 [J]. 大连理工大学学报，2002，42（6）.

[20] Yoo S. H. Causal relationship between coal consumption and economic growth in Korea. Applied Energy, 2006, (83).

[21] Kulshreshtha M., Parikh J. K. Modeling demand for coal in India: vector autoregressive models with cointegrated variables. Energy，2000，(25).

[22] John C. B. Cooper. Price elasticity of demand for crude oil: estimates for 23 countries. OPEC Review，2003，(27).

[23] Baltagi, B., Griffin, M. Gasoline demand in the OECD-an application of pooling and testing procedures. Eur. Econ. Rev, 1993, (22).

[24] Garbacz, C. Gasoline, diesel and motor fuel demand in Taiwan. Energy J, 1989, (10).

[25] Ramanathan, R. Short-and long-run elasticities of gasoline demand in India: an empirical analysis using cointegration techniques. Energy Econ, 1999, (21).

[26] Bentzen, J. An empirical analysis of gasoline demand in Denmark using cointegration techniques. Energy Econ, 1994, (16).

[27] Eltony, M. N. Al‐Mutairi, N. H. Demand for gasoline in Kuwait: an empirical analysis using cointegration techniques. Energy Econ，1995，(17).

[28] Denisard C. O. Alves, Rodrigo De Losso da Silveira Bueno. Short-run, long-run and cross elasticities of gasoline demand in Brazil. Energy Economics，2003，(25).

[29] 郭云涛. 中国煤炭中长期供需分析与预测 [J]. 中国煤炭，2004，30（10）.

[30] 李世祥，吴巧生. 中国煤炭需求函数回归模型的建立及需求预测 [J]. 中国煤炭，2005，31（6）.

[31] 王立杰. 基于灰色系统理论的煤炭需求预测模型 [J]. 煤炭学报，2002，27（3）.

[32] 王春消. 吉林省家庭用能源消费预测模型的建立 [J]. 吉林建筑工程学院学报，2005，22（2）.

[33] 李德波，叶旭东，柳春明. 2010 年和 2020 年全国煤炭需求预测 [J]. 煤炭经济研究，2006，(9).

[34] 赵国浩. 资源管理系统工程理论与实践 [M]. 北京：经济管理出版社，2008.

[35] 何玉彬，李新忠. 神经网络控制技术及其应用 [M]. 北京科学出版社，2000.

[36] 阎平凡，张长水. 人工神经网络与模拟进化计算 [M]. 清华大学出版社，1999.

[37] 海金，叶世伟. 神经网络原理 [M]. 北京：机械工业出版社，2004.

[38] 罗四维. 大规模人工神经网络理论基础 [M]. 北京：清华大学出版社，北京交通大学出版社，2004.

[39] 高隽. 人工神经网络原理及仿真实例 [M]. 北京：机械工业出版社，2003.

［40］Hebb U. O. The Organization of Behavior. John wiley，1949.

［41］Rosenblatt F. The Brain. Psychological eviewbol. 1958.

［42］W. James. Psychology. Holt. New York，1890.

［43］Grossberg S. A. Studies of Mind and Brain. Reidel Press，1982.

［44］何明．神经计算原理·语言·设计·应用［M］．西安：西安电子科技大学出版社，1992.

［45］Kohonen. IEEE Trans. on Computers，1970.

［46］L. O. Chua and L Yang. Cellular Neural Network Theory. IEEE Trans, on CAS 1988，35（10）.

［47］喻宗泉．人工神经网络发展五十五年．自动化与仪表，1998，13（5）.

［48］王永骥，涂健．神经元网络控制［M］．北京：机械工业出版社，1998.

［49］张乃绕，阎平凡．神经网络与模糊控制［M］．北京：清华大学出版社，1998.

［50］袁曾任．人工神经元网络及其应用［M］．北京：清华大学出版社，1999.

［51］吴建生，虞继敏．多层前向神经网络及其研究［J］．柳州师专报，2006，21（3）.

［52］蒋宗礼．人工神经网络导论［M］．北京：高等教育出版社，2001.

［53］吴涛，许晓鸣，刘登瀛，张浙．基于改进BP算法的人工神经网络建模及其在干燥过程中的应用［J］．中国控制会议路论文集，1998，（9）.

［54］李奇，李世华．一类神经网络智能PID控制算法的分析与改进［J］．控制与决策，1998，13（4）.

［55］李鸿儒，白湘波，顾树生．基于神经网络的永磁同步电机的鲁棒控制［J］．东北大学学报（自然科学版），2001，22（4）.

［56］王科俊，王克成．神经网络建模、预报与控制［M］．哈尔滨：哈尔滨工业大学出版社，1996，12.

［57］仲维清，纪成君，张岩．未来十五年中国煤炭需求预测与总供给战略［J］．阜新矿业学院学报，1997，（4）.

［58］田山岗．中国煤炭资源有效供给能力态势分析研究综述［J］．中国煤田地质，2001，（13）.

［59］李瑞生，顾谷声．中国的含煤地层［M］．北京：地质出版社，1994.

［60］薛庆远．中国煤炭资源现状及其合理开发利用［J］．煤田地质与勘探，1996，（6）.

［61］管志召，卢海燕．中国东西部煤炭资源开发前景浅析［J］．煤矿现代化，2000，（1）.

［62］毛节华，许惠龙．中国煤炭资源分布现状和远景预测［J］．煤田地质与勘探，1999，（6）.

［63］国土资源部矿产开发管理司．中国矿产资源主要矿种开发利用水平与政策建议

[M]．北京：冶金工业出版社，2002.

[64] 毛节华，许惠龙．中国煤炭资源预测与评价 [M]．北京：科学出版社，2001.

[65] 邱大雄．能源系统与规划 [M]．北京：清华大学出版社．1996.

[66] 张志涌．掌握和精通 MATLAB [M]．北京：北京航空航天大学出版社．1997.

[67] 陈以新．MATLAB 的几则程序设计经验 [M]．计算机应用，1999，19（9）．

[68] 张志涌．精通 MATLAB6.5 版 [M]．北京：北京航空航天大学出版社，2003.

[69] 闵惜琳，刘国华．用 MATLAB 神经网络工具箱开发 BP 网络应用 [J]．计算机应用，2001，21（8）．

[70] 焦李成．神经网络系统理论 [M]．西安：西安电子科技大学出版社，1992.

[71] 李耀勇，郑南宁．前馈神经网络的隐节点个数与网络推广能力的关系 [J]．西安：西安交通大学学报，1996，30（9）．

[72] 张立明．人工神经网络的模型及应用 [M]．复旦大学出版社，1992.

[73] 袁曾任．人工神经元网络及应用 [M]．清华大学出版社，2000.

[74] 张健，陈勇．人工神经网络之股票预测 [J]．计算机工程，2001，（3）．

[75] 王佳斌，康赐荣．MATLAB 中神经网络工具包的应用 [J]．华侨大学学报，2001，（3）．

[76] Hagan T, Demuth H, Beale M. Neural Network Design [M]．Boston, MA：PWS Publishing，1996.

[77] 华泽澎．能源经济学 [M]．山东：石油大学出版社，1991.

[78] 李长生．黑龙江省煤炭产业发展模式研究 [D]．哈尔滨工程大学博士论文，2006.

[79] 王革华．能源与可持续发展 [M]．北京：化学工业出版社，2004.

[80] Hotlling, H. The economics of exhaustible resources [J]．Journal of Political Economy，1931，（39）．

[81] 魏晓平．可持续发展战略中矿产资源最适耗竭理论的研究 [M]．徐州：中国矿业大学出版社，1999.

[82] Dasgupta, P, Heal, GM. The optimal depletion of exhaustible resources [J]．Review of Economic Studies，1974，（41）．

[83] Y. H. Farzin. Optimal saving policy for exhaustible resource economies [J]．Journal of Development Economics，1999，（58）．

[84] 魏晓平，王新宇．矿产资源最适耗竭经济分析 [J]．中国管理科学，2002，（10）．

[85] 王峰，吕渭济，杨德武．煤炭工业动态投入产出多目标优化模型 [J]．辽宁工程技术大学学报（社会科学版），2004，（3）．

[86] 赵国浩，王浣尘．煤炭工业可持续发展系统评价 [J]．数量经济技术经济研究，2000，（4）．

［87］赵国浩，裴卫东，张冬明．中国煤炭工业与可持续发展［M］．北京：中国物价出版社，2000，（4）

［88］赵国浩，阎世春．煤炭工业可持续发展研究［M］．北京：经济管理出版社，2008．

［89］James R. McGuigan, R. Charles Moyer, Federick H. deB. Harris, 李国津．管理经济学．北京：机械工业出版社，2006．

［90］吴德庆，马月才．管理经济学［M］．北京：中国人民大学出版社，2003．

［91］江泽民．对中国能源问题的思考［J］．中国能源，2008，（4）．

［92］才庆祥，徐志远，常华敏，尚涛．中国煤炭资源开发存在的若干问题及对策［J］．露天采矿技术，2005，（5）．

［93］董胜．关于煤炭资源开采利用负效应及对策的几点思考［J］．煤炭工程，2005，（8）．

［94］谢识予．经济博弈论（第二版）［M］．上海：复旦大学出版社，2001．

［95］李成林，张雯．地区煤炭产量的博弈分析［J］．能源与环境，2007，（6）．

［96］Zaipu Tao, Mingyu Li. What is the limit of Chinese coal supplies—A STELLA model of Hubbert Peak［J］．Energy Policy，2007，（35）．

［97］张绍文，李祥仪，李仲学，王广成．煤炭地下开采最优生产规模确定的研究［J］．辽宁工程技术大学学报（自然科学版），1998，（4）．

［98］张金锁，王喜莲．煤炭开采规模的影响因素及模型研究［J］．能源技术与管理，2007，（5）．

［99］叶蔚．煤炭地质可采储量与生产规模的关系研究［J］．中国煤炭，2004，（9）．

［100］王树祥，武新霞，卜少利．线性规划在企业生产计划中的应用及模型的建立和求解［J］．中国电力教育2007年管理论丛与教育研究专刊，2007．

［101］王喜莲，陈亚军．煤炭开采的环境影响及模型探讨——以榆林为例［J］．能源技术及管理，2007，（5）．

［102］吴德春，董继斌．能源经济学［M］．北京：中国工人出版社，1991．

［103］中国21世纪议程管理中心可持续发展战略研究组．发展的基础——中国可持续发展的资源、生态基础评价［M］．北京：社会科学文献出版社，2004．

［104］（美）丹尼斯·米都斯．增长的极限：罗马俱乐部关于人类困境的报告［M］．李宝恒译．长春：吉林人民出版社，1997．

［105］陶在朴（奥地利）．生态包袱与生态足迹［M］．北京：经济科学出版社，2003．

［106］Hardin G. Cultural Capacity：A Biological Approach to Human Problems［J］．Bioscience，1986. 36（9）．

［107］匡耀求，孙大中．基于资源承载力的区域可持续发展评价模式探讨［J］．热带地理，1998.9，18（3）．

［108］陈动锋．承载力从静态到动态的转变［J］．中国人口·资源与环境，2003，13（1）．

［109］University of Lethbridge. Proceedings of the International Workshop on Sustainable Land Management for 21st Century［C］. Vol. 2 Plenary Papers，Lethbridge，Canada，1993.

［110］杨云彦．人口、资源与环境经济学［M］．科学出版社，1999.

［111］封志明．区域土地资源承载能力研究雏议［J］．自然资源学报，1990，5（3）.

［112］钟建宏等．水环境承载容量评估之发展与应用［C］．第四届海峡两岸学术研究研讨会会议论文集，台湾中坜：中央大学，1996.

［113］王书华等．略论土地综合承载力评价指标体系的设计思路［J］．人文地理，2001，16（4）.

［114］Shi Yafeng，Qu Yaoguang. Water Resources Carrying Capacity and Rational Development and Utilization of arümqi River［M］. Beijing：Science Press，1992.

［115］Xu Xinyi、Wang Hao、Gan Hong，ext. The Methods and the Theory of Macro-Economy Water Resources Planning in North China［M］. Zhengzhou：Water Resources Conservancy of Yellow River Press. 1997.

［116］濮洪九，陆延昌，路耀华等．中国电力与煤炭［M］．北京：煤炭工业出版社，2004.

［117］王梦奎．中国中长期发展的重要问题［M］．北京：中国发展出版社，2005.

［118］关凤峻．矿产资源综合开发利用技术经济评价方法［J］．石家庄经济学院学报，1992，（4）.

［119］袁宗仪．分析了我国矿产资源建立我国矿产资源综合开发利用评价体系［J］．矿产综合利用，1993，（5）.

［120］黄祖梁．我国矿产资源综合开发利用现状及对策［J］．世界有色金属，1994，（8）.

［121］邹胜谋，葛联合．强化矿山管理及资源综合利用［J］．矿业快报，2001，（17）.

［122］夏佐铎，姚书振．矿产资源资产经济价值的研究［J］．中国矿业，2002，（4）.

［123］Zhao Guohao. Optimization Model to Enhance Sustainable Utilization of Resources，Journal of Systems Science and Systems Engineering，2002，11（1）.

［124］夏佐铎．矿产资源资产评估体系研究［J］．科技进步与对策，2004，（11）.

［125］罗大锋．当代中国矿产资源开发存在的问题及对策［J］．中国工程科学，2005，（04）.

［126］Zhao Guohao. Management of Natural Resources for Sustainable Economic Growth，Proceedings of 2005 CES International Conference on Sustainable Economics Growth in China［C］，2005.

[127] 覃觅. 保护矿产资源刻不容缓 [J]. 资源与人居环境, 2005, (9).

[128] 国家发展改革委《循环经济: 模式分析与对策研究》课题组. 煤炭行业发展循环经济的模式和对策 [J]. 中国经贸导刊, 2006, (1).

[129] 唐勇. 发展煤炭循环经济提高资源综合利用度 [J]. 煤炭技术, 2006, (9).

[130] 王悦汉, 汪理全, 翟德元. 矿井"掘、采、冶"开采技术体系的理论探讨煤炭开采新理论与新技术——中国煤炭学会开采专业委员会 2006 年学术年会论文集, 2006.

[131] 魏振宽, 吴刚, 朱超. 对建设煤炭生态企业的初步设想 [J]. 煤炭经济研究, 2007, (03).

[132] 蒋衔武, 孙磊, 张冬梅. 基于循环经济的煤炭工业可持续发展研究 [J]. 煤炭工程, 2007, (5).

[133] 赵国浩. 煤炭资源综合开发利用对策研究 [J]. 能源技术与管理, 2007, (5).

[134] 王岩. 鹤岗矿区煤炭资源综合开发利用方案探讨 [J]. 煤炭工程, 2008, (6).

[135] 赵国浩. 基于可持续发展的资源最优配置模型. 人类生存、环境与可持续发展 [M]. 北京: 中国科学技术出版社, 1999.

[136] 耿殿明. 矿区可持续发展研究 [M]. 北京: 中国经济出版社, 2004.

[137] 王家诚. 煤炭清洁利用和结构调整煤炭经济研究 [J]. 煤炭经济研究, 2003, 14 (4).

[138] Gavin Hilson. Pollution and Cleaner Production in the Mining Industry: An Analysis of Current Issues [J]. Journal of Cleaner Production , 2000, (8).

[139] Geldermarn J, Sperng T E, Rentz O. Fuzzy Outranking for Environmental Assessment-Case Study: Iron and Steel Marking Industry [J]. Fuzzy Sets and Systems, 2000, (115).

[140] 张丽平. 可持续发展的提出及内涵探析 [J]. 辽宁师专学报, 2006, (5).

[141] 余德辉, 王金南. 发展循环经济是 21 世纪环境保护的战略选择 [J]. 环境保护, 2001, (10).

[142] 李健, 闫淑萍, 苑清敏. 论循环经济发展及其面临的问题 [J]. 天津大学学报, 2002, 4 (3).

[143] 冯之浚. 循环经济导论 [M]. 北京: 人民出版社, 2004, 11.

[144] 王立红. 循环经济——可持续发展战略的实施途径 [M]. 北京: 中国环境科学出版社, 2005.

[145] 杨建新, 王如松. 产业生态学基本理论探讨 [J]. 城市环境与城市生态, 1998, 11 (2).

[146] T. E. Graedel, B. R. Allenby. Industrial Ecology [M]. 北京: 清华大学出版社, 2004.

[147] 金涌, 李有润, 冯久田等. 生态工业: 原理与应用 [M]. 北京: 清华大学出版社, 2003.

[148] 王寿兵，吴峰，刘晶茹．产业生态学 [M]．北京：化学工业出版社，2006．

[149] 赵国浩．煤炭资源综合开发利用对策研究 [J]．能源技术与管理，2007，(5)．

[150] 陈飚．山西焦煤集团公司综合加工利用的思路 [J]．煤炭经济研究，2004，(5)．

[151] 殷涛，孙涛．煤炭工业可持续发展中存在的问题及其对策 [J]．煤矿环境保护，2001，(3)．

[152] 汪应洛．系统工程（第二版）[M]．机械工业出版社，2004．

[153] 苗东升．系统科学精要（第二版）[M]．北京：中国人民大学出版社，2006．

[154] 王建设，陈仲元，李慧民，侯渡舟．煤炭综合利用系统分析与评价 [J]．煤炭经济研究，2006，(4)．

[155] 王大江，张麟，李永民．MGIS 在煤炭工业可持续发展中的作用 [J]．矿业研究与开发，2004，(4)．

[156] Zhao Guohao. Study on Natural Resources Management for Sustainable Development in China, Proceedings of The International Conference on Management of Technology [C], 2006, (8).

[157] 闫希军．论基于产业链的技术管理 [J]．中国科技论坛，2006，(1)．

[158] 任一鑫，于喜展，叶蔚．煤炭产业链发展模式研究 [J]．中国煤炭，2004，30 (3)．

[159] 陆刚，丁兆国，韩可琦．对于产业链模式的煤炭企业发展战略构成 [J]．中国矿业，2005，14 (5)．

[160] 门洪云．构建煤矿区资源循环利用产业网状链的探讨 [J]．中国煤炭，2005，31 (10)．

[161] 陆刚，孙宇博，丁兆国等．煤炭产业链模式构建及应用研究 [J]．煤炭经济研究，2005，(7)．

[162] Bruno Sarrasin. The Mining Industry and the Regulatory Framework in Madagascar: Some Developmental and Environmental Issues [C]．Journal of Cleaner Production. 2006, (14)．

[163] 郭翔，钟书华．基于循环链的生态工业园区模式 [J]．科技与管理，2005，(2)．

[164] 崔焕金．煤炭企业的产业链延伸研究 [J]．内蒙古煤炭经济，2005，(5)．

[165] 王志宏，何志强．矿区可持续发展中的技术创新与产业链延伸 [J]．煤炭学报，2003，28 (4)．

[166] 赵国浩．管理科学理论研究与应用 [M]．中国科学技术出版社，2005．

[167] 赵国浩．企业核心竞争力理论与实务 [M]．机械工业出版社，2005．

[168] 王宏英．山西能源开发战略与可持续发展 [M]．经济管理出版社，2003．

[169] 黄贤金．循环经济，产业模式与政策体系 [M]．南京大学出版社，2004．

[170] 孟赤兵，苟在坪．产业循环经济 [M]．冶金工业出版社，2007．

[171] 李文祥．管理系统工程 [M]．中国财政经济出版社，2002．

[172] 李卫东，彭建勋．循环经济——山西可持续发展的必由之路 [M]．中国社会

出版社，2006.

［173］牛合军．资源整合是煤炭资源合理开发的有效途径［J］．科技情报开发与经济，2008.

［174］李保龙．煤炭工业可持续发展研究［J］．山西煤炭，2004，（3）.

［175］康淑云．坚持科学发展观，促进煤炭工业又好又快发展［J］．中国煤炭，2007（4）.

［176］谢克昌．循环经济与山西新型能源与工业基地建设［J］．山西能源与节能，2005，（3）.

［177］张小文．发展循环经济促进煤炭资源可持续发展［J］．生产力研究，2006，（12）.

［178］陈武，唐辛等．我国煤炭资源及其开发利用研究［J］．煤炭经济研究，2003，（7）.

［179］周仁，任一鑫．煤炭循环经济发展模式研究［J］．煤炭经济研究，2004，（1）.

［180］孙立梅，王震声．煤炭企业发展循环经济的制度创新［J］．商业研究，2006，（16）.

［181］赵国忱．基于循环经济的煤炭企业发展模式研究［J］．中国矿业，2005，（1）.

［182］马诗咏．煤炭工业城市的循环经济与工业垃圾治理［J］．经济研究导刊，2007，（5）.

［183］薄天云．循环经济是实现煤炭工业可持续发展的重要途径［J］．山东煤炭科技，2007，（1）.

［184］陈刚．煤炭资源矿区循环经济发展的博弈分析［J］．能源环境保护，2007，（2）.

［185］冯之坦，赵妍．煤炭企业建立循环经济的关键影响因素分析［J］．内蒙古科技与经济，2007，（6）.

［186］王建设，侯渡舟等．煤炭资源开采系统评价［J］．西安科技大学学报，2005，（12）.

［187］李雁灵．山西省煤炭经济可持续发展研究［J］．山西财经大学学报，2008，（11）.

［188］张金锁，邹绍辉．煤炭资源开采权期权价值形成机理研究［J］．西安科技大学学报，2006，（3）.

［189］樊艳萍，牛冲槐．山西煤炭资源型城市产业转型系统研究［J］．系统科学学报，2006，（4）.

［190］孟玉红．依托能源产业发展循环经济［J］．山西财经大学学报，2006，（2）.

［191］常俊杰，李彬．基于循环经济的古交生态工业体系研究［J］．煤炭经济管理新论，2004，（4）.

［192］山西省煤炭工业"十一五"规划，www.sxpublic.gov.cn.

［193］Zhao Guohao. Optimization Model to Enhance Sustainable Utilization of Resources［J］. Journal of Systems Science and Systems Engineering, 2002, （11）.

［194］Zhao Guohao. An Optimization Model to Enhance Sustainable Utilization of Resources ［J］. Informs Program, 2000, （11）.

［195］Zhao Guohao. Management of natural resources for sustainable economic growth, Proceedings of 2005 CES International Conference on Sustainable Economics Growth in China ［C］, 2005, （6）.

［196］James R. Kahn, Economic Approach to Environment and Natural Resources ［M］. Published by South-Western, 2005.

［197］Tyler G. Miller, Jr. Living in the Environment: Principles, Connections, and Solutions ［M］. Published by Brooks/Cole, 2005.

［198］S. M. Lele. Sustainable development: a critical review ［J］. World Development, 1991, （1）.

［199］A. L. Saaty. The analytic hierarchy process ［M］. McGraw Hill, Inc, 1980.

［200］Ann S. Causey Environmental Action Guide: Action for a Sustainable Future ［M］. Published by Brooks/Cole, 1998.

［201］Bahuguna S., Environment crisis and sustainable development ［M］. Natraj pub., 1992.

［202］迈克尔·波特. 竞争战略 ［M］. 北京：华夏出版社，1997.

［203］李显君. 国富之源——企业竞争力 ［M］. 北京：企业管理出版社，2002.

［204］Parahalad CK, Hamel, The Core Competence of the corporation ［J］. Harvard Business Review, May-June, 1990.

［205］张根虎. 山西煤炭发展前景与战略探究 ［M］. 北京：经济科学出版社，2005.

［206］刘冀生. 企业经营战略 ［M］. 北京：清华大学出版社，1995.

［207］周三多. 管理学——原理与方法 ［M］. 上海：复旦大学出版社，1997.

［208］科特·J. 赫斯克特·J 著. 曾中，李晓涛译. 企业文化与经营业绩 ［M］. 北京：华夏出版社，1997.

［209］金碚. 中国工业国际竞争力——理论、方法和实证研究 ［M］，经济管理出版社，1997.

［210］宋晓倩. 煤炭企业优势资源整合与竞争力构建 ［J］. 煤炭经济研究，2008，（5）.

［211］黄永明. 国有煤炭企业如何构建市场营销体系 ［J］. 企业家天地，2008，（12）.

［212］梁锋. 基于"钻石模型"的山西煤炭产业竞争力分析 ［J］. 时代金融，2007，（4）.

［213］靳善忠. 努力提高山西省煤炭行业的竞争力 ［J］. 山西煤炭，2006，（3）.

［214］闫世春. 用五力模型分析煤炭运销专营的必然性 ［J］. 中国煤炭，2007，（10）.

［215］张素姣. 基于循环经济理论的山西煤炭工业可持续发展思路 ［J］. 技术经济，2006，（6）.

［216］郭世民. 知识经济时代煤炭企业发展思路探索 ［J］. 煤炭，2006，（1）.

［217］宋德勇，熊思敏. 中部地区优势产业培育的案例研究——以山西省煤炭产业为

例〔J〕. 科技创业月刊，2006，（5）.

〔218〕郑涛. 围绕山西煤运系统现代物流体系的建设探究铁路煤炭物流配送的发展方向〔J〕. 技术经济与管理研究，2007，（4）.

〔219〕张根虎. 山西煤运的改制重组与科学发展〔J〕. 前进，2007，（5）.

〔220〕姚巧玲. 推进民主管理 构建和谐企业——浅析山西煤运企业民主管理〔J〕. 科技情报开发与经济，2006，（8）.

〔221〕朱金生，卢平. 企业竞争力的构建途径〔J〕. 统计与决策，2006，（1）

〔222〕苏莉. 企业竞争力分析及提升策略〔J〕. 价值工程，2006，（1）.

〔223〕高怀，赵宇平. 国内外企业竞争力理论研究现状分析〔J〕. 重庆工学院学报，2004.8.18.

〔224〕李升. 山西煤炭业竞争力研究〔J〕. 山西财经大学学报，2006.4.28.

后 记

　　中国"富煤，少气，贫油"的能源结构决定了煤炭资源在中国国民经济中占有重要的战略地位。与此同时，无序、低效的资源配置所带来的投资短期化、安全生产问题、寻租腐败问题，困扰着煤炭工业及整个能源业的健康持续发展。因此，在科学发展观的统领下，运用管理科学的理论与方法系统研究煤炭资源的科学规划、适度开发、高效利用和合理优化配置显得尤为重要。

　　本书运用管理科学和系统科学的理论与方法，结合课题组成员在煤炭资源优化配置方面的前期研究成果，针对煤炭资源优化配置理论与政策提出具有共性的理论框架和评价指标体系与方法，并构建煤炭资源优化配置过程中所涉及的科学决策的一系列定量分析方法。通过应用定量分析方法实现煤炭资源合理开发利用和煤炭资源市场配置效益最大化的战略目标，为各级政府管理部门有效管理煤炭资源建立可借鉴的理论依据和决策手段，同时为实践部门提供可操作的具体方案等方面取得基础性与前瞻性的研究成果。我们还会在将来的两年中继续对煤炭资源优化配置理论与政策进行深入研究，还要得到各位同仁的支持与帮助。

　　本书的主要参加者及分工如下：前言由赵国浩编写，第一章由胡雪棉、赵国浩编写，第二章由瞿燕妮、赵国浩编写，第三章由李静娜、赵国浩编写，第四章由王冬梅、赵国浩编写，第五章由毛建功、赵国浩编写，第六章由张文、赵国浩编写。全书由赵国浩教授修改、总纂定稿，郭淑芬、高文静、车康模进行编排校对。在此一并表示衷心感谢。